Découvrez l'histoire par les archives de presse

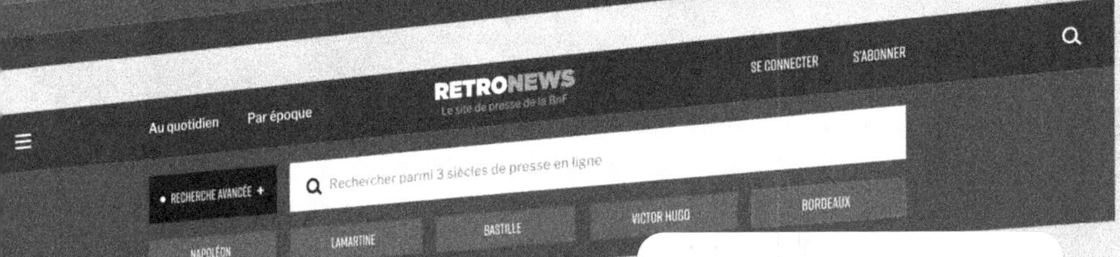

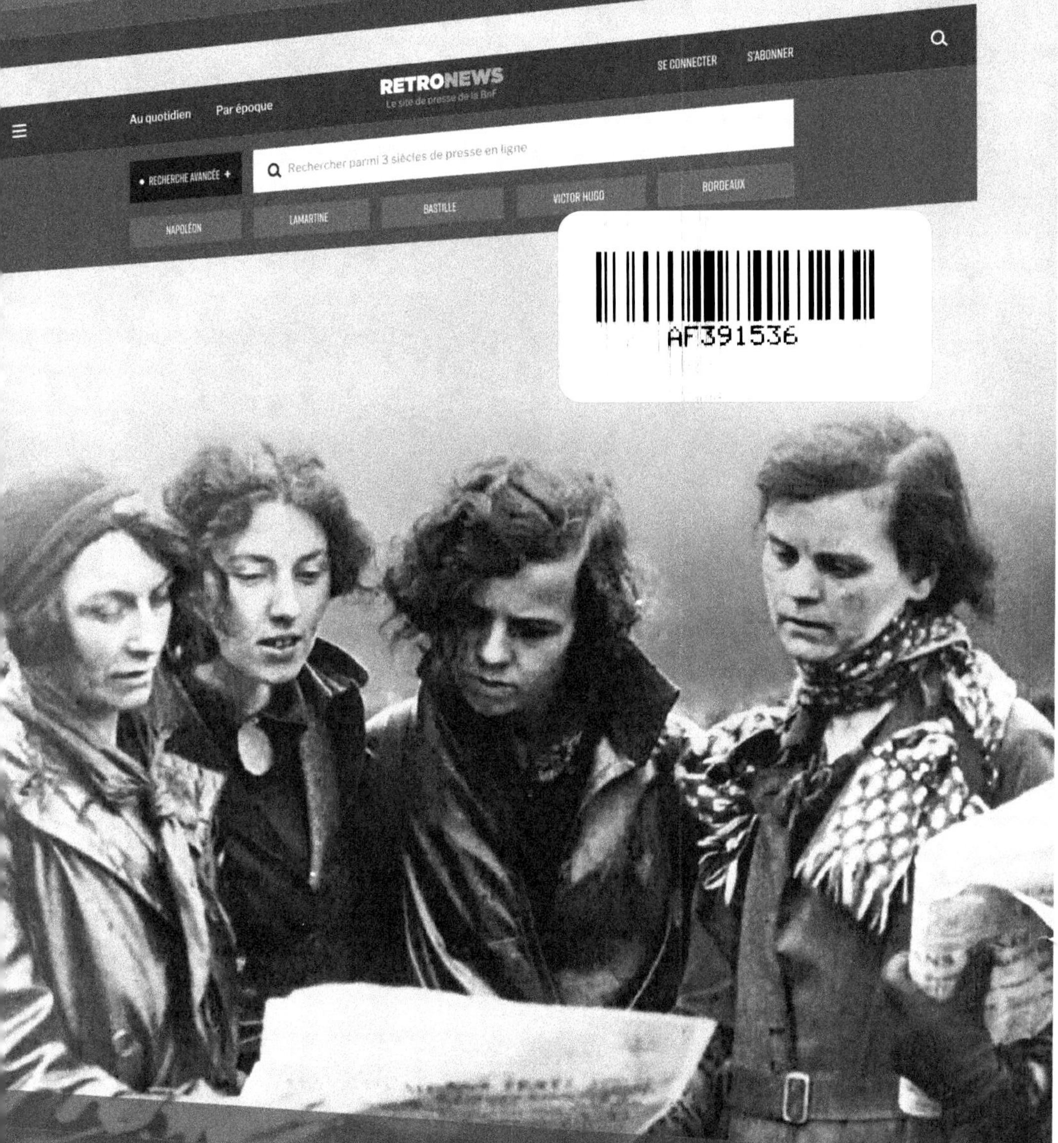

RETRONEWS

Le site de presse de la BnF

www.retronews.fr

BULLETIN

DE LA

SOCIÉTÉ D'ÉMULATION

Du Bourbonnais

BULLETIN

~~DE LA~~

SOCIÉTÉ D'ÉMULATION

et des Beaux-art

DU BOURBONNAIS

Bulletin - Revue

~~Lettres, Sciences et Arts~~

année 1894

~~TOME QUATORZIÈME~~

MOULINS

IMPRIMERIE ÉTIENNE AUCLAIRE

—

~~1906~~

1894

Société
d'Emulation & des Beaux-Arts
Du Bourbonnais

𝕭ulletin 𝕽evue

PUBLICATION TRIMESTRIELLE

Suite au « Bulletin de la Société d'Émulation de l'Allier »
et aux « Annales bourbonnaises »

1ʳᵉ LIVRAISON — AVRIL 1894

MOULINS

IMPRIMERIE ÉTIENNE AUCLAIRE

SUCCESSEUR DE C. DESROSIERS

SOCIÉTÉ D'ÉMULATION ET DES BEAUX-ARTS
DU BOURBONNAIS

Composition du bureau pour l'année 1894.

Président général : M. le baron LE FEBVRE.

Vice-président général : M. G. SEULLIET.

Secrétaire-archiviste : M. G. BERNARD.

Secrétaire-adjoint : M. F. PÉROT.

Trésorier : M. FROBERT.

Bibliothécaire : M. E. CAVALIER. (La bibliothèque est ouverte tous les jeudis de 10 heures à 11 heures.)

Conservateur du Musée : M. BERTRAND

Membres de la commission du Bulletin : MM. l'abbé J.-H. CLÉMENT, DE BRINON, DELAIGUE, TRIMOULIER, C. GRÉGOIRE, CAPELIN, E. CAVALIER.

Délégué de la commission du Bulletin : M. E. CAVALIER, avenue d'Orvilliers, 34, Moulins.

Membres de la commission des comptes : MM. A. GIRARD, SEULLIET, C. GRÉGOIRE, DELAIGUE et Marcellin CRÉPIN-LEBLOND.

Membres de la commission du Musée : MM. l'abbé J.-H. CLÉMENT, VIÉ et F. PÉROT.

Membres de la commission d'Histoire naturelle : MM. MIGOUT, E. OLIVIER, F. MÉPLAIN et E. LASSIMONNE.

SOMMAIRE

GRAVURE

Effet de nuit : reproduction en héliogravure d'un fusain de M. VIÉ.

PROCÈS-VERBAUX

ANNÉE 1894

Séance du 5 janvier 1894.

PRÉSIDENCE DE M. G. SEULLIET

ÉTAIENT présents : MM. Seulliet, Bertrand, Bouchard, Grégoire, Vié, Girard, Delaigue, Doùmet-Adanson, Lassimonne, Melin, Génermont, E. Olivier, Pérot, Bernard.

Le procès-verbal de la dernière séance est lu et adopté.

Il est donné communication d'une lettre de M. le Ministre de l'Instruction publique et des Beaux-Arts nous informant que le 32e congrès des Sociétés savantes s'ouvrira à la Sorbonne, le mardi 27 mars prochain, à deux heures précises.

Les journées du mardi 27, mercredi 28, jeudi 29 et vendredi 30 mars seront consacrées aux travaux du congrès, et le samedi 31 mars, M. le Ministre de l'Instruction publique présidera la séance générale de clôture qui se tiendra dans le grand amphithéâtre de la Sorbonne.

MM. l'abbé Melin, Doùmet-Adanson, Bertrand et E. Olivier sont désignés et priés de vouloir bien représenter notre Société à cette réunion.

Il est décidé comme compensation du retard subi par le *Bulletin-Revue,* que les membres nouveaux et les abonnés recevront le catalogue non illustré du Musée départemental dont nous possédons un grand nombre d'exemplaires.

— M. l'abbé Melin, membre de la Commission du Bulletin, donne sa démission de membre de cette commission et désire être remplacé par M. l'abbé J.-H. Clément.

La démission, quoique à regret, de M. l'abbé Melin est acceptée et M. J.-H. Clément est nommé membre de la Commission du Bulletin.

— Dans notre dernière séance, M. Seulliet avait appelé l'attention de la Société sur l'utilité d'assurer notre bibliothèque et MM. Bertrand et Pérot avaient bien voulu se charger de faire l'inventaire de nos livres. Ce travail est terminé et il est décidé qu'il sera fait à l'Assurance mutuelle de Moulins le contrat sauvegardant nos intérêts en cas de sinistre. M. Seulliet, vice-président, est autorisé à agir au nom de notre Société pour mener à bien, dans le plus bref délai, cette opération de prévoyance.

— M. Bertrand donne lecture d'un travail au sujet de fouilles faites par M. Veillerot dans une taillerie préhistorique de la Coulenne, commune de la Motte Saint-Jean (Saône-et-Loire), près du chemin de Digoin à la Serotte, à quatre kilomètres de Volgus.

Ce travail est accompagné d'un dessin, exécuté par M. Bertrand, représentant grandeur nature les deux principaux silex.

Le même confrère fait passer sous les yeux de la Société un couteau en silex acquis par lui et trouvé à Saint-Ennemond. Ce silex doit provenir de la fabrication du Grand-Pressigny, près Tours.

A propos de la communication de M. Bertrand, M. Pérot informe la Société qu'un habitant de Gennetines offre de vendre des silex préhistoriques trouvés dans cette commune.

— M. Pérot donne lecture d'une notice qui a pour titre : *La nécropole de Coulandon, archéologie, histoire.*

— M. Lassimonne lit un compte rendu fort intéressant d'un volume qui nous a été envoyé d'Amérique et qui a pour titre : *United states geological Survey.* L'analyse de M. Lassimonne porte pour titre : *L'Inspection géologique des États-Unis.*

———

Séance du 2 février.

PRÉSIDENCE DE M. BERTRAND

Étaient présents : MM. Bertrand, Delaigue, Vié, Lassimonne, l'abbé E. Cavalier, Mitton, Bernard.

Le procès-verbal de la dernière séance est lu et adopté.

Il est donné lecture des ouvrages reçus depuis notre dernière réunion. Parmi eux se trouvent : *La Quinzaine bourbonnaise*, première et deuxième année, offertes par notre confrère, M. M. Crépin-Leblond ; 2°, *Preuves pour servir à l'histoire de la maison de Chabannes*, tome II, offert par M. le comte H. de Chabannes. Cet ouvrage non mis dans le commerce est tiré à 70 exemplaires numérotés, notre exemplaire porte le n° 33.

Comité de conservation des monuments de l'art arabe, exercice 1892, fascicule 9°. — Procès-verbaux des séances, rapport de la deuxième commission. (Le Caire, imprimerie nationale 1892.) — Envoi de M. Grand-Bey.

M. le baron Le Febvre, notre Président, s'excuse par lettre de ne pouvoir assister à notre séance vu l'état de sa santé.

— M. le Président donne lecture d'une circulaire de l'Union centrale des arts décoratifs, qui nous demande si nous adoptons en principe le projet de la réunion d'un congrès des arts décoratifs qui se tiendra au printemps de 1894. La Société s'associe au vœu émis par la Société des Arts décoratifs.

M. Bertrand demande qu'il soit fait mention au procès-verbal de la mort de M. L. Rambourg, qui a enrichi le Musée départemental d'objets précieux et qui. ces temps derniers, offrait pour notre bibliothèque deux ouvrages d'une grande valeur.

M. le Secrétaire-Archiviste propose d'annexer au procès-verbal une notice sur la vie de M. L. Rambourg parue à Paris et qui relate d'une manière complète la vie de cet homme de bien.

— M. Bertrand fait passer sur les yeux de la Société un cachet qu'il a acquis pour le Musée et qui date de l'époque Louis XIII, il porte en exergue : DOMAINE DV ROI POUR LA GENERALITE DE MOVLIN.

Séance du 2 mars 1894.

PRÉSIDENCE DE M. SEULLIET

Étaient présents : MM. Seulliet, Doùmet-Adanson, Mitton, Grégoire, Gaillard, Bertrand, Vié, l'abbé E. Cavalier, Frobert, Bernard.

Le procès-verbal de la dernière séance est lu et adopté.

Il est donné lecture des ouvrages reçus depuis notre dernière réunion.

M. le baron Le Febvre, notre président, s'excuse par lettre de ne pouvoir assister à notre réunion.

M. Grégoire fait observer que notre bulletin devrait avoir déjà paru, et que notre trésorier devrait présenter le plus tôt possible notre budget tant en recettes qu'en dépenses.

Il est répondu à M. Grégoire, que notre bulletin va paraître incessamment et que si M. le Trésorier n'a pas encore soumis à l'approbation de notre Société, ses comptes, c'est qu'il attend la publication de ce bulletin, pour faire le recouvrement des cotisations de l'année 1894.

M. Grégoire fait passer sous les yeux de la Société un poignard.

M. Delaigue renouvelle sa demande d'une souscription pour le monument de notre compatriote de Banville. M. le Président est d'avis, tout en approuvant la demande de M. Delaigue, de renvoyer à une séance ultérieure le chiffre que notre Société pourra affecter pour l'érection de cette statue, c'est-à-dire quand M. le Trésorier aura rendu ses comptes. C'est alors seulement qu'on pourra savoir de quelle somme nous pouvons disposer.

M. Seulliet a traité au nom de notre Société, avec la coopération de MM. Bertrand et Pérot, de l'assurance de notre bibliothèque à la Société d'assurances mutuelles de l'Allier. Notre bibliothèque ayant été évaluée par nos confrères à la somme de 12,000 francs environ, nous aurons à payer annuellement pour cette assurance, 8 fr. 25.

M. Bernard donne lecture des passages suivants qu'il a relevés dans l'introduction, par M. le marquis de Vogué, de l'Institut, des *Mémoires de la cour d'Espagne, de 1679 à 1681*, par le marquis de Villars, père du maréchal, publiés et annotés par M. Morel-Fatio. (Bibliothèque elzevirienne, imprimerie Plon, 1893.)

« Marie de Bellefonds (la mère du maréchal) était orpheline. Son « mariage se fit à Moulins sous les auspices de sa tante, la comtesse de « Saint-Geran, dont le mari était alors gouverneur du Bourbonnais. Le

« contrat fut signé le 24 janvier 1657, au château de Moulins en très
« bonne compagnie. La duchesse de Montmorency quitta un instant sa
« retraite de la Visitation pour apporter sa signature. La duchesse de
« Ventadour, sœur de M. de Saint-Géran, ajouta la sienne. »

Après un duel qu'eut le marquis de Villars, dans lequel il tua son
adversaire, M. le marquis de Vogué a écrit les lignes suivantes :

« Le ménage dut se séparer. Villars se réfugia à Vienne chez son
« oncle l'archevêque. Madame de Villars retourna à Moulins pour se
« mettre sous la protection de Madame de Saint-Géran. Elle s'établit
« dans une petite maison du faubourg de Paris, où elle mit au monde
« le 8 mai 1653, celui qui devait être le maréchal de Villars. »

M. Bernard ajoute que cette maison du faubourg de Paris qui porte
le n° 44 de la rue de Paris est la propriété de M. Thonnié. Dans cette
même maison est né Mgr Latour d'Auvergne, mort archevêque de
Bourges.

M. Bernard savait depuis longtemps que c'était bien dans cette maison
qu'était né l'illustre maréchal. M. l'abbé Melin possède des documents
qui établissent sans contestation le lieu de la naissance du maréchal. Si
M. le marquis de Vogué la désigne comme « petite maison », c'est qu'elle
n'avait et n'a encore qu'un rez-de-chaussée, ce qui ne veut pas dire que
ce ne soit pas un spécimen complet des constructions du XVIIᵉ siècle.

ESSAI

SUR

L'ENSEIGNEMENT DU DESSIN

(EXTRAIT)

GÉNÉRATION DES FORMES

QUAND on analyse les formes une à une et qu'on les sectionne par la pensée jusqu'à obtenir ce qu'il est dans leur nature d'être simple, on se trouve en présence de fragments qui sont identiques, identiquement semblables ou différents. On appellera identiques ceux qui possèdent les mêmes manières d'être, identiquement semblables, ceux qui sont identiques dans des proportions diverses et dissemblables ceux dont les manières d'être sont différentes.

Évidemment les deux premières espèces de fragments ne sont que des redites d'une même forme. En les retranchant des autres il ne reste plus que des morceaux variés. Ces derniers se partagent en deux groupes. Les uns n'ont pas de qualités communes, ce sont des sujets primitifs, absolus. Les autres, de beaucoup plus nombreux, possèdent des qualités communes et d'autres qui leur sont propres, et approchent plus ou moins de se ressembler suivant celles de ces qualités qui dominent. Ce sont les nuances que les sujets primitifs produisent, en tant qu'il leur est possible de se modifier, sans se départir des caractères originels qui les distinguent.

Les sujets primitifs et les nuances qui en dérivent sont les parties constituantes des formes, les matériaux qui servent à les édifier et en dehors desquels il leur serait impossible d'être.

Ainsi, quand on traite les formes par voie d'analyse, on s'élève aux types qui en sont les fondements mêmes.

Or, si l'on met en présence les types des lignes, des surfaces et des corps, on voit qu'ils ne sont pas étrangers les uns aux autres, mais qu'il existe au contraire entre eux une filiation naturelle. On voit que les types corporels naissent de la combinaison des superficiels et que les superficiels sont engendrés par les linéaires. De là à conclure que ces derniers sont les éléments primordiaux de toutes les formes il n'y a qu'un pas.

Remarquons tout d'abord que les types linéaires consistent en des notions premières qui n'ont pas à être déduites d'un concours de circonstances extérieures. L'âme les trouve en elle-même. Elle conçoit clairement qu'à l'origine la ligne ne peut s'offrir autrement que sous l'aspect de deux configurations types dont l'une est l'expression d'un trajet direct ou droit et l'autre d'un trajet indirect ou courbe. Le trajet droit est d'ailleurs bien compréhensible. Mais pour se faire une idée juste du courbe il faut admettre, en principe, qu'une ligne courbe est toujours décomposable en un nombre tel de parties que chacune puisse avoir le caractère d'un arc obéissant à un centre. C'est cet arc qui personnifie la configuration type.

Il est facile de concevoir, en outre, que chacun de ces trajets a des limites et par conséquent une étendue analysable. On peut préciser les extrêmes limites des deux types linéaires en disant que leur étendue doit être au minimum suffisante pour qu'on puisse juger de leur forme avec certitude, que le maximum de l'étendue droite est à l'infini et que celui de l'étendue courbe coïncide avec la fermeture de l'arc.

Ainsi définis, dans ce qu'ils ont d'absolu, les deux types élémentaires doivent déjà nous apparaître comme les rudiments de toutes les lignes possibles. Car cette configuration et cette étendue qui leur sont inhérentes sont de nature essentiellement variable. Et les conséquences qui résultent de semblables dispositions se traduisent par l'infinité des nuances élémentaires qui deviennent évidentes sitôt que des relations s'établissent entre elles.

Voici d'abord l'arc qui se transforme suivant l'étendue de son rayon. Dès que celui-ci s'amoindrit l'arc se ferme; il s'ouvre, au contraire, et tend vers le trajet droit comme s'il était son lieu d'évanouissement à mesure que le rayon s'allonge davantage. Et l'on comprend facilement combien sont nombreuses les nuances qui peuvent exister entre le plus petit arc possible et l'élément droit qui n'est en somme que la dernière manifestation du courbe.

Nous pouvons conclure de ceci que l'élément droit, qui représente une limite, un moment final, ne peut s'en soustraire sans que sa configuration devienne courbe et qu'elle ne peut par conséquent avoir de nuances.

L'étendue·contribue davantage que la forme à la variabilité des deux éléments en ce sens qu'elle les modifie également tous les deux. Elle est d'ailleurs la cause unique de la pluralité des nuances droites. Mais cette cause est suffisante pour que leur nombre soit infini. Quant au nouveau moyen de varier qu'elle procure à l'arc, il repose sur ce fait, que deux arcs, même quand ils sont d'égal rayon, contrastent, s'ils n'ont pas la même étendue.

En résumé, le type droit n'a qu'une seule manière d'être relative de configuration, mais celle-ci en tient une infinité de l'étendue, tandis que le type courbe en possède une infinité des deux espèces.

Nous voilà donc en présence d'une multitude de nuances droites et courbes qui diffèrent plus ou moins entre elles, et

qui, en se répétant chacune un nombre illimité de fois, représentent la totalité des parties constituantes des lignes.

Les combinaisons possibles auxquelles tous ces matériaux donnent lieu sont aussi nombreuses que variées. Elles portent sur les nuances droites ou courbes identiques ou différentes ou bien sur les nuances mixtes, et chacune donne une ligne dont la forme résulte de celles des parties qui la composent.

Mais la variété des lignes ne tient pas seulement au trajet et à l'étendue des nuances. Elle naît encore de leur situation relative, de leur mode de raccordement et de leur nombre.

Ces données, il s'agit d'en définir la nature, de montrer sous combien d'aspects divers elles peuvent se manifester et de faire la part qu'elles prennent dans la variété totale.

Le mot situation est employé ici pour désigner la manière générale d'être en place, laquelle réside dans la position et la disposition des parties constituantes. La position consiste dans l'attitude des parties en contact. On l'apprécie au moyen de deux sortes de comparaisons. La première, qui s'établit entre la position propre des nuances et celles des notions immuables de verticalité et d'horizontalité montre que leur attitude peut être l'une ou l'autre de ces deux directions ou bien celles intermédiaires offertes par l'obliquité. La seconde comparaison existe entre les diverses directions des nuances elles-mêmes et donne lieu à des positions relatives qui sont perpendiculaires, parallèles ou obliques. Il semblerait que ces dénominations sont créées de préférence pour s'appliquer aux nuances droites dont la direction est toujours franchement décrite. Il n'en est rien pourtant, car les courbes sont vis-à-vis les unes des autres et même vis-à-vis des droites dans des situations absolument précises puisque la position d'un arc est définie par celle de sa corde.

La disposition est l'agencement des attitudes et des configurations. Elle fait naître les cas de symétrie, d'asymétrie, de répétition, d'alternance, de progression et de confusion. La symétrie est la répétition de deux nuances et de deux positions identiques disposées de part et d'autre d'un axe. La répétition et l'alternance sont des dispositions en symétrie.

La première est une suite de nuances identiques et la seconde une répétition de deux nuances différentes qui reviennent tour à tour. Quant à la progression et à la confusion ce sont des dispositions asymétriques. La progression est la succession des nuances proportionnelles. Elle entraîne la décroissance dans la position et la disposition et ne peut avoir lieu que chez les éléments de même nature. Enfin la confusion est le désordre dans la position et la disposition des nuances.

La situation, comme on le voit, procure aux nuances l'occasion de prendre des allures relatives variées et de communiquer aux lignes des physionomies bien caractéristiques.

Un autre résultat significatif de la situation est le mode de raccordement. On nomme ainsi la façon de s'allier des nuances qui se touchent. Il arrive que les positions relatives sont telles que la transition entre leurs divers trajets s'opère sans interruption. Le raccordement est alors continu. Mais toutes les attitudes autres que celles offertes par ce moment unique produisent une transition brusque, anguleuse. Le raccordement est alors discontinu. Toutes les parties constituantes peuvent indistinctement s'unir suivant l'un ou l'autre de ces deux modes. Aussi existe-t-il des lignes continues et discontinues dont les éléments sont droits, courbes ou mixtes. Le raccordement est un des caractères généraux des lignes entre lesquelles il établit une démarcation profonde. Les continues portent le nom de droites et de courbes. Les discontinues celui de brisées.

Enfin le nombre apporte aussi son contingent de variété. Suivant que la quantité des parties employées est plus ou moins grande, la physionomie linéaire change d'aspect. Elle est plus ou moins compliquée et même plus ou moins développée en tant que l'étendue dépend du nombre des parties.

Les lignes peuvent n'avoir qu'une seule nuance et alors s'appeler lignes simples ou bien en avoir un nombre illimité et s'appeler composées.

Les manières d'être de configuration, d'étendue, de situation, de raccordement et de nombre sont les seules qui résultent du mariage des nuances. Elles représentent donc la totalité des cas chez lesquels se produisent les transformations de la ligne. Si donc nous combinons d'abord respectivement entre elles, puis ensuite en les réunissant, les nuances droites et courbes, ou lignes simples, au mode continu et au mode discontinu et dans tous les cas présentés par la situation et le nombre, nous aboutissons à la somme des lignes possibles dites composées.

Le but de ce travail n'est assurément pas d'en faire l'énumération. On ne se propose, ici, que l'exposé du monde des formes à ses trois états par les causes premières de sa prodigieuse fécondité.

Nous allons voir maintenant les lignes simples, droites et courbes, entrer en action et opérer des mouvements qui auront pour résultat d'engendrer les superficies simples.

Le moyen que nous allons employer pour faire naître ces surfaces nécessite l'intervention de deux lignes. La première, immobile, représente la configuration d'un trajet à suivre par l'autre. La seconde, mobile, parcourt ce trajet en glissant sur la première. La trace qu'elle laisse concevoir de son passage est la superficie correspondante à la nature des sujets mis en jeu.

Les conditions de situation relative dans lesquelles ces deux lignes peuvent se trouver sont nombreuses à en juger par celles qui ont été énoncées plus haut. En outre, si la même situation relative peut demeurer constante pendant toute la durée du trajet, elle peut aussi varier dans des évolutions propres à la ligne mobile. De sorte que cette dernière a le privilège d'exécuter, en même temps, deux espèces de mouvements, les uns qui lui sont imprimés par la ligne immobile, les autres qui résultent des diversions de sa situation relative.

Suivant ce que sera la configuration de chacune des deux lignes, suivant leur situation relative et la constance ou l'inconstance de cette situation pendant la durée du trajet, suivant que les modifications apportées à la situation de la ligne qui se meut seront ordonnées ou désordonnées, les superficies engendrées changeront de physionomie et entreront en possession de qualités propres. Et comme ces configurations et ces situations sont infinies, les résultats de leurs évolutions se traduiront par une infinité de surfaces.

Or, si on suppose les lignes simples groupées deux par deux de façon que chacune d'elles soit successivement alliée à toutes les autres et qu'on les fasse passer par les diverses phases en rapport avec le mode de génération qui vient d'être adopté, on arrive à la série des surfaces simples.

Les unes, provenant de droites, seront planes, hélicoïdales ; les autres nées de droites et de courbes seront cylindriques, coniques, torses ; d'autres enfin, nées des arcs seront sphériques, annulaires, etc.

Toutes ces surfaces simples sont continues, sans quoi elles ne seraient pas simples. Leur étendue se termine suivant une ligne fermée qui a les caractères des composées. Les parties constituantes sont droites, courbes ou mixtes, identiques ou différentes, en continuité ou en discontinuité, en symétrie ou en asymétrie. Et, pour la même surface, elles peuvent varier dans des proportions qui portent le nombre des surfaces simples jusqu'à l'infini.

C'est en se combinant entre elles et en se soudant par leurs limites que les surfaces simples font naître toutes les composées, et, par conséquent, toutes les formes corporelles en général puisque ces dernières ne sont que des superficies composées qui circonscrivent une portion d'espace.

Mais la totalité de leurs combinaisons ne suffit pas toujours à circonscrire l'espace. Elles n'atteignent ce résultat que quand la nature, le nombre et la situation relative des surfaces employées s'y prêtent, c'est-à-dire que quand il y a compatibilité entre les limites destinées à s'unir. Si l'incompatibilité existe, qu'elle soit complète ou partielle, la forme est impossible. Mais, malgré la quantité innombrable des impossibilités, dont on pourrait au besoin préciser la nature et les causes, le nombre des possibilités est aussi infini. Car on peut toujours modifier les limites et la situation des surfaces qui entrent en jeu, et les amener ainsi à se raccorder, de même qu'on peut toujours fermer les vides qui restent par l'adjonction de nouvelles parois.

On peut diviser les formes corporelles simples en deux groupes. Les unes sont des polièdres à parois planes, courbes ou mixtes. Les autres qui pourraient également s'appeler polièdres, en tant que ce mot est susceptible de s'appliquer en général, se distinguent pourtant par leur façon de naître qui consiste en une révolution, alors que celle des autres s'opère par un rapprochement de parties séparées.

La série des nuances poliédriques comprend celles des polièdres proprement dits, des parallélipipèdes, des pyramides, des prismes, etc. D'abord parfaites à leur point de départ, elles vont toujours s'éloignant de leurs types et finissent par n'avoir plus avec lui qu'une ressemblance vague.

Quant aux nuances de révolution, ce sont des cylindres, des cônes, des sphères, des tores, des hélices, qui ne le cèdent en rien aux précédentes par leur variété.

Toutes ces nuances combinées, rapprochées, superposées ou bien pénétrées les unes par les autres donnent les formes corporelles composées. Et le nombre de ces dernières, à elles seules, est si grand qu'il effraye la pensée. Et si vaste que soit le monde, ces formes peuvent le remplir sans avoir besoin de se répéter.

J. Vié.

INVENTAIRE

DES

DÉCOUVERTES ARCHÉOLOGIQUES

FAITES EN BOURBONNAIS EN 1893

12ᵉ ANNÉE

TEMPS PRÉHISTORIQUES

ES découvertes faites cette année confirment les opinions que nous avions précédemment exprimées. Le Bourbonnais a été habité dès les temps les plus reculés, lors des premières migrations vers les terres occidentales.

Des tribus ont longtemps séjourné sur la rive droite de la Loire, de Digoin à Bourbon-Lancy, et plus tard, se sont échelonnées depuis Molinet jusqu'à Gannay, sur la rive gauche du fleuve.

De là, quelques-unes, en petit nombre, après avoir franchi l'Allier (1) et demeuré quelque temps auprès de Vallière et de la Madeleine, se sont dirigées vers Besson, Châtel-de-Neuvre, La Chaise, Contigny, Saint-Pourçain et Gannat ; d'autres, mais en plus petit nombre encore, vinrent s'établir dans les mardelles de Marigny, à Saint-Menoux et à Bourbon.

(1) *Palæœthnologie de la vallée de la Loire (Société d'Histoire naturelle d'Autun)*, 5ᵉ année, 1892, et *Palæœthnologie de l'arrondissement de Moulins (Revue scientifique du Bourbonnais)*, années 1892, t. V, p. 233, et 1893, t. VI, 214-225.

Ces tribus durent s'y rencontrer avec d'autres toutes différentes qui avaient suivi la vallée du Cher, laissant à Ainay, à Vallon, à Saint-Caprais, au Vilhain, à Hérisson, puis à Villefranche, les traces de leur industrie propre et les silex fournis par le crétacé de l'Yonne, de Montargis, ainsi que les silex roux de Pressigny-le-Grand et des environs de Saulzais-le-Potier.

ÉPOQUE PALÉOLITHIQUE

Nous avons trouvé, à Villefranche, un couteau en silex de Pressigny ayant 0,12 c. de longueur. Il est d'un bon travail et légèrement arrondi à l'une de ses extrémités à l'aide de fines retouches (N. C., n° 790).

L'an dernier, nous avions exploré le *Trou du Sauvage*, à Buxière, et nous n'y avions rencontré qu'une fine pointe en silex. Depuis, cette curieuse caverne a été en partie vidée. On en a sorti un très beau couteau en silex rouge brisé à ses deux extrémités dont l'un des bords dentelé, formait une scie, puis deux autres débris de lames de silex.

Le travail de ces instruments fait supposer qu'ils appartiennent à l'époque moustérienne, caractérisée par l'ours des cavernes.

A Diou, un petit couteau a été trouvé aux Vignaux, sur le coteau de Siran (N. C., n° 893).

Nous avons découvert une nouvelle station à Vignolle, au N.-O. de Gennetines. Elle n'offre aucun caractère différent des autres stations de cette localité ; c'est toujours avec les galets de la Loire qu'ont été taillés les pointes, les couteaux, les grattoirs, les flèches pédonculées de cette station.

Parmi les éclats, les rebuts, nous avons rencontré, au même endroit, un échantillon de quartz hyalin roulé, cristallisé en rhomboèdre et apporté en ce lieu comme curiosité minéralogique. Ce n'est pas la première fois que nous avons remarqué, dans les stations où l'on taillait le silex, ces *curiosités* de formes parfois singulières et sans doute apportées avec d'autres matières (N. C., n° 820).

Les Driats, à Gennetines, nous ont fourni douze flèches amygdaloïdes ou pédonculées (N. C., n°s 858 à 872). L'une d'elles est losangée et présente deux pointes aiguës, elle mesure 0,070 m. de longueur ; c'est une dimension extraordinaire. Deux autres ont été produites par deux fragments de galets roulés, taillés très légèrement en pointe.

Une remarquable scie en silex, avec deux encoches, dos épais, et le côté denché très mince (N. C., n° 840).

Un instrument à ailettes terminé par une pointe aiguë et de la forme d'une vrille. Cet instrument pouvait servir à perforer le bois ; il est très remarquable à cause de sa destination (N. C., n° 842).

Deux instruments de chirurgie. Ce sont de très minces lames en silex, aiguës et tranchantes ; elles sont retouchées avec une extrême délicatesse.

Huit couteaux (N. C., n°s 846 à 857) dont l'un en silex de Pressigny-le-Grand.

Deux grattoirs renforcés (N. C., n°s 843 et 844).

Trois singuliers silex fournis par des lames minces, sur le bord desquelles il a été fait de fines retouches et qui donnent : le n° 837, un Phallus, le n° 838, un buste avec tête, et le n° 839, le profil d'une tête de guenon ?

Ces trois profils sont retouchés sur les deux faces, afin de bien caractériser les contours ; ces silex portent à neuf le nombre qui compose notre série de profils humains ou d'animaux.

Plusieurs collections particulières possèdent de ces profils, notamment celles d'Autun, de Saint-Martin-d'Auxigny, enfin la célèbre collection de M. Boucher, à Orléans, laquelle s'élève à plus de 150 types recueillis dans l'Orléanais.

Nous avons aussi trouvé aux Driats plusieurs énormes galets en silex apportés du lit de la Loire pour être utilisés sur place.

Aux Péchins, une petite hache chelléenne (N. C., n° 768),

plusieurs couteaux, nucleus, pointes, un instrument formé par trois arêtes vives et que nous pensons être un outil spécial pour façonner les flèches à ailerons (N. C., n° 772).

Près de là, Lucenay-la-Vallée nous a fourni plusieurs flèches, des couteaux, des pointes lancéolées, un grattoir arqué et des débris de toutes sortes constituant un atelier (N. C., n°s 872 à 880).

Saint-Ennemond avait d'importantes stations ; le musée départemental s'est enrichi, cette année, d'une belle série de haches chelléennes, moustériennes, de couteaux, de percuteurs, de flèches à ailerons, etc.

Nous avons trouvé aux Jendemets, un instrument pointu et recourbé (N. C., n° 880) et une enclume avec arête dorsale étoilée, ayant beaucoup servi (N. C., n° 881), un beau couteau en silex blond de Pressigny-le-Grand (N. C., n° 882), un autre couteau en silex des galets de la Loire (n° 883) et un beau type d'une pointe moustérienne (n° 884).

Une remarquable scie en jaspe rouge sanguin, avec deux encoches, et tranchants dentelés offrant beaucoup de caractère (N. C., n° 824) ; c'est le premier type que nous trouvons dentelé sur les deux côtés.

Un grand couteau en silex de Tilly-Saligny, une enclume en pétrosilex (n° 827) et enfin une flèche à poignée, très renforcée (n° 823). Cette remarquable pièce, unique en son genre, est le prototype des poignards de la Scandinavie ; le Musée d'Orléans en possède une dans le même genre.

ÉPOQUE NÉOLITHIQUE

Bien que les classifications indiquées par ces diverses déno-·minations ne soient pas rigoureusement exactes, nous les maintenons cependant. Outre qu'elles sont généralement adoptées, à certains points de vue, elles ne manquent pas non plus de justesse.

Il a été découvert :

A Moulins, un polissoir et quelques silex trouvés à la villa des Champins fouillée par M. Bertrand. Un percuteur en silex rouge de Saulzais-le-Potier (Cher), étoilé sur toutes ses faces et dont la présence en cet endroit avec les autres silex fait pressentir que l'usage et l'emploi des silex se seraient perpétués jusqu'à l'époque gallo-romaine.

A Lusigny, une hache en silex rouge polie et presque translucide.

A Cressanges, une hache polie en silex rouge translucide, d'une grande beauté.

A Bourbon-l'Archambault, une hachette en diorite (coll. de M. Foucher, à Orléans).

A Molinet, une bien singulière pierre arrondie aux extrémités, polie sur deux faces, avec un trou rodé sur les deux faces, à chacune de ses extrémités ; elle mesure 0,70 m. sur 0,22 m. de largeur. Il est très présumable que c'est là une agrafe, un *traviyon*, mot encore en usage dans la Montagne bourbonnaise et qui signifie une sorte de bouton attaché par une corde au centre.

Dans la même commune, aux Guillots, une hachette en silex rubanné de 0,070 m. de longueur, deux éclats de couteaux en même silex (N. C., n⁰ˢ 829 et 830) ; un disque rond, de peu d'épaisseur, en silex des galets de la Loire, et percé d'un large trou au centre (n⁰ 833) — cette pierre était une amulette ou un ornement destiné à être suspendu ; — puis une très belle flèche épaisse, amygdaloïdale, en silex blanc, fort bien retouché sur les côtés (N. C., n⁰ 834).

A Gennetines, les Driats ont fourni une hache en schiste des grauwackes de Gilly-sur-Loire. La pointe est aiguisée en double biseau et formait un ciseau tranchant. Il existe une autre hache assez semblable à la précédente, provenant de . Lucenay-la-Vallée.

Les Jendumets, à Saint-Ennemond, ont encore fourni un gros polissoir quadrangulaire usé sur les quatre faces ainsi que sur les deux extrémités. C'est un grès fin d'une grande dureté (N. C., n⁰ 797).

Une belle flèche d'un type unique ; elle est formée d'une pointe retaillée en dents de scie sur les deux côtés. Elle est terminée par une soie entre deux ailerons. Par la finesse des retouches et par les aspérités qu'elle offre sur les côtés, cette pièce est un véritable bijou préhistorique ; elle témoigne de la grande habileté des tailleurs de flèches dans nos contrées (N. C., n° 798).

Cinq autres flèches à ailerons ou en feuille de saule proviennent de cette station très remarquable. Leur travail dénote la belle période solutréenne qui correspond à la présence du renne dans nos contrées (N. C., n° 800).

Au Vilhain, une superbe hache en pétrosilex rouge, rubannée et d'une grande dimension, a été trouvée avec deux hachettes votives en serpentine verte, non loin du Lech' renversé du Vilhain.

Il existe dans cette commune beaucoup de substructions gallo-romaines, surtout vers le monticule au sommet duquel on aperçoit la cathédrale de Bourges, en même temps que l'on découvre le dun du Veurdre du côté opposé ; ce dernier communiquait avec Bagneux et avec la butte d'Aubigny sur laquelle était édifié un castrum incendié que nous avons retrouvé. Il est de toute probabilité que c'est par cette ligne de communication pourvue de signaux que passa la fameuse dépêche de la prise de Cé-na-bo (Orléans), parvenue en cinq heures et demie à Vercingétorix campé dans la Gergovie des Arvernes, alors qu'il prenait ses mesures défensives contre l'attaque de cette place de guerre. Nous ajouterons que les *signaux* eux-mêmes ont été trouvés au Vilhain, par M. le docteur Yves ; notre collègue possède les éléments d'un précieux travail sur la transmission des dépêches à l'époque romaine.

Nous avons découvert, à Saint-Caprais, un très bel instrument en silex blond de Pressigny-le-Grand ; il est d'une forme très régulière, un ellipsoïde allongé et entièrement retouché sur la face dorsale.

Une autre belle pièce en forme de lame, avec échancrure à son extrémité et qui rappelle les belles lames de Volgù.

Enfin, sur le territoire de la même commune, mais sur la rive droite de l'Aumance, une belle hache polie en silex a été recueillie (coll. de **M.** Grégoire).

Hérisson a fourni plusieurs haches en silex, puis une hachette en grès rouge ferrugineux, de 0,010 m. sur 0,035 m., avec un double biseau. Ce n'était point un instrument usuel, mais bien un talisman, et cette pièce minuscule mérite une attention toute particulière. L'homme arrivé à cette époque où la hache en silex disparaissait et où le schiste lui était substitué, à l'époque pour ainsi dire de la décadence, façonnait, pour conserver l'idée et la tradition de la hache en silex, des hachettes votives qui perpétuaient les souvenirs des temps disparus.

AGE DU BRONZE

La sépulture de Saint-Léger-des-Bruyères se rapporte à cette époque. En enlevant du milieu d'un champ labouré quelques pierres brutes amoncelées qui heurtaient la charrue, on découvrit trois superbes bracelets en schiste parfaitement taillés et non polis. Ces bracelets provenaient de l'atelier de Montcombroux trouvé par **M.** de Bure et que nous avons décrit.

ÉPOQUE GAULOISE

On peut rapporter à cette époque :

Les débris de murailles faites en clayonnages et en argile, découverts dans le centre de la nécropole de Coulandon, appartiennent à ces temps.

Deux monnaies provenant des fouilles de la villa des Champins, à Moulins. Elles sont anépigraphes : l'une, en potin, est des Mandubiens, l'autre, en argent, a été frappée chez les Arvernes.

Cinq pièces anépigraphes, en potin des Éduens, trouvées à Cé, près de Chassenard.

Deux quarts de statères trouvés à Saint-Léger-des-Bruyères. L'une est des Ségusiaves, tête à droite, avec des cornes de bélier, gros point sur la joue, deux globules forment l'œil. ℞. Auriga à cheval, au-dessus, lyre horizontale, à l'exergue ΦΙΛΙΠΙΟΥ. Cette petite pièce d'or est imitée des statères de la Macédoine.

La seconde est de l'Arvernie, poids, 1 gr., diam., 0,012 m., or fin, tête diadémée d'Apollon, d'un très beau style ; les lèvres et le nez sont formés par de gros points.

℞. Auriga et bige dont on ne voit qu'un seul cheval pour les deux têtes, grènetis, trace de légende, à l'exergue Λ. Γ. Poids, 0,096 m. ; diam., 0,014 m. ; or pâle.

ÉPOQUE ROMAINE

Nous ne ferons que mentionner la belle découverte du trésor et des antiquités trouvés à Néris et dont nous avons donné, à la Société d'Émulation, une ample description accompagnée de plans et de dessins, lors de la trouvaille qui se composait de :

Deux colliers en or, dont un de travail phénicien.

Un bracelet en or de 0,115 m. de diamètre et du poids de 27 grammes.

Deux bracelets en argent.

Des perles de colliers en pâte de verre colorée.

Quatre bagues en or avec intailles serties au châton.

Deux médailles argent de Geta et une de Gordien III.

Un ciseau, une gouje en fer, des scellements, etc.

Ce trésor a été découvert au centre d'une immense ruine où se trouvaient également des colonnes avec bases et chapiteaux.

Une autre découverte a été faite à Néris par M. Marandet, dans un puits antique, à la Chabotte. Elle se composait : d'un poids en terre cuite ; 3 beaux vases en terre, à cols étroits et allongés ; trois autres vases très beaux en terre rouge et blanche ; un vase en bronze de 0,130 m. de hauteur, sur

0,150 m. de largeur, orné de quatre stries gravées ; plusieurs plaques de schiste portant des graffitis ; une quantité de débris de vases dont quelques-uns ornés de mascarons ; divers outils en fer ; des anses et des cercles de seaux antiques ; etc., etc.

Villebret a donné une fort jolie statuette en terre blanche des officines de Clermont, représentant un enfant nu, portant un panier avec anse tressée. Cette statuette est intacte et d'un beau style.

A Moulins, l'on a retiré des terres provenant d'un agrandissement de cave, rue de la Flèche, n° 8, deux supports à cuire les vases, assez semblables à ceux de Toulon ; trois tuyaux d'hypocaustes avec profondes rayures parallèles et ondulées faites au peigne et munis d'une ouverture carrée sur l'un des côtés latéraux opposés aux rayures.

Un énorme creuset de verrerie a été découvert au bois Greffier, commune de La Prugne, non loin du *Tomberinos*. Ce creuset a dû servir pendant de longues années ; ce n'est du reste qu'une vitrification. Il mesurait 0,37 c. de diamètre ; les parois ont plus de 0,10 c. d'épaisseur. Il avait peu de hauteur ; il a été brisé en plusieurs morceaux.

Beaupuy, près Varennes, a donné une meule à bras, de 0,55 c. de diamètre, un épieu en fer. Ces deux objets sont déposés au Musée départemental.

Vichy ne cesse, chaque année, de fournir de nombreux documents à la science archéologique. Citons, parmi les découvertes de cette année, de beaux antéfixes ornés de têtes d'enfants.

NUMISMATIQUE

A Moulins, rue de Bourgogne, à 0,60 c. de profondeur, dans un déblai fait pour un pavage, on a trouvé un grand bronze d'Adrien.

Au Carriage, un moyen bronze d'Antonin le Pieux, dans un jardin, près de la rue des Grèves.

A Rongères, un aureus d'Antonin non lauré, ce qui le rend plus particulièrement intéressant (N. C.).

Il porte : IMP. CAES. T. AE. HADR. ANTONINVS. PIVS. P. P. Tête nue à droite.

℞. TR. POT. XIII. COS. IIII. La Paix debout, tenant la haste et un rameau d'olivier.

Au Montet-aux-Moines, un certain nombre de petits bronzes, parmi lesquels, Aurélien, Gallien, Tetricus Ier, Claude II, Maximin-Hercule, etc.

A Urçay, au lieu dit la Folie-Bonnais, au Pied Bertin, un aureus de Trajan ; il porte : IMP. TRAIANO. AUG. GERM. DAC. P. M. TR. P. COS. VI. P. P. Tête à droite.

℞. S. P. Q. R. OPTIMO PRINCIPI. Génie debout tenant une patère.

Enfin, à Molinet, un denier d'argent de la famille JULIA. CESAR., avec le revers au type de l'éléphant, un moyen bronze de Marc-Aurèle et un chaton en agate sur lequel est gravé un Jupiter tenant les foudres.

MOYEN AGE

A Bellenaves, on a mis à jour un trésor enfoui dans un petit vase en terre grise, dans la forêt du Boulard. Il se composait de 286 deniers en billon d'argent peu variés, mais appartenant pour la majeure partie à Eudes et frappés à Limoges ; une dizaine sont normands. Une partie de ce trésor est restée à Bellenaves et le reste a été vendu à Paris. Il est regrettable que M. Coignet n'en ait pas laissé quelques types au Musée départemental, comme souvenir de cette découverte.

M. Verdier, de Paris, a acquis une maille inédite de Souvigny. Elle sert de transition entre le type si commun de saint Mayeul, vu de face, et le type du même abbé, vu de profil ; tout fait supposer que ce dernier a été frappé de 1263 à 1264, date de l'accord fait entre le prieuré de Souvigny et les sires de Bourbon, pour l'exercice en commun du monnayage. Cette pièce porte, au droit, le buste de saint Mayeul, de face, mitré et crossé ; le buste coupant la légende S. C. S. MAIOLVS.

Le revers porte : DE. SILVINIACO., croix à branches égales entre un double grènetis, la croix cantonnée, au 2me, d'une étoile à huit rayons.

Cette remarquable pièce constitue un type essentiellement nouveau de la numismatique bourbonnaise.

Plusieurs monnaies d'or et d'argent de la Majorque ont été trouvées aux Pontoux, à Urçay ; elles doivent se rapporter au siège de Paris fait par les Espagnols sous Henri IV.

La réparation d'une dalle de l'église de Montvicq a amené la découverte d'un florin d'or du XIIe ou XIIIe siècle. Il est au type éternel de saint Jean-Baptiste et du lis épanoui. Le mauvais dessin qui nous en a été envoyé n'a pas permis son exacte attribution ; il est de Trente ou de Mantoue.

A Palluet-Saint-Pourçain, 48 pièces d'or ont été découvertes auprès d'un puits en réparation. Elles ont donné trois types, de François Ier, de Charles IX, Henri IV ; les autres sont des écus d'Espagne, d'Italie, aux types de Charles Ier (Charles V), de Philippe II, III et IV.

A Souvigny, plusieurs vases funéraires ont été trouvés au fond d'un puits. Ils sont du XIVe au XVIe siècle ; ils affectent la forme classique de l'époque romaine et plusieurs sont percés de plusieurs trous, ce qui indique leur usage dans les cérémonies funéraires.

Nous avons déjà entretenu la Société de la découverte de six cercueils en pierre du Xe au XIe siècle, à Coulandon.

TEMPS MODERNES

DOCUMENTS — BIBLIOGRAPHIE

Relief d'appel du procès-verbal du délégné d'intendance dans la châtellenie de Bessay, Verneuil, en la généralité de Moulins, du 13 février 1682, g. in-fol. parchemin. (Librairie Bihn, à Paris.)

Catalogue Charavay, 157. N°s 27 et 105.

Plusieurs lettres autographes du maréchal de Berwick fort intéressantes.

Une du maréchal de Villars (n° 280).

Lettre de Claude d'Orvilliers, Cayenne 20 septembre 1710 (n° 236).

Lettre de Lakanal (n° 140).

Chez le libraire Lortic. Catalogue de juin 1893, n° 3,740 : *Mémoire de la généralité de Moulins, par Le Voyer.* Manuscrit de 219 feuilles, papier in-fol., année 1698.

Quittance de Marie Mamnuguet, trésorier du gouverneur de Mgr le duc de Bourbon, de cent francs d'or « EN PREST SUR SES GAIGES ».

Nous avons acquis l'arrêst de l'échange, fait avec le prince de Condé, du duché d'Albret contre le duché de Bourbonnais, parc et château de Moulins, le parc de Chevagnes, etc. In-fol. de 1661.

Chez Claudin, libraire. Catalogue 292, n°s 26 et 213 : « Cahier de l'ordre du clergé, remis à MM. Tridon, curé de « Rongères, à Aury, curé d'Hérisson, à Laurent, curé d'Huil- « liaux, 1789. Autre cahier de plaintes et doléances du Tiers- « État de la province de Bourbonnais, 1789. »

Catalogue Schulmann, à Amersfoort, n° 368 : Médaille en bronze, de 0,055 m. de diamètre (série Durand), du maréchal de Villars, buste ; au revers, une légende rappelant la date de sa naissance et de sa mort.

SIGILLOGRAPHIE

Un sceau de la ville de Gannat, matrice ovale, en cuivre de 0,049 m. de diamètre ; *Écu écartelé, aux 1 et 4 d'or, à la fleur de chardon, et aux 2 et 3 d'azur, au gant d'or ;* légende, QUI S'Y FROTTE S'Y PIQUE SI GANT N'A.

Moulins, 31 décembre 1893.

Francis PÉROT.

COIN DES POÈTES

NOCTURNE ITALIEN

E sais des soirs lointains que le soleil maquille,
Où la chaleur finie attarde son sillage,
Où le ciel somptueux, blond comme une jonquille,
Ecarte son orure aux fibres d'un nuage.

Je sais des champs poudreux qui bordent les sentiers,
Des oiseaux ayant pris leurs multiples couleurs,
Et courant sous les pins, à travers les halliers,
Avec, effarouchés, leurs mignonnes clameurs.

Et puis de grandes eaux roulant leurs tourbes jaunes,
Des oliviers nombreux dont la feuille est tremblante ;
De très vagues pâleurs aux nuances des aunes,
De vives floraisons que le vent violente.

L'air en est parfumé comme un frêle mouchoir,
Et murmure tout bas son murmure berceur.
Les blés mûrs vont frisant dans le charme du soir
Leurs longs cheveux brunis au soleil mûrisseur.

Plaisir que j'ai goûté de si douce lumière
Qui dans l'ombre se fond, subite et toujours pure !
Oh ! voir au relevé d'une veule paupière,
Des feuillages tomber sa luisante guipure !

Pensers d'alors venus, brises du sentiment,
J'ai dans mon âme encor, très profond enterré,
D'heures que vous traîniez, brèves, exquisement,
Le premier souvenir, le premier défloré !

Douceur de ces climats, paisible et jouisseuse
Envahissant le corps, tout à coup, languissante,
Je regrette toujours ta caresse endormeuse
Et j'ai l'ardent désir de ta caresse absente !

Enfin je sais, je sais, sous les soleils couchants,
Tout un fouillis de monts aux contours gracieux,
Des ballades d'amour dont s'envolent les chants,
Un exotisme étrange, émané d'autres cieux ;

Vers l'horizon joli, sur les vagues foncées,
Se balançant avec combien d'affeteries !
Des barques de pêcheurs les voiles retroussées ;
Puis élevant là-bas ses pierres assombries,

Quelque vieil aqueduc, morne comme un aïeul,
Qui s'avance à grands pas au rebord des chemins
Et semble devers Rome, étonné d'être seul,
S'en aller pour savoir s'il n'est plus de Romains.

CHOSES MORTES

Alla Contessa Magdalena Pecci.

DANS un album ayant un ruban pour fermoir,
        Une branche de cytise,
        Sur une page agonise ;
Elle est là depuis peu, depuis la veille au soir.

Ce fut d'un brin d'amour l'ouverture gracile,
       Ou bien ainsi s'exprimant,
       L'aveu sincère et charmant
D'un cœur qui va lointain, mais à regret s'exile.

Je ne sais si ce cœur à d'autres s'est offert.
       Au bord d'une coupe blanche,
       J'ai posé la douce branche,
Il n'aime plus sans doute, et rien ne s'est ouvert.

Eug. Cavalier.

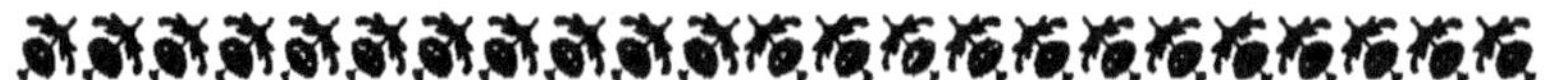

DOCUMENTS SUR GANNAT

(SUITE) (1)

Les Environs de Gannat, par M. de Bonnevie de Pogniat (1827).

Les plus anciennes antiquités de ce pays sont les habitations des Celtes et les pierres druidiques. Ces habitations sont des souterrains à peu près faits tous de la même manière, elles sont creusées dans de la pierre tendre du Cas ; c'est un corridor de 6 pieds de haut sur 4 pieds de large, garni de chaque côté de petits caveaux qui, probablement, servaient d'habitation à une famille ; ces petits caveaux avaient une entrée petite et étroite de 4 pieds de hauteur et d'autant de large, ils s'élargissaient en dedans, avaient 7 ou 8 pieds de large et autant de profondeur, et 5 pieds de haut.

Il y a beaucoup de ces caveaux dans la commune de Mazerier ; les plus longs sont ceux qui aboutissent au champ de la Cave appartenant à Madame Dormantière, femme divorcée de M. Debor ; plusieurs ont été visités ; quelques-uns sont encombrés par des éboulements ; mais le plus entier est celui qui forme la cave du château de Longlar. Les fondateurs de ce château ont profité d'une position semblable pour avoir de belles caves. Quelques personnes pourraient croire que ces souterrains ont été creusés pour servir de caves, mais il est aisé de prouver par l'inspection des lieux que les souterrains sont plus anciens que le château ; on ne s'est pas servi de l'ancienne entrée, mais on en a creusé une nouvelle dans un des petits souterrains ; on a creusé une cave plus régulière qui laisse plusieurs de ces petits souterrains coupés à moitié.

(1) Voir le numéro précédent du *Bulletin-Revue.*

J'ai vu un semblable souterrain dans le village de Sordon, commune de Tunat.

Il y a aussi dans la commune de Mazerier une pierre druidique appelée la Pierre de la Fugasse. Elle est située en un lieu entouré de marais ; le terrain est très fertile et pouvait autrefois avoir produit de très gros arbres, condition nécessaire pour un temple de Teutatès ; les chemins qui y aboutissent ont été remplis autrefois par des amas de pierres qu'on y a portées ; la pierre a 4 pieds carrés, elle est percée dans le milieu et a plusieurs trous dans les côtés ; elle était percée sans doute pour faire couler le sang des victimes et en cacher le spectacle au peuple ; les victimes n'étaient peut-être que des criminels que l'on faisait mourir, comme la justice fait à présent, avec grande solennité et au milieu d'un grand concours de peuple pour l'exemple (1).

Les Romains sont venus ensuite et nous ont laissé plusieurs traces de leurs dominations : le château de Gannat, ses cachots profonds sont sans doute une de leurs constructions ; le chemin de la Marche qui traversait toute l'Aquitaine en est une aussi. Il y a environ une vingtaine d'années qu'un particulier fit construire une petite maison, près de la combe de Lavernus ; les maçons, en creusant les fondements, trouvèrent deux cadavres enterrés très peu profond, qui paraissaient avoir été enterrés avec leur armure et les harnais et équipages de leurs chevaux ; ils trouvèrent une grande quantité de métal de cuivre qui composaient ces harnais. Je pus me procurer une pointe de lance en cuivre. Il y avait beaucoup de grands anneaux, qui bordaient des plaques de cuivre, qui, mises les unes sur les autres formaient leur armure.

Mais, de toutes les antiquités de ce pays-ci, la plus remar-

---

(1) Avant la Révolution, il y avait une fondation très ancienne dont on ne connaissait pas la date, qui forçait le curé de Mazerier de faire porter, le 1er de mai une certaine quantité de pain et de vin au profit des bergers des environs, sur la Pierre de la Fugasse. C'est probablement l'établissement du Christianisme dans ce pays qui a changé les sacrifices sanglants des Druides en offrandes de pain et de vin.

quable est celle de Royat, à une demi-lieu de Clermont. A Royat, il y a de belles sources d'eau claire et limpide, qui jaillissent d'une caverne et qui, dans leur cours jusqu'à Clermont font aller plus de 3o moulins. Cette position fut remarquée par les Romains, qui firent construire à Royat des magasins de bled qui pouvaient être employés pour le service des troupes, dans les différentes parties de la Gaule ; la fertilité du sol de la Limagne offrait des facilités pour les approvisionnements et les moulins de Royat des moyens de les réduire en farine. Ces magasins furent brûlés à l'époque de l'invasion des Goths ; on trouve encore, à la place de ces magasins, des grains de bled à moitié brûlés, qui se sont conservés jusqu'à présent. Il paraît qu'il y· avait parmi les employés, dans ces magasins, des Juifs chrétiens, car on trouve à Royat une petite église souterraine qui reçoit le jour par une fente de clochers ; cette église est encore dédiée à la sainte Vierge ; son image est noire. C'est dans ce réduit caché que se réunissaient les fidèles ; mais, lorsque la religion chrétienne fut permise, sous Constantin, alors ils firent construire une église sans aucun ornement d'architecture, comme on les faisait dans ces premiers temps du christianisme, telle que les Guaquies font leurs meetings, et, devant la porte de cette église, il y a encore une croix avec une inscription en langue hébraïque, qui a survécu à tant de siècles et même à la Révolution.

Sur les coteaux de Mazerier, il existe un lieu nommé les Dia Gots ou Dias Godas (en mauvais latin, les jours des Goths). Ce lieu est admirablement bien placé pour un camp : du côté de l'ouest, il est défendu par les bords escarpés de la Sioule ; de tous les autres côtés, ce sont des coteaux aisés à défendre. C'est là que les Goths, dans leur première invasion, campèrent et s'arrêtèrent longtemps ; de ce lieu, ils apercevaient, au midi, les cimes des montagnes des Puy-de-Dôme et du Cantal et, à l'est, la longue chaîne des montagnes du Forest. Les Goths venant du Nord, n'ayant parcouru que des plaines, durent être surpris à l'aspect de ces montagnes dont il fallait connaître

les passages et les ressources avant de s'y engager. La position
des Diagots leur offrait la plaine de Limagne, pays fertile qui
offrait des ressources pour vivre et des richesses à piller ; aussi,
ce beau pays dut se rappeler longtemps des jours des Goths
(Diasgots). Il y a encore sur la cime de la montagne des Diasgots une grande table en pierres, de 5 pieds carrés et de
6 pouces d'épaisseur. Cette table très bien taillée est toujours
restée sur cette montagne jusqu'à ce jour où elle ne s'y est
conservée que par son énorme pesanteur et parce qu'elle y est
ignorée. Elle est dans une position superbe. De là, on aperçoit
six départements : l'Allier, le Puy-de-Dôme, le Cantal, la
Haute-Loire, la Loire et la Nièvre. C'est sans doute de cette
table qu'un chef tartare, voyant les soldats ravager les plus
beaux pays du monde, faisait crier par un héraut qu'il avait
dîné et que tous les rois de la terre pouvaient en faire autant.

Les Goths, après avoir reconnu le pays suffisamment, firent
route à l'ouest et, au sud, gagnèrent les pays méridionaux par
les plaines et, par cette route, épargnèrent une nouvelle invasion à l'Auvergne et aux descendants de la famille de Vercingétorix retirée dans la partie la plus âpre des montagnes, vers
les sources de la Dordogne.

A deux cents toises environ au midi des Diagots, il y a
trois ou quatre ans qu'un ouvrier, en creusant de la pierre
dans une petite vallée, trouva une grande quantité d'ossements
humains et, parmi beaucoup de poterie cassée ou qu'il avait
brisée par défaut de soin, je trouvai deux petites urnes, que
j'ai sur ma cheminée, deux petits plats destinés sans doute à
contenir la ration d'un soldat et deux espèces de bouteilles
avec des anses ; toutes ces poteries sont de terre rouge, très
bien conservées. Cet ouvrier trouva aussi deux médailles que
je conserve avec soin. La première, en bronze, représente d'un
côté la figure de l'empereur Maxime, avec une petite couronne
d'anneaux de métal ; je n'ai pu distinguer dans l'écriture que
le mot Maxentius. Sur le revers, on voit un empereur sur un
trône, ayant une boule, le monde, dans la main gauche, un de

ses ennemis qu'il tient par terre, ses pieds dans les reins, et un Mercure réprésentant les alliés, un caducée à la main, se tenant droit devant lui. Il y a aussi deux mots écrits dessus et dessous que, quoique bien écrits, je n'ai pas pu comprendre. La seconde médaille est plus petite, d'un cuivre plus rouge, et moins noire ; il y a, d'un côté, une tête avec une écriture en partie effacée, de l'autre côté, deux guerriers représentant deux empereurs ou deux consuls romains séparés par deux lances.

Après les monuments romains sont venus ceux des Maures qui ont encore laissé dans ce pays-ci des traces de leur passage : d'abord le nom d'Ebreuil et Breuil (la vallée) ; la Serre, la Sierra (la montagne) ; les Sarrons et Sarronne (les petits monts). Ces villages sont placés suivant l'indication de leurs noms. On voit près d'Ebreuil la fontaine appelée encore la fontaine des Arabes, le pont de Pomaure (il a été remplacé par un superbe pont sur le grand chemin, mais le premier avait sans doute son mérite) et la plate-forme de l'église de Gannat qui n'est autre chose qu'un minaret. Les églises de ce pays-ci ont presque toutes été construites à deux époques très éloignées l'une de l'autre ; la première, qui se rapproche de l'époque de Constantin est construite avec des piliers carrés très massifs qui soutiennent une voûte élevée. Cette partie forme l'entrée ou la partie occidentale de l'église et pouvait même, avant le christianisme, être des temples de Jupiter. On a agrandi presque toutes les églises du côté de l'orient où se trouve la nef, avec une architecture plus légère, des colonnes rondes avec bases et chapiteaux. Dans l'église de Gannat, on y a ajouté encore du temps des Maures la plate-forme qu'on a liée à l'ancien édifice ; on y monte par une petite tourelle, et le haut est une plate-forme où les imans montaient pour appeler de là les fidèles à la prière. De cet édifice on a fait le clocher depuis.

Il y a quelques années, en faisant défricher mon parc, un ouvrier trouva la carcasse d'un homme qui avait été enterré entre deux rochers très rapprochés ; il avait été enterré comme s'il eut été assis. On trouva sur lui une croix d'argent creuse en dedans et qui fermait par le moyen d'une petite cheville d'argent. Cette croix me fut apportée et je la conserve. Je l'ouvris en tirant la cheville ; elle contenait une substance grisâtre qui s'évapora en peu de temps. Cette croix avait, d'un côté ou MA, de l'autre, les lettres IHS, avec une rose. Ce château ayant autrefois appartenu aux Templiers, cela peut venir de cette époque éloignée. A la destruction des Templiers, leurs biens de Tanglar furent donnés à l'abbaye des Bénédictins de la Chaise-Dieu, en Auvergne, qui ont aliéné le bien et ont conservé la nomination de la cure jusqu'à la Révolution.

Voilà tout ce qui me vient dans l'esprit, pour le moment, sur les antiquités de ce pays qui ne laisse pas que d'avoir de l'intérêt. C'est le dernier échelon des montagnes du côté du nord, depuis Paris, depuis la mer Baltique, depuis Moscou Casan. Il y a de belles positions militaires et si Buonaparte s'y fut retiré, comme on le dit pendant un temps, et qu'il eut eu le pays pour lui, je ne doute pas qu'il eut pu s'y soutenir longtemps.

J'ai écrit ceci couramment, sans corrections, pas même les fautes d'orthographe ; je suis vieux, la pensée me fatigue. C'est tout ce que je puis faire et, si l'on y trouvait des choses qui pussent être utiles, je me trouverais bien récompensé de ma peine.

De Bonnevie de Pogniat.

UN PANAMA AU XVIIIᵉ SIÈCLE

ES désastres financiers de la Banque Royale
sont assez connus au point de vue général pour
que nous puissions nous dispenser d'en parler.
Ce que nous voulons faire connaître aujour-
d'hui, ce sont les conséquences de la banqueroute sur un des plus intéressants établissements publics de
la ville de Gannat.

En province, comme à Paris, tout le monde avait été allé-
ché par les promesses de Law et s'était procuré des billets de
la Banque Royale, les conservant précieusement en vue des
énormes bénéfices que l'on en attendait.

Quand le moment de la défaveur fut arrivé, la nouvelle s'en
répandit partout et ce fut à qui se débarrasserait de ces valeurs
purement nominales. Le 12 avril 1720, nous relevons dans les
registres des délibérations des administrateurs de l'hôpital le
premier indice de la panique :

Mᵐᵉ de la Faye des Palissards veut rembourser les 3,000
livres qu'elle doit à l'hôpital. On accepte la somme, payée en
trois billets de la Banque Royale ; mais on s'adresse à sa charité pour la prier de dédommager l'hôpital de la perte qu'il
éprouvera en attendant que les fonds puissent être employés
ou placés, personne à présent ne voulant se charger d'argent
ni vendre de fonds. Elle promet d'acquiescer à cette demande,
dont rien ne rappelle la réalisation.

M. Ferrand veut aussi rembourser dix-sept cents livres et
les verse en deux billets de banque de 1,000 livres, qui ne
peuvent être refusés, et on lui remet la différence en argent.

M. Jean de Combes fait un remboursement de 293 livres en
deux billets de 100 livres et le reste en argent.

26 avril. — Pour remédier à la dépréciation des espèces, on prête 150 livres à Jean Hirlavand, maître chirurgien, pour constituer 6 livres de rente au denier 25 (4 %).

24 mai.— M. Viard, châtelain et élu, rembourse 1,000 livres empruntées, le 17 octobre 1718, avec arrérages échus, en un billet de banque de 1,000 livres émis le 1er janvier 1720, n° 193,349, signé : Chauvin, Macé et Deville.

Déjà, avant cette époque, de nombreux rachats de rentes dues à l'hôpital avaient été faits ; mais il ne nous semble pas que ces remboursements aient été opérés en billets de la Banque Royale ; nous y voyons plutôt la conséquence naturelle du bas intérêt que rapportait l'argent et des avantages qu'il y avait à racheter des engagements.

Si quelques-uns des détenteurs de billets acceptent de courir les chances d'une banqueroute imminente et gardent leurs billets, les autres et les plus nombreux s'efforcent de s'en débarrasser et menacent, en cas de refus d'acceptation, de consigner la somme. Les administrateurs de l'hôpital, quoique bien conscients de l'orage financier qui va crever, reculent devant les conséquences d'une consignation et acceptent les billets ; mais, le 21 juin, considérant que l'on rembourse fréquemment les capitaux des rentes dues à l'hôpital et que ces fonds restent oisifs, ils se décident eux-mêmes à rembourser en billets de banque les rentes rachetables.

Dès le 1er juillet, nous apercevons chez quelques-uns de ceux qui s'empressent de se débarrasser de leurs billets de banque une sorte d'éveil de la conscience. Ils s'aperçoivent très bien qu'à l'abri de la loi, ils font tort aux pauvres en s'exonérant de valeurs dépréciées. L'un, à propos d'un paiement de 1,900 livres, donne 45 livres pour les pauvres de l'hôpital.

Un autre, sur 400 livres de remboursement, remet 5 livres de gratification : c'est peu.

Car, pour un remboursement de 1,000 livres, une veuve plus libérale fait don de 5 setiers de froment, 5 setiers de seigle, 5 setiers d'orge et 1 quarte de pois.

Enfin, un autre rembourse 2,000 livres, mais consent à n'en recevoir la rente que lorsque l'hôpital en aura fait le placement.

La panique qui poussa à se débarrasser des billets engage ceux qui en détiennent à prêter gratuitement de l'argent (en billets, bien entendu) pour faire des remboursements de rente ou racheter des fonds de terre au préjudice de l'hôpital.

C'est toujours la peur de la consignation qui oblige les administrateurs à recevoir les remboursements et à encaisser les billets de la Banque Royale. Examinant l'état des rentes dues à l'hôpital, ils voient avec douleur que les plus grosses et les plus sûres ont été remboursées et se trouvent au coffre en billets de banque dont on ne peut trouver aucun emploi. Ils décident de se dispenser d'exécuter les conditions des fondations dont le remboursement a été fait en billets de banque jusqu'au placement utile de ceux-ci. Le recollement en sera fait pour éclairer la situation.

Le chapelain de l'hôpital, à qui l'on annonce la nécessité d'une réduction de traitement, déclare se démettre de ses fonctions.

Il y a déjà, dans le coffre, pour 15,630 livres de billets de 1,000, 100, 50 et 10 livres, et seulement 94 livres 17 sous en argent, alors que l'hôpital n'a aucune provision de chandelles, huile, sel, bois, grains et autres denrées. Aussi, on décide de poursuivre les débiteurs de petites rentes. Le curé de Sainte-Croix sera prié de donner un sermon pour la fête de l'Enfant-Jésus, qui sera célébrée, suivant l'usage, dans la chapelle de l'hôpital, le 1er janvier 1721, afin de donner à une dame de la ville l'occasion de faire une quête en faveur de l'hôpital, indépendamment d'une autre quête à domicile opérée avant les fêtes de Noël, car l'hôpital est fort près de sa ruine par les remboursements qui lui ont été faits en billets de la Banque Royale dont on n'a pu faire jusqu'ici aucun emploi.

La quête à domicile a produit 10 livres 1 sou.

Déja, dès le mois de juin 1720, l'administration supérieure s'était inquiétée des conséquences, pour les établissements publics, de la défaveur des billets de la Banque Royale, et le procureur général avait demandé un mémoire détaillé des rentes dues à l'hôpital et de leur nature. Ce mémoire avait été envoyé; mais, le 10 janvier 1721, les administrateurs décident de lui écrire pour lui demander si les billets de la Banque possédés par l'hôpital peuvent être employés à constituer des rentes 2 %, ou pour savoir si l'on pourra en tirer un meilleur parti. Ce taux de placement recherché fixe à peu près de quelle dépréciation étaient frappés les billets.

Dès le 24 janvier, le procureur général a répondu que l'on pouvait employer les billets de banque en rentes provinciales 2 %, suivant l'intention du roi, et qu'il n'y a point de meilleur emploi à en faire. En conséquence, on remettra tous les billets à M. Lefebvre, receveur des tailles.

Le 18 janvier, l'intendant a réclamé un état des remboursements faits à l'hôpital en billets de banque, afin de connaitre quelle diminution de ses revenus en est résultée.

Le 30 janvier, un administrateur de l'hôpital donne 500 livres en billets de banque, à la condition toutefois d'une rente viagère de 2 % et, après sa mort, à l'entretien, à l'huile de noix, jour et nuit, de la lampe placée au-devant du Saint-Sacrement dans la chapelle. Le surplus, s'il en reste, devra être consacré à l'entretien du chapelain.

Un autre administrateur, à qui il est dû 20 livres pour trois setiers de blé de mars, fait remise de sa créance, si l'on veut accepter 350 livres en billets de banque, dont on ne lui paierait d'ailleurs l'intérêt à 2 % que lorsqu'elles seraient employées en rentes provinciales.

M. Lefebvre, receveur des tailles, à qui on a remis 21,080 livres en billets de banque, refuse de recevoir 17 billets de 1,000 livres, le dernier arrêt du Conseil ne l'autorisant à recevoir que les coupures inférieures. On écrira donc au procureur général et on présentera un placet au roi et au ministre, s'il est nécessaire, pour leur faire connaître la détresse de l'hôpital dans le cas où les billets resteraient sans valeur.

Mais, le 4 février, arrive une bonne nouvelle. M. Grivault, subdélégué de l'intendant à Aigueperse, donne avis que l'intendant a accordé un débouché pour les billets de 1,000 livres en faveur des hôpitaux et communautés et de les lui adresser pour être placés en rentes provinciales sur les tailles.

Pendant près de deux ans, l'administration hospitalière fait les plus louables efforts pour nourrir et habiller les pauvres. Deux billets de dix livres ont même été gratuitement donnés à l'hôpital, ce qui porte le total de ceux que l'on possède à 21,100 livres, et, en présence de cette grosse somme improductive et irréalisable, on se voit obligé d'emprunter 200 livres pour une sentence obtenue contre M. d'Harcourt, abbé de Menat, débiteur de l'hôpital.

Enfin, le 23 novembre 1722, on reçoit la nouvelle que les 21,100 francs de billets ont été liquidés à 10,900 et quelques livres. Avant d'accepter une telle réduction, les administrateurs se décident à écrire au procureur général et au contrôleur général pour leur représenter le tort énorme qui en résulte pour l'hôpital et tâcher d'obtenir une liquidation plus favorable, et, le 18 décembre, conformément à une délibération des habitants, saisis de l'état de la situation, on accepte la liquidation à 10,900 livres. On fera une quête en ville pour combler, dans une faible mesure, le tort fait par le remboursement des billets de banque.

Les communautés et autres établissements publics n'ont perdu, comme on le voit, que 50 °/₀ dans l'opération de Law. Quant aux particuliers, ils ont pu faire encadrer, comme les panamistes actuels, leurs actions et leurs billets de banque, comme souvenir des dangers de la spéculation. Encore a-t-il fallu que le Trésor public et le roi lui-même fussent trop directement engagés dans l'affaire pour que notre hôpital ne fût pas ruiné de fond en comble.

Dʳ VANNAIRE.

TABLEAU

DU

DÉPARTEMENT DE L'ALLIER

EN L'AN IX

Le manuscrit que nous publions appartient aux archives de la Préfecture de l'Allier et porte ce titre : « Tableau du département de « l'Allier en l'an IX. »

Aux termes de l'article 6 § 7 de la loi du 28 pluviôse an VIII, le Conseil général avait, à sa session annuelle, à exprimer son opinion sur l'état et les besoins du département et à adresser son avis au ministère de l'intérieur. Celui-ci devait en extraire les points principaux, les situations réellement importantes que, désirait connaître le premier Consul.

Afin que l'analyse des vœux, des besoins des départements fût facile, il importait que les rapports des conseils fussent établis sur cadre uniforme pour toute la République. Dans ce but, le ministre de l'intérieur, Chaptal, avait indiqué aux Conseils généraux les affaires sur lesquelles ils devaient surtout porter leur attention et dans quel ordre elles seraient exprimées. La circulaire du 16 ventôse an IX avait fixé cinq chapitres :

1° Agriculture et Commerce ;

2° Secours publics, prisons ;

3° Ponts et Chaussées, navigation ;

4° Instruction publique ;

5° Population, administration.

C'est en suivant à peu près ce cadre que le premier préfet de l'Allier, Huguet, ex-constituant, nommé par arrêté consulaire du 11 ventôse an VIII, prépara le 17 pluviôse an IX, le travail que devait examiner et adresser le Conseil général.

Ce tableau de l'Allier contient des renseignements nombreux et intéressants. Il fut, du moins, pour la première partie, Agriculture et Commerce, contrôlé avec soin par le Conseil général, qui fit même quelques observations assez vives en marge du manuscrit.

Nous mettons ces rectifications en notes au bas des pages.

Le Préfet répondit d'abord que les renseignements avaient été pris dans un travail de la Société d'agriculture, puis accepta, le 26 germinal an IX, les rectifications signalées.

Le tableau fut-il envoyé au Ministre de l'Intérieur avec les critiques du Conseil ? Nous en doutons, car le travail du Préfet, publié plus tard par ordre du Ministère, ne contient pas les annotations du Conseil. La brochure imprimée que nous avons sous les yeux appartient à notre Société ; elle a le titre du manuscrit des archives. Elle a été imprimée en l'an X, à l'imprimerie des sourds-muets, à Paris.

Ainsi qu'on le verra, il n'y a, entre le document des archives et la brochure d'autres différences que celles résultant de l'omission des notes du Conseil général.

La brochure est très rare et peu de bibliothèques la possèdent. Une nouvelle publication du rapport du préfet Huguet ne sera donc pas sans offrir quelque intérêt.

C. GRÉGOIRE.

E département de l'Allier, situé au cœur de la France, embrasse dans son étendue les vallées du Cher, de l'Allier, et partie de celle de la Loire ; il touche, nord, les départements du Cher et de la Nièvre ; est, les départements de Saône-et-Loire et de Rhône-et-Loire ; sud, le département du Puy-de-Dôme ; ouest, les départements de la Creuse et du Cher.

La Loire sépare à l'ouest le département de l'Allier de celui de Saône-et-Loire ; elle passe à 3 myriamètres 6 à 7 lieues de Moulins. Le Cher effleure ce département à l'ouest, avant d'entrer dans celui qui porte son nom, où il commence seulement à être navigable ; entre deux et par le milieu du pays coule l'Allier.

Les autres rivières qui l'arrosent sont la Bouble, la Sioule, la Besbre, la Queune, l'Œil, etc.

Quoique situé dans une latitude peu méridionale, il jouirait généralement d'une température assez douce, si la proximité des chaînes élevées des montagnes qui le dominent n'en différenciait extrêmement le climat.

Il est divisé en quatre arrondissements et contient 349 communes, dont 11 villes qui, à elles seules, renferment 32,827 habitants.

Moulins, chef-lieu du département, contient pour sa part près de 14,000 habitants (1); cette ville est située dans la vallée de l'Allier, d'un aspect riche et varié, fertile dans sa partie basse (2), arrosée par la rivière de ce nom, navigable une grande partie de l'année ; elle a de très belles casernes destinées à loger un régiment de cavalerie, toujours placé avantageusement à Moulins en raison de la consommation des fourrages, mais les pavillons latéraux ne sont point terminés ; elles sont situés sur la rive gauche de la rivière et on y communique par un pont qui peut passer pour un chef-d'œuvre ; il est très large, il a deux beaux trottoirs, il est composé de treize arches et est parfaitement plat dans toute sa longueur ; des ouvrages d'art considérables contiennent le cours de la rivière en cet endroit et donnent à sa navigation l'avantage d'un embarquement facile ; mais elle aurait à recevoir de grands avantages de l'amélioration de la navigation dans tout son cours, vu que

____

(1) Moulins ne contient que 13,500 habitants.
(2) Les bords de l'Allier sont plus variés que riches ; ses fréquents débordements nuisent infiniment à sa culture ; elle n'est navigable que moitié de l'année.

son cours et son lit varient beaucoup et que les débordements causés par la fonte des neiges des montagnes occasionnent souvent de grands ravages ; cette ville est renommée par sa coutellerie, elle renferme dans l'église de la ci-devant Visitation le mausolée du connétable de Montmorency, décapité sous le ministère du cardinal de Richelieu ; c'est un modèle de sculpture et de dessin du plus beau genre, en marbre d'Italie. Elle a de très belles promenades, dont une, connue sous le nom de cours de Bercy, est vaste et d'un aspect majestueux ; elle est enfin le point de jonction de six grandes routes qui en font un passage très considérable. Les terres qui avoisinent cette ville sont cultivées par des jardiniers dont la culture à la bêche (1) favorise beaucoup le produit des terres ; cette ressource pourrait s'approprier à toute la vallée de l'Allier, connue sous le nom de chambonage ; les blés y sont beaux, mais leur produit très faible ; il roule ordinairement de 4 à 6 pour un (2), semence prélevée ; le produit du bétail y est aussi peu considérable, les cultivateurs en sont généralement pauvres et n'ont que l'apparence de l'abondance du moment ; une maladie, des pertes de bestiaux, une mauvaise récolte les obligent très souvent à s'endetter vis-à-vis des propriétaires ; beaucoup d'entre eux, devenus insolvables, restent simples manœuvriers jusqu'à ce que les besoins de la culture ou de nouvelles avances les reportent à quelque entreprise ; toutes ces remarques sur la vallée dite chambonage sont applicables à celles qui bordent la Loire et le Cher (3).

Climat. — La différence de l'élévation des terres donne dans ce département une des variétés de climat les plus sensibles que l'on puisse rencontrer ; les vallées, les terres basses, les parties qui jouissent d'abris sont de beaucoup plus chaudes

____

(1) Il est ridicule de proposer la culture à la bêche pour une étendue de terrain qui exigerait 30,000 ouvriers de plus qu'on ne pourrait en trouver dans tout le pays, indépendamment de la disette d'engrais.

(2) Le produit mentionné dans cet article est extrémement exagéré ; il ne peut jamais être porté au delà du grain trois semences prélevées.

(3) Les bords du Cher sont bien moins productifs que ceux de la Loire.

et plus précoces ; les neiges rares en hiver n'y couvrent la terre que peu de temps ; dans les parties hautes, la nature est très différente, le climat est plus froid, les terres moins précoces, les neiges plus abondantes et plus soutenues, rarement on atteint la fin de brumaire sans les voir tomber et, sans être permanentes, elles se prolongent souvent jusque dans le courant de germinal ; les variations occasionnées par la proximité des montagnes (1) sont plus sensibles au printemps, où les vents de sud-ouest qui, au commencement de germinal, portent sur presque toute la France un temps doux et humide, ne nous arrivent que chargés de frimats qui règnent sur leurs sommets glacés ; de là ces froids prolongés, ces gelées de printemps qui nuisent si souvent aux produits de l'agriculture ; à ces froids succèdent pour l'ordinaire ces longues sécheresses qui ne sont pas moins nuisibles, qui détruisent les plus belles apparences de récolte et que l'on croit devoir attribuer à la destruction, dans les terrains élevés, d'une grande partie de bois qui entretenaient et de là répandaient au loin une fraîcheur bienfaisante et salutaire pour les habitants et pour les productions.

Sol et productions.— La nature du sol varie pour le moins autant que celle du climat (2) ; la partie basse où coulent les grandes rivières est en terre argileuse, la plus fertile du pays ; une autre partie sur la Bouble, la Sioule, la Besbre sont en

(1) C'est surtout le vent d'est qui ravage au printemps les fruits et les vignes, comme nous en avons, dans ce moment, sous les yeux, la triste expérience.

(2) Les trois sortes de terre dont il est parlé forment au plus le quart du département.

Il faut noter que l'argile et les terres humides ne produisent qu'à force de fumiers très chauds.

Le défaut de foin et de pacage empêche dans les parties de terre forte de faire aucun élève de bestiaux, qu'on est obligé de se procurer à grands frais des autres départements.

Quant au produit du froment, il est prodigieusement exagéré et ne va tout au plus que de trois à quatre, semences prélevées.

L'orge rend encore moins.

Les prés voisins des rivières sont sujets à des inondations qui en détruisent la récolte, les pacages sujets à la rouille causée par les débordements occasionnent des épizooties très fréquentes.

terre forte ; sur les hauteurs sont de vastes étendues d'argile plus ou moins décomposée à la surface ; ces trois sortes de terre forment à peu près la moitié de l'étendue du département. Leurs principales productions sont le froment, avoine, orge, foins, légumes, de bons pâturages, des vins rouges propres au transport, graines de toutes espèces, quelques seigles médiocres et, dans la partie argileuse, des avoines, seigles de bonne qualité, foins, vins blancs et principalement une grande quantité de bois détruits en partie. L'autre moitié des terres est en terrain sablonneux ou mêlé d'un gravier d'une couche mince sur un fond graniteux ; ses productions principales sont de beaux seigles, des vins blancs, fruits, pommes de terre, graines à huile ; c'est aussi dans cette portion que se trouve la plus grande partie des veines métalliques connues dans le département.

En général, le produit du meilleur sol, sur les bords des grandes rivières, est beaucoup au-dessous de ce qu'on pouvait en attendre ; la nature riche et riante est partout en opposition avec la misère des cultivateurs, dont le sort est plus heureux dans la partie haute, composée de terres fortes d'un fond plus rembruni ; les chênes, sorbiers, noyers, coudriers, qui y sont multipliés, en font une scène plus riante ; les travaux y paraissent mieux entendus, l'aisance des habitants plus générale, leurs habitations mieux soignées, les prairies vastes et bien entretenues, les champs clos de haies vives, tandis que, dans la majorité des terres du département, la plus grande partie des haies sont en bois mort, qui entraîne le double désavantage de donner au pays un coup d'œil triste et de dégrader de plus en plus les bois environnants qui fournissent

Il est entendu que les meilleures terres ne se sèment que de trois ans deux, froment ou seigle, orge ou avoine, et guéret.

On est obligé de laisser reposer huit à dix ans, et quelquefois plus, les trois autres quarts des terres, lesquelles ne rendent que le grain deux et trois, semences prélevées.

Les gelées trop fréquentes ont détruit la plus grande partie des noyers, de sorte que l'on ne doit plus compter sur cette récolte. Les parties montagneuses occasionnent de fréquentes grêles et dégradations.

à ce genre de clôture ; les bestiaux y sont aussi plus beaux et bien supérieurs à ce qu'ils sont dans les autres parties ; malgré tous ces avantages, le froment, qui en forme la principale culture, n'y rend que de 6 à 7 pour un, semence prélevée, calcul fort au-dessous de celui qu'on pourrait en attendre ; dans toutes ces terres fortes, les parties calcaires produisent beaucoup d'orge qui fournit à la majeure partie du pain qui s'y consomme ; dans la partie argileuse, on mange généralement du seigle et souvent un mélange de seigle et froment ; l'espèce d'hommes mieux nourris est en général plus belle et plus forte que dans les autres parties.

Vignes. — On croit pouvoir assigner aux terrains propres à la culture de la vigne à peu près la moitié de l'étendue du département (1) ; la culture en est généralement soignée, les vins blancs y sont fort abondants, mais se gardent difficilement et sont la plupart de médiocre qualité ; les vins rouges y sont meilleurs, se conservent mieux et sont propres au transport ; ils forment une branche du commerce du pays ; l'exportation des vins est considérable pour Paris, où ils se rendent par la rivière d'Allier ; il s'en consomme aussi beaucoup dans les départements de la Creuse et du Cher et dans l'ancien Berry. Le prix du poinçon de vin contenant 210 à 220 pintes est de 36 à 40 francs pour le vin rouge et de 25 francs pour le vin blanc, année commune.

Mesure, produit et prix des terres. — Les terres à blés dans le département de l'Allier se mesurent à la boisselée, dont l'étendue est de 13 toises sur 13 toises ; on la compte de 168 toises carrées, cette mesure tire son nom du contenu de

----

(1) Il est inconcevable qu'une erreur aussi grande se soit glissée dans cette estimation ; il résulte de l'examen le plus approfondi qu'il n'y a qu'un cinquantième des terres de ce département qui soit propre à la culture des vignes.

Les plantations actuelles en forment à peu près le cent cinquantième, d'où il est aisé de conclure que l'exportation des vins pour aucun pays ne peut être considérable.

Les vins sont de médiocre qualité dans la majeure partie du département et ne s'y conservent que difficilement. Le poinçon de vin contient 200 pintes.

son ensemencement. On y sème par boisselée de terre un boisseau de grains pesant 20 livres et dont le prix varie pour le froment depuis 1 fr. 5o jusqu'à 2 fr. 3o à 40 sous, et pour le seigle depuis 1 fr. jusqu'à 1 fr. 5o, 20 s. à 3o s. Les bonnes terres se vendent en masse, c'est-à-dire par domaine, par exemple depuis 1o fr. jusqu'à 25 fr. la boisselée, et en détail, c'est-à-dire par boisselée ou par 7 ou 8 boisselées, le prix varie depuis 3o fr. jusqu'à 8o fr. et même 1oo fr. la boisselée (1). Dans les environs des villes, les terres cultivées à la bêche valent même jusqu'à 15o fr., mais la qualité en est aussi rare que la quantité. Les terres à vignes se mesurent à l'œuvre, qui vaut une boisselée et demie ; cette dénomination d'œuvre vient de la quantité de terrain à laquelle un homme peut donner une façon dans sa journée. Le produit des terres à vignes, année commune, varie beaucoup suivant la qualité des terres et la manière de les cultiver ; un poinçon de vin rouge peut être le produit d'une, deux, trois et même de quatre œuvres ; le vin blanc est d'un rapport au moins deux fois considérable. La mesure du poinçon est de 21o à 22o pintes ; les bonnes terres à vignes se vendent en masse, c'est-à-dire par vignoble, environ 6o fr. l'œuvre, et en détail, c'est-à-dire par œuvre, jusqu'à 1oo fr. On ne parle que des terres toutes plantées et en rapport.

Commerce des blés. — L'exportation des grains est considérable dans ce département (2) ; par Lapalisse, il verse à Lyon, Roanne et Marcigny ; Lyon et Marcigny consomment les froments ; les montagnes de Saône-et-Loire et de Rhône-et-Loire, les seigles. La route de Paris à Lyon est la ligne principale par laquelle s'exécutent ces transports.

Par Saint-Pourçain et Gannat, route de Moulins à Clermont, il verse à Mont-Ferrand, Clermont et toute l'Auvergne (3),

---

(1) On ne peut tenir aucun compte de cette évaluation très incomplète, vu qu'il y a des terrains immenses que l'on trouverait trop chers à vingt centimes la boisselée.

(2) L'exportation des grains ne saurait jamais être considérable.

(3) Il est étonnant surtout qu'on cite comme voie d'écoulement le Puy-

dont le produit suffit rarement à sa consommation intérieure, accident que sa situation élevée rend assez fréquent. Par Montluçon, route de Moulins à Limoges, il verse dans le département de la Creuse, également sujet à de fréquentes disettes.

Enfin Moulins, outre sa consommation intérieure, verse encore dans le département de Saône-et-Loire et dans la partie boisée du Morvan.

Une observation qu'il est essentiel de mettre sous les yeux du gouvernement, c'est que, depuis deux ans, la valeur des seigles, surtout par comparaison au prix des journées d'ouvriers de tous genres, est tombée au point d'en décourager la culture et de mettre les cultivateurs dans l'impossibilité de remplir leurs engagements ; cette production est cependant une des plus considérables des terres légères ; le gouvernement pourrait porter remède à cet inconvenient en en employant ou en faisant des achats pour la nourriture des troupes et la consommation de quelques grands ateliers.

Étangs. —Les étangs ou autres amas d'eaux stagnantes sont très répandus et très multipliés sur la surface de ce département. S'ils présentent l'avantage du bénéfice du poisson, qui peut être considéré comme une branche du commerce du pays (1) et celui plus intéressant encore de multiplier les cours d'eau nécessaires à l'arrosement des prés, ils présentent d'un autre côté le désavantage de répandre dans l'atmosphère, surtout dans les grandes chaleurs, des exhalaisons malfaisantes qui ne contribuent pas peu aux maladies épidémiques qui se manifestent souvent dans le pays, principalement dans cette saison (2).

Prés. — La culture des prés est en général très étendue et

de-Dôme qui nous avoisine, dont la Limagne, qui en fait partie, fournit à la consommation du département.

(1) Il n'est pas vrai que les étangs soient une richesse pour ce pays, puisque tous les propriétaires qui peuvent en faire des prés, même médiocres, ne manquent pas de les mettre à sec.

(2) L'observation qui termine cet article est très juste.

très soignée. Le produit qui en résulte pour l'engrais des bestiaux destinés au commerce et à l'agriculture est une des ressources qui contribue le plus à l'aisance des cultivateurs. Leur produit s'évalue depuis 2,000 jusqu'à 5,000 de foin sec par arpent, 100 à 250 myriagrammes par demi-hectare (1). Le prix du millier de foin, année commune, est, pour la consommation intérieure, de 10 à 12 fr., et, pour le commerce, il vaut jusqu'à 20 fr. L'usage et le travail des prairies artificielles n'y est pas généralement aussi connu et pratiqué qu'il pourrait l'être ; et, quoique ce genre de culture ne puisse pas s'appliquer indistinctement à tous les terrains, il pourrait cependant y prospérer suffisamment pour étendre et améliorer de beaucoup notre commerce de bestiaux.

Bœufs.— Les fourrages se consomment presque tous dans le pays, les bestiaux à l'engrais desquels ils sont employés, forment une des branches les plus considérables du commerce de ce département ; il s'exerce en grande partie sur des bœufs étrangers que l'on tire des ci-devant provinces de Limousin et de Périgord (2) ; on les engraisse dans le pays et ils fournissent ensuite à la consommation des grandes villes et particulièrement de Paris et de Lyon. Au printemps, les cultivateurs du ci-devant Berry viennent acheter dans nos foires des bœufs de travail et des taureaux ; plus tard, ceux de la ci-devant Bourgogne et du Charollais achètent assez régulièrement les bœufs vieillis dans le travail.

Bêtes a laine. — L'engrais des moutons (3) est généralement

(1) Le produit des prés, année commune, ne peut être évalué que d'un à deux milliers de foin sec par arpent et la majeure partie des foins de mauvaise qualité.

(2) Comme l'espèce des bestiaux qui s'élève dans le pays ne suffit pas pour la culture ordinaire, on est forcé d'en aller chercher dans les départements voisins, et ceux-là reviennent souvent si chers que, lorsqu'ils sont gras, ils peuvent à peine indemniser le propriétaire des frais d'achat et de route, et comme le fourrage est au-dessous de la médiocre qualité, on réussit rarement dans ses engrais. Les jeunesses que le département fournit aux bourguignons et aux charolais ne s'élèvent pas chez lui, mais sortent pour l'ordinaire du département de l'Indre et s'achètent aux foires de Culan et de la Barthenoux.

(3) L'engrais des moutons se fait dans vingt communes au plus, les autres n'élèvent que de mauvaises brebis.

plus profitable que celui des bœufs, quoiqu'il s'exerce aussi en grande partie sur des animaux étrangers, inconvénient qui a cependant diminué depuis un petit nombre d'années ; on les tire des départements de la Creuse et du Cher et ils fournissent aux approvisionnements de Paris, de Lyon et des départements du Midi. Il serait à désirer que le gouvernement voulût nous donner la première impulsion des achats de béliers et de brebis d'Espagne qui, croisés avec nos races françaises, nous donneraient en peu de temps des toisons qui, par leur beauté, leur force et leur finesse, atteindraient bientôt la qualité des plus belles laines d'Espagne , les succès de ces premiers essais finiraient par convaincre les cultivateurs, toujours attachés à leurs préjugés et à leurs anciens usages, de l'avantage qu'ils trouveraient à suivre l'exemple du gouvernement, et par là nous réussirions à nous affranchir d'un tribut considérable que nous payons à l'étranger.

Porcs. — L'éducation des porcs, bien déchue depuis quelques années, surtout depuis la destruction des forêts, est encore une des meilleures branches de notre commerce, comme elle est la moins dispendieuse et, par suite, la plus lucrative, surtout dans les parties du Nord, où les bois existent en plus grande quantité pour fournir aux glandées (1) ; ils se vendent pour la Suisse et les parties de l'est de la France ; ils passent aussi en Auvergne, un plus grand nombre est conduit aux marchés de Nemours pour Paris et le nord de la France.

Foires. — Les foires destinées au commerce de tous ces bestiaux et qui durent leurs premiers emplacements à la féodalité, récemment réglées dans la vue apparente de distraire le peuple des nombreuses féries de l'ancien calendrier, sont

---

(1) Les glandées sont variables au point qu'on trouve à peine une année d'abondance sur huit, douze, etc., jusqu'à dix-huit de stérilité absolue ; il en résulte que cette abondance n'étant pas prévue, on est forcé à de grands frais pour se procurer des élèves dans les départements de la Haute-Vienne et de la Lozère, ce qui rend pour la plupart le profit presque nul.

en général trop multipliées et nuisent sous ce rapport à l'activité du commerce, soit par l'encombrement des denrées, soit par la rareté des demandes, soit par la concurrence des acheteurs. Il en résulte dans les prix une incertitude qui dégoûte l'acheteur, décourage le cultivateur pressé par ses besoins et entrave le commerce.

Forêts nationales. — Le département avait autrefois trois maîtrises des eaux et forêts, qui avaient sous leur surveillance 32,212 hectares, 64,424 arpents de bois nationaux, dont 6,000 hectares 12,000 arpents proviennent des émigrés, et 3,030 hectares 6,060 arpents provenant du clergé ; la plus grande partie en haute futaie, essence chêne, hêtre, bonne nature, offrant beaucoup de ressources à la marine, qui en tire, année commune, environ 25,000 pieds cubes de bois de construction, les trois quarts en pièces droites, le reste en pièces courbes ; ces bois fournissent en outre une très grande quantité de charpente, dont la plus grande partie est conduite à Nantes pour les marchands ; beaucoup de mérins se flottent pour Orléans ; les ramages produisent une très grande quantité de bois de chauffage ; il est des parties de forêts qui contiennent aussi beaucoup de bois propres au sabotage et autres ouvrages de commerce.

Forêts particulières.— Les propriétés particulières forment entre elles une masse d'environ 90,000 hectares 180,000 arpents de bois qui offrent aussi beaucoup de ressources à la marine, à laquelle elles peuvent fournir environ 20,000 pieds cubes de bois de construction généralement essence chêne ; elles fournissent aussi pour le sabotage et du bouleau pour le cerclage des vaisseaux vinaires; mais une très grande partie des bois de particuliers sont coupés et taillés à l'âge de douze et quinze ans, pour être convertis en fagotage et en charbon ; ils ont éprouvé, ainsi que les bois nationaux, beaucoup de dévastation et de grands désordres depuis la Révolution, soit par le pillage, soit par l'irrégularité et le peu d'ordre dans les coupes ; les uns et les autres auraient besoin d'être repeuplés, les administrations n'ont pu depuis longtemps faire des semis ; ces bois, exploités au bout d'un très grand nombre d'années, ont épuisé le terrain et ne repoussent plus faute de fonds.

DÉVASTATION DE FORÊTS. — Les bois, dans l'état où ils étaient encore il y a quarante ans, formaient la plus précieuse des productions territoriales de l'Allier. Ils ont encore fourni depuis à la plus considérable de ses exportations ; les seules précautions de préserver les repousses de la dent du bétail, de remplacer les consommations par de nouvelles plantations et de mettre dans les coupes un ordre invariable et sévère suffiraient pour remédier à la longue au mal existant et aux pillages, suite du désordre qui entraîne presque toujours une grande révolution ; quoique ces bois ne soient plus ce qu'ils ont été, ils font cependant encore une des principales branches du commerce et fournissent beaucoup pour la marine. Quelques forêts sont plantées de hêtres, mais la majeure partie est plantée de chênes ; le charme et le bois blanc ne s'y trouvent que dans les parties marécageuses peu considérables. Ces forêts fournissent en outre des paccages très étendus et des glandées avantageuses pour le commerce des porcs.

Il existe dans ce département une étendue considérable de landes, de terrains en friche, de terres appauvries et épuisées par un genre de culture trop longtemps uniforme ; le moyen d'en réparer l'aridité serait de les remettre en forêts ; par là, on réussirait à fertiliser des terrains morts, pour ainsi dire, pour l'utilité publique ; par là, on nous sauverait, au moins pour la postérité, de l'inquiétude d'une disette générale et peut-être prochaine de bois de chauffage et de bois de construction ; par là enfin, on parviendrait à raviver une des branches les plus intéressantes du commerce de ce département. Nous devons tout attendre, pour arriver à ce but intéressant, de la nouvelle administration forestière et de l'heureuse exécution des lois sages qui l'accompagneront.

Le Ministre de l'Intérieur, dans le courant de l'an V, avait pris une mesure d'encouragement pour tous les agriculteurs qui s'occuperaient de multiplier les plantations particulières. Elle consistait à autoriser les administrations à accorder sur les fonds destinés aux encouragements de l'agriculture des primes et médailles d'or à tous ceux qui auraient formé avec succès des pépinières, quinconces d'arbres étrangers et autres plantations d'une étendue déterminée ; cette mesure, renouvelée et sagement administrée, pourrait encore produire d'heureux effets.

La culture du mûrier, qui croît assez bien dans presque toute l'étendue du climat des vignes, est aujourd'hui presque totalement abandonnée : l'exemple de quelques particuliers, qui ont continué d'élever des vers, nous prouve cependant que la soie pourrait être une des productions intéressantes de notre climat.

CARACTÈRE DES HABITANTS. — D'après cette analyse, on voit que le département de l'Allier ne possède que peu de richesses territoriales. Ce sont elles cependant qui doivent faire face à ses besoins, puisque le produit actuel de ses mines et de son industrie manufacturière est trop peu considérable pour marquer dans la balance générale de son commerce, auquel l'habitant se livre avec d'autant moins d'activité qu'il trouve dans les productions du sol, et sans le secours de ses voisins, de quoi fournir à tous les besoins de la vie ; de là, cette inertie, cette apathie qui constituent essentiellement son caractère et qui restreignent prodigieusement ses moyens d'aisance. De là, ce peu d'aptitude à toutes nouvelles entreprises qui tendraient à étendre son commerce et à multiplier ses ressources ; de là, enfin, cette insouciance à vaincre le petit nombre d'obstacles qui enchaînent son industrie.

SOCIÉTÉ D'AGRICULTURE. — Un des moyens les plus avantageux pour faire fleurir et prospérer l'agriculture, dans ce département comme dans toute l'étendue de la République, serait l'établissement, ou plutôt le rétablissement des sociétés d'agriculture. Elles présentent l'avantage de propager les lumières et les connaissances utiles à cette partie si intéressante de l'économie politique, d'aider le cultivateur par les conseils d'une méthode réfléchie, et de faire connaître dans l'étendue des départements ce que les expériences de quelques agriculteurs peuvent présenter de neuf et d'utile.

Les journaux ou mémoires que ces sociétés ont publiés réunissent sans doute tous ces avantages ; mais la plupart de ces mémoires destinés à être lus et entendus par des gens déjà instruits, portant souvent dans un style recherché et travaillé l'empreinte des prétentions de l'auteur, qui cherche plutôt à faire un ouvrage d'esprit qu'un ouvrage utile ; ces mémoires, dis-je, sont le plus souvent hors de la portée des bons et riches fermiers, qui n'y trouvent qu'une suite de phrases inintelligibles pour eux et dont ils ne peuvent profiter ; c'est cependant cette classe de cultivateurs pratiques qu'il est essentiel d'instruire ; c'est cette instruction et cette propagation de connaissance et d'expériences que les sociétés doivent avoir principalement en vue ; pour y réussir, il serait à désirer qu'elles fissent imprimer des feuilles périodiques qui renferment toutes les expériences utiles aux habitants des campagnes sous les rapports de l'économie rurale, que ces expériences et les conseils qui en seraient la suite fussent énoncés avec cette simplicité de style et cette clarté nécessaires pour les mettre à la portée de la classe d'hommes qu'ils veulent instruire, que ces feuilles enfin pussent être à l'usage du paysan et qu'elles fussent envoyées gratis à tous les maires des communes pour être par eux prêtées ou lues à tous ceux qui voudraient en profiter.

Sans doute, dans les premiers temps, ces feuilles seraient négligées, mais tôt ou tard elles seraient lues et produiraient des améliorations dans l'agriculture ; à la longue, on parviendrait à vaincre les obstacles inséparables de toute nouvelle institution ; le temps et la patience amèneraient le succès ; les paysans tiennent naturellement à leurs anciennes habitudes, bonnes ou mauvaises ; mais il faut leur faire du bien malgré eux, vaincre leurs préjugés à force de constance et les forcer pour ainsi dire à devenir plus riches et plus heureux en les éclairant sur leurs propres intérêts.

Dans le nombre des instructions utiles que ces sociétés et ces feuilles périodiques auraient l'avantage de répandre et de propager parmi les agriculteurs, nous devons compter pour beaucoup le soin que prendraient leurs auteurs de peindre les effets désastreux qui ont résulté, qui résultent encore journellement et qui résulteront encore plus par la suite de la dévastation générale des forêts ; ils leur feraient connaître toute l'étendue du mal, tant pour la race présente que pour la race future, dont l'égoïste, qui ne vit que pour lui-même, refuse seul de s'occuper, et leur indiqueraient les moyens les plus sûrs et les plus économiques d'y remédier.

Il a existé dans ce département une société d'agriculture aujourd'hui presque entièrement divisée et dissoute. Il serait à désirer qu'elle reprît sa première activité et qu'à son exemple elles se multipliassent dans tous les départements pour se communiquer entre elles, s'éclairer réciproquement et faire de leurs connaissances et de leurs découvertes respectives une masse et un ensemble d'instructions utiles pour tous les cultivateurs de la République ; mais un des moyens les plus sûrs d'encouragement pour ces instructions utiles serait que le gouvernement voulût nous donner cette première impulsion, qui détermine toujours l'heureux développement des arts, et qu'il voulût les aider de tous les secours et de tous les moyens dont elles pourraient avoir besoin pour étendre sur toute la surface des départements et jusqu'à la classe la moins instruite des campagnes les rayons de cette lumière bienfaisante dont elles deviendraient le foyer.

POPULATION. — CONTRIBUTION. — Une des causes les plus intéressantes qui a ajouté depuis quelques années à l'aisance des habitants, c'est la diminution d'impôts depuis la Révolution, comme il est facile de le prouver par l'exposé comparatif ci-après de population et de contribution individuelle avant la Révolution, dans les premières années de la Révolution et au terme où nous sommes arrivés, trois époques qui ont dû produire des variations, tant dans la répartition que dans les besoins de l'Etat. Pour rendre ce tableau le plus simple et le plus clair possible, nous croyons devoir prendre par bases de calcul, les années 1786, 1791 et l'an VIII, sur lesquelles nous avons des données plus certaines.

1786. — Nous voyons d'abord qu'en 1786, la généralité de Moulins était composée de 1131 lieues carrées, qu'à cette époque sa population était de 711,399 individus de tout âge et de tout sexe, ce qui produirait 629 habitants par lieue carrée ; à cette époque, la masse de contribution de tout genre établie sur cette généralité se montait à 12,343,370 francs, laquelle somme répartie sur 711,399 individus existants, chaque tête d'individus de tout âge et de tout sexe se trouvait payer alors 17 l. 7 s.

1791. — En 1791, d'après le travail du comité des contributions publiques de l'Assemblée constituante, le département de l'Allier est porté à une étendue de 365 lieues carrées, sur quoi il est à observer que ce calcul ne s'accorde pas avec le travail de l'ingénieur en chef des travaux publics du département, qui ne porte cette étendue qu'à 299 lieues carrées, ce qui établit une différence de 66 lieues carrées, différence que l'on croit devoir attribuer au désir qu'avaient à cette époque tous les cantons d'obtenir des établissements de districts, désir qui a engagé chacun d'eux à grossir le plus possible leur étendue respective. D'après ces considérations, nous croyons devoir prendre pour base le résultat des calculs de l'ingénieur en chef, qui porte l'étendue du département à 299 lieues carrées ; la population était alors composée de 267,126 individus de tout âge et de tout sexe, ce qui produisait 893 habitants par lieue carrée ; à cette époque, la masse de contributions établies sur le département de l'Allier, y compris les droits d'enregistrement, timbre, hypothèque, patente, etc., était de 2,907,189 l., laquelle somme répartie sur 267,126 individus existants, chaque tête d'individu de tout âge et de tout sexe se trouvait payer alors 10 l. 17 f. 8 s.

L'an VIII. — En l'an VIII, le département de l'Allier, n'ayant reçu aucun changement dans son étendue territoriale, contenait, comme en 1791, 299 lieues carrées ; la population était cette année de 248,864 individus de tout âge et de tout sexe, ce qui produisait 832 habitations par lieue carrée ; à cette époque, la masse des contributions établies sur le département de l'Allier, y compris l'enregistrement, timbre, hypothèque, patentes, barrières, octrois, etc., était de 2,976,725 f., laquelle somme répartie sur 248,864 individus existants, chaque tête d'individu de tout âge et de tout sexe se trouve payer 11 l. 19 s. 3 d. — 11 fr. 96.

Comparaison de population. — Ces trois points de comparaison établis, il résulte que, depuis 1786 jusqu'à 1791, la population a augmenté de près d'un tiers par lieue carrée, ce qui, cependant ne prouve pas une augmentation de population générale réelle et effective, attendu que cette augmentation apparente n'est établie que par lieue carrée et que toutes les parties de l'ancienne généralité n'étant pas également peuplées, il en est résulté que lors de la nouvelle division du territoire français par département, les parties de la généralité attribuées au département de l'Allier se sont trouvées plus peuplées en comparaison des autres parties de la même généralité attribuées aux départements circonvoisins. Il résulte encore que, depuis 1791 jusqu'à l'an VIII, la population a diminué de plus d'un quatorzième, ce que l'on doit attribuer aux différentes levées qui ont été faites pour les armées.

Comparaison de contributions. — Quant aux contributions, on voit aussi par ce tableau comparatif que, de 1786 à 1791, la contribution individuelle a diminué de plus d'un tiers, ce qu'on doit attribuer à la suppression des privilèges, à une répartition d'impôts mieux entendue et plus égale et à un meilleur emploi des deniers publics ; on voit encore que, de 1791 à l'an VIII, la masse totale des contributions a augmenté de plus d'un quarantième, sur quoi il est à observer que sur cette masse d'imposition, une grande partie est assise en impôts indirects, lesquels ne pèsent que sur la classe de citoyens qui, par leur fortune réelle ou industrielle et leurs relations commerciales, sont plus à même d'en supporter le poids ; d'ailleurs, cette augmentation est bien au-dessous de celle à laquelle on devait naturellement s'attendre à la suite d'une guerre aussi longue et aussi coûteuse.

Suppression de la dime. — D'ailleurs, en admettant depuis la Révolution une légère augmentation d'impôts qui, par une juste répartition, pèse également sur tous les habitants en proportion de leurs facultés, et plus encore sur la classe aisée par les impôts indirects, il est à remarquer que la classe des cultivateurs, classe intéressante dans la société, classe pour l'ordinaire la moins aisée, se trouve bien soulagée par la suppression de la dîme dont elle éprouve les avantages ; tous cependant n'ont pas gagné également à cette suppression, car tel canton dont la majeure partie de la surface est couverte de bois n'a rien gagné pour ainsi dire à la suppression de la dîme, qui dédommage de l'impôt tel autre canton dont la culture est abondante. Tel canton récolte beaucoup de vin, de froment, engraisse beaucoup de bestiaux, tandis que tel autre récolte à peine de mauvais seigles pour la nourriture de ses habitants et fournit seulement quelques bestiaux maigres à ses voisins qui les engraissent de leurs bons pâturages ; enfin, tel autre canton a une ou plusieurs villes dans son arrondissement pour la consommation des fruits de sa culture, tandis que tel autre, qui n'a ni villes ni routes, est obligé de consommer toutes ses productions sans en tirer le plus léger avantage.

Mines de fer. — Les autres branches les plus favorables au commerce de ce département sont les mines de fer, de charbon et autres que le sol fournit abondamment.

Messarges. — Les forges de Messarges, canton de Souvigny, distantes de trois lieues de Moulins, situées sur la grande route de Moulins à Limoges, tirent leur nom de la forêt du même nom, concédée, ainsi que celle de Gros-Bois, par le gouvernement pour les alimenter ; les propriétaires sont une masse de créanciers du C. Orry, de Nantes.

Cette forge fut construite, il y a environ 17 ans, sur un terrain appartenant aux ci-devant Bénédictins de Souvigny, qui le cédèrent par bail emphithéotique de 99 années, à la charge de leur payer annuellement 1,000 l. de rente et 1,000 l. pesant de fer et qu'on leur laisserait, à l'expiration du bail, toutes les usines avec leurs ustensiles, sans pouvoir rien exiger desdits religieux, de manière que dans 82 ans, cette forge retournera à la nation.

Les mines qui y fournissent sont situées à une lieue et deux lieues des usines ; c'est la petite rivière de Queune et les eaux fluviales qui font marcher cet établissement, condamné au chômage une partie de l'année par le défaut d'eau.

Les forêts qui les alimentent sont à trois lieues, et une attenant à l'établissement, mais elles sont presque usées et offrent peu de ressources ; les mines de charbon sont à une demi-lieue.

La forge a donné annuellement trois cents milliers de fer et quatre à cinq cents milliers de fonte ; les fontes sont bonnes et le fer très doux ; la moitié au moins des fontes de cette usine a été consommée pour le service de la fonderie de canons de Moulins. Tant qu'elle a été en activité, cette forge tirait encore des fontes du fourneau de la Papeterie située dans le canton d'Hérisson.

Les fers se consomment partie dans ce département, partie dans celui du Puy-de-Dôme pour la taillanderie et la clouterie.

Depuis deux ans, cet établissement ne fait presque rien ; pour le remettre en activité, il faudrait y faire des réparations et des approvisionnements très coûteux et qui exigeraient des mises de fonds très considérables.

La Papeterie. — Le fourneau de la Papeterie, canton de Cosnes, établi sur la rivière de l'Œil, fait partie de l'entreprise de Messarges ; les forêts nationales de Soulongis et de l'Espinasse y sont affectées ; la fonte est propre à faire de la poterie, le fer tient le milieu entre la première qualité et le mauvais. La chaussée qui soutenait les eaux a été emportée pour la seconde fois, il y a deux ans, par une crue considérable ; depuis ce temps, ce fourneau est dans l'inactivité, et l'inconvénient des mines, dont les filons n'ont point de suite et dont l'extraction est par conséquent très coûteuse, mettra toujours beaucoup d'entraves au succès de cet établissement.

BEAUREGARD. — Les forges de Beauregard, sans fourneau, canton de Veurdre, tirent leurs fontes de Tronçais et du département de la Nièvre ; des petites forêts particulières peu éloignées fournissent les bois. Le fer est de bonne qualité par le bon choix des fontes.

TRONÇAIS ET SOLOGNE. — Les établissements de Tronçais et de Sologne, situés à peu de distance l'un de l'autre dans la forêt de Tronçais, sur le ruisseau de Sologne, à douze lieues de Moulins, canton d'Ainay-le-Château, méritent d'être considérés sous le rapport le plus avantageux, tant par leur nature et leur localité que par les soins, l'industrie et les connaissances du citoyen Rambourg, qui en est en même temps directeur et concessionnaire de la République, ainsi que des forêts qui les alimentent. Un grand étang, formé pour recevoir les eaux de la Sologne et de trois petits ruisseaux ménage la consommation du premier établissement et un canal ouvert les conduit au second. On trouve au fourneau Tronçais une fosse, une étuve, une grue, qui ont servi et peuvent encore servir à couler des canons. Le fer a été reconnu par plusieurs artistes et entrepreneurs de manufactures d'une qualité qui rivalise avec le meilleur fer du ci-devant Berry. Les mines, qui y fournissent, sont situées à deux, trois et cinq lieues des établissements. La fonte est charbonneuse, elle se tourne, se lime et se fore facilement.

Les deux fourneaux, dans l'état actuel, peuvent produire 20,000 quintaux 100,000 myriagrammes de fonte, et 8,000 quintaux 40,000 myriagrammes de fer. Une partie des fontes a été expédiée à la fonderie nationale d'Indret pour la fabrication des canons ; à Nantes, pour lest de vaisseaux ; aux forges de Beauregard et de Messarges, pour être convertie en fer. La majeure partie des fers en barres passent dans le Puy-de-Dôme pour les fabriques de Thiers. Le surplus est employé à la taillanderie, clouterie et outils aratoires du département de l'Allier.

Quelques quintaux de fonte convertis en acier forgé ont eu un heureux succès. Plusieurs essais d'acier de cémentation ont également réussi.

Ces établissements, l'exploitation des ventes qui y sont affectées, l'extraction des mines, des pierres calcaires et autres occupent 500 ouvriers pendant six mois de l'année et 200 et 250 pendant les six autres mois des travaux de la campagne.

L'utilité de ces établissements, ainsi que l'intérêt général, invitent au parachèvement d'environ cinq lieues de route de Tronçais à Burges-les-Bains, qui procureraient la communication des départements du Cher et de l'Allier.

Les rivières auxquelles les forges communiquent sont l'Allier, à six lieues de distance, et le Cher, à deux lieues.

Le cours d'eau et la localité sont tels, que l'on pourrait y élever un laminoir pour tolle anglaise, fer blanc, tressellerie, des fabriques de machines à vapeur, de poêlerie, de grosse quincaillerie, de chaudières, de moulin à sucre pour nos îles. L'activité industrielle du directeur, aidée du secours du gouvernement, nous prometteraient le succès de ces diverses entreprises, et, par là, nous nous affranchirions du tribut que nous portons à une nation rivale qui nous fournit ces objets à grands frais.

MINES DE CHARBONS. — Les mines de charbon sont aussi très abondantes et de bonne qualité dans ce département et forment une branche assez étendue de son commerce, en même temps qu'elles alimentent des forges et manufactures de tous genres.

GABLIERS ET BRAUDS. — Celles des Gabliers et des Brauds

sont très abondantes et renferment un charbon d'excellente qualité. Il se transporte par terre sur le port de Moulins et, de là, on le conduit généralement à Paris par le canal de Briare. Il serait à désirer qu'il se formât sur les lieux des établissements pour étendre la consommation. Ces mines ont besoin de machines à vapeur pour l'extraction des eaux.

Fins et Noyant. — Les mines de charbon de Fins et de Noyant sont situées dans le canton de Montmarault, sur la route de Moulins à Limoges ; elles sont, comme celles des Gabliers, d'un grand produit ; mais leur exploitation est souvent entravée par la disette des bois nécessaires au soutien des excavations ; toutes les forêts des particuliers les plus à proximité sont épuisées, celle de Messarges offre peu de ressources, étant elle-même presque usée ; les concessionnaires auraient besoin que le gouvernement vînt à leur secours, en leur affectant par coupes réglées une partie de la forêt de Perogne, très voisine des mines et dont le bois, quoique d'une mauvaise qualité, leur serait cependant d'une grande ressource, faute de mieux.

Le charbon de Fins est d'une qualité supérieure à celui de Noyant, mais celui-ci est d'une extraction plus facile et, par conséquent, moins coûteuse.

Ces deux établissements ont besoin de machines à vapeur pour l'extraction des eaux : le nombre des ouvriers employés, tant à l'extraction qu'à la conduite, n'est jamais moindre de 50 à 60, et dans une pleine exploitation, comme en 1785 et 1787, il va à plus de 350.

Les charbons se consomment partie à Moulins, mais en plus grande quantité le long de l'Allier, la Loire jusqu'à Orléans et Nantes, la Seine jusqu'à Paris, en la remontant aux environs de Sens, et, en la descendant, jusqu'à Rouen.

Commentry. — Les charbons de Commentry, près de Néris, sont d'excellente qualité et de facile extraction.

En l'an III, les propriétaires demandèrent aux administrations de leur accorder pour quarante années consécutives la concession des mines de charbon découvertes ou à découvrir, tant dans la commune de Commentry que dans les environs. Leur but est de donner à leur établissement toute l'étendue dont il serait susceptible, mais cette entreprise ne prendra de consistance qu'autant que le Cher sera rendu navigable, ou que l'on établira sur les lieux des fabriques qui en feraient la consommation.

SAINT-LÉON. — ETAIN ET PLOMB. — Depuis longtemps déjà, le citoyen Bonnin, fontainier de Riom, a reconnu dans les carrières de Saint-Léon des parties de mines de plomb et d'étain. Il en fit même à cette époque un essai grossier, en en faisant fondre dans une cuillère de fondeur et il en retira suffisamment de plomb et d'étain pour en faire quelques cuillères à son usage. Alors le seigneur de Varennes, ayant été informé de cette découverte, fit sur-le-champ combler cette partie de la fouille, de crainte qu'on ne vînt s'en rendre maître.

Plusieurs années après, courant de l'an VIII, le même citoyen Bonnin se trouvant à Paris, eut occasion de voir dans un atelier des ouvriers occupés à extraire chimiquement des parties de minéral de différentes pierres de marbre qu'il reconnut pour être de la carrière de Saint-Léon. Le fait lui fut confirmé par ces ouvriers.

Le citoyen Bonnin offre ses services et ses soins pour faire sur cette carrière les essais qui peuvent nous faire connaître sa richesse et les ressources que l'on peut en attendre, et le gouvernement, en accordant les fonds nécessaires pour cette première opération, ouvrira une nouvelle source et une nouvelle branche à l'industrie et au commerce du département.

VERRERIE DE SOUVIGNY. — La verrerie de Souvigny est tombée plusieurs fois ; elle se soutient maintenant par les soins et l'activité des citoyens Pierron ; les mines de Noyant et des Gabliers lui fournissent le charbon ; le sable se trouve dans le pays, ainsi que la cendre. Leur sonde remonte par la rivière ; ils peuvent se procurer des terres excellentes de la Bouchatte, près de Meaulne, pour les creusets ; on fabrique annuellement, pendant un travail de neuf mois, 450,000 bouteilles et on consomme 3,000 quintaux de houille.

VERRERIE DE CHAMPROUX. — La verrerie de Champroux, canton du Veurdre, est aussi en activité ; elle appartient au citoyen Sinneti ; la cendre, le sable se trouvent dans le pays, la terre de la Bouchatte pour les creusets et la sonde vient des Pays-Bas. Le combustible vient des forêts du propriétaire ; le citoyen Huart en est le directeur ; on y fabrique annuellement 400,000 bouteilles et on y consomme 2,000 cordes de bois.

COULANDON. — PIERRES DE GRÈS. — On exploite une carrière importante de grès rouge à Coulandon, entre Moulins et Souvigny. Cette carrière a fourni les pierres du beau pont de Moulins et de la partie neuve de celui de Nevers.

MARBRE.— Il y a quelques années que l'on croit avoir découvert, entre Gannat et Ebreuil, une carrière de marbre statuaire ; mais après quelques fouilles et un examen plus attentif, on reconnut que toute cette roche n'était qu'un quartz blanc qui n'était susceptible d'être ni taillé ni poli ; on pensa depuis que la poussière provenant de cette même roche pouvait être propre à la fabrication de la porcelaine ; en conséquence, on en envoya un échantillon à Paris, il y a quelques années, à un entrepreneur de manufacture de porcelaine pour en faire l'essai ; on n'en reçut aucune réponse et on ignore si cet essai a eu lieu et s'il a réussi ; les fouilles qu'on y avait faites sont depuis longtemps abandonnées et comblées.

Il existe encore dans quelques communes, telles que Châtelperron, Jaligny, et autres, des carrières de marbre dont la qualité est bien altérée par les veines ferrugineuses qui s'y rencontrent et qui, par leur ténacité, résistent aux outils et en rendent la taille très difficile. Peut-être ces carrières exploitées en grand pourraient produire des blocs statuaires d'une assez belle grosseur ; mais leur transport entraînerait de fortes dépenses et de grandes difficultés, soit pour arriver sur la grande route de Paris à Lyon, à une distance de cinq lieues, soit sur un port de la Loire, à six lieues, par des chemins vicinaux impraticables, même dans les plus belles saisons.

Granit. — Le granit est assez abondant dans les communes de Montmarault et de Doyet, route d'Autun à Limoges. On en trouve encore beaucoup dans les coteaux qui bordent la rivière d'Œil, sur laquelle il a été construit, en 1766, un pont d'une arche de 60 pieds d'ouverture, pour lequel cette carrière a fourni plus de 9,000 pieds cubes de pierre.

Grès. — Il est une espèce de carrière dont la découverte serait très avantageuse dans ce département, principalement pour la coutellerie, qui fait une branche de commerce de la commune de Moulins ; ce serait celle d'un grès bon à faire des meules propres à aiguiser et polir les fers et aciers. 'Les couteliers et ouvriers en fer sont obligés de les tirer de Langres, département de la Haute-Marne ; il serait peut-être possible d'en trouver dans la commune de Vernet, près Cusset, à peu de distance de la route de Cusset à Thiers. On rencontre sur la surface du sol de cette commune, et à très peu de profondeur, des morceaux de grès que les ouvriers en fer et les cultivateurs recueillent avec soin et dont ils se servent avec avantage ; on ne doute pas qu'en faisant des fouilles un peu profondes, on ne trouve des blocs propres à former des meules de deux et trois pieds de diamètre et de trois à quatre pouces d'épaisseur.

Antimoine. — Il existe dans la commune de Bresnay, canton de Châtel-de-Neuvre une mine d'antimoine dans les biens des ci-devant Chartreux de Moulins, qui en avaient entrepris l'exploitation en vertu d'une concession du 2 septembre 1760 ; ils l'ont abandonnée et reprise à différentes fois. Cette mine a été totalement abandonnée il y a quatorze ans. Si elle n'a pas prospéré, c'est parce qu'elle était mal exploitée. Il serait intéressant de reprendre ces travaux ; l'antimoine extrait de cette mine se vendrait bien, et l'on serait à portée de l'Allier et de la Loire pour le transport, le débit se faisait principalement à Orléans.

Dans la même commune, il existe une autre mine d'anti-

moine dite des Bergerats, dans les biens des ci-devant Dominicains de Moulins. Elle a été activée pendant quelques années
par ces mêmes Dominicains, qui en avaient la concession et
qui ont cessé de l'exploiter ; le citoyen Goliaud, l'aîné, l'avait
reprise en 1789, en vertu d'une permission des religieux ; il
leur payait une redevance fort onéreuse. Cette exploitation
est abandonnée depuis 1793. Elle mériterait d'être reprise et
suivie. Les produits, lors de l'exploitation, paraissaient avoir
été de 200 quintaux par an. L'antimoine se débiterait dans
toutes les villes situées sur les bords de l'Allier, de la Loire et
de la Seine par le canal de Briare.

Ardoises. — Dans la commune de Doyet, au lieu dit les
Charbonnières, il existe des indications d'ardoises qui donnent lieu de croire que dans la profondeur on en trouverait
de bonnes. Cette découverte annoncée par le citoyen Miché,
ingénieur des mines, serait très précieuse pour le pays.

Manufactures d'armes. — Une manufacture d'armes de
guerre fut établie à Moulins en 1792 et 1793 dans le local
des ci-devant Bernardines. Déjà elle avait acquis une certaine consistance, déjà on y faisait quatre à cinq cents fusils
par mois, lorsqu'en l'an IV, les ouvriers ruinés par la dépréciation successive du papier-monnaie désertèrent les ateliers
et forcèrent les entrepreneurs à cesser la fabrication.

Une des causes qui a contribué à la chute de cet établissement, c'est que l'on a projeté de finir par où il aurait fallu
commencer et il n'était plus temps, il aurait fallu mettre les
foreries et émonderies sur un cours d'eau suffisant.

(A suivre.)

SALON DE 1894

ÉCIDÉMENT, nos artistes bourbonnais préfèrent le palais des Champs-Elysées, où leurs œuvres, peut-être, trouvent dans une vieille habitude, qui fait se porter la foule au Salon traditionnel, une occasion de plus de se faire admirer. — Ils y sont nombreux cette année, beaucoup de jeunes surtout. — Seul, comme l'an dernier, Marcellin Desboutin représente notre département au Champ-de-Mars.

Je ne dirai pas que sa personnalité marquante et bien en vue suffise à elle seule à atténuer le vide fait autour du Palais de l'Industrie par nos compatriotes ; mais son talent est si viril, les six portraits exposés si bien burinés, que le Salon dissident n'a point trop à se plaindre du Bourbonnais.

Voici les noms des exposants des Champs-Élysées :

PEINTURE, FUSAIN, ETC.

Amédée (Henri), à Montluçon, élève de MM. Lefebvre, Benjamin Constant et Robert Fleury.

N° 18. — *Soir. Bourbonnais.*

N° 19. — *Promenade d'un Solitaire.*

Favier (Mlle Jeanne-Magdeleine), née à Vichy, élève de MM. Suraud et Renouard.

N° 723. — *At Home.*

Un boudoir très élégant. Une jeune femme nonchalamment appuyée sur un meuble remue d'une main distraite le contenu de sa tea-cup. Les yeux semblent perdus dans le lointain d'une méditation vague. Devant elle, une coupe de fleurs gentiment arrangées et finement peintes, dont quelques-unes pendent très lasses. Très lasse aussi cette jeune femme, dont la figure légèrement chagrine parle d'une attente trop longue et contre laquelle le cœur s'insurge. Bien vivant, bien vécu, ce tableau ; et si jolie, l'expression du tout !

Mlle Favier a exposé également :

N° 2,170. — *Portrait de M. Louis Bernard.*

GALLIOD (Aristide), de Vichy. Elève de MM. Rapin et Carmon.

N° 777. — *Vue prise aux Garets. Vichy.*

N° 778. — *Le chemin de la Montagne-Verte. Vichy.*

Le cher chemin si connu des buveurs d'eau, avec ses charmilles si vertes, si cages. Puis la montée très douce, qui se perd là-haut vers le Belvédère et fait un coude pour montrer Vichy qui s'étage au pied de la montagne mignonne. Un paysage d'ailleurs, en pleine vie mondaine et qu'on s'étonne de trouver là. — Beau paysage, vraiment, si bien rendu par le pinceau de l'artiste vichyssois.

LEPRAT (Pierre), né à Moulins.

N° 1,150. — *Chemin de Dartreix (Creuse).*

LOPESGISCH (Georges), né à Vichy. Elève de MM. Bonnat et Leroux.

N° 1,194. — *La cave Sainte-Geneviève. Hericy (Seine-et-Marne).* *Le Jour de la Toussaint :* vision.

N° 2,427. — *Le grain.* Fusain.

N° 1,195. — *La Seine à Sannois (Seine-et-Oise).*

OUTIN (Pierre), né à Moulins. Elève de MM. Cabanel et Lecomte.

N° 1,403. — *Déjeuner sur l'herbe.*

Il y a dans cette toile des études admirablement faites et prises sur le vif. Pour n'en citer qu'une, est-il rien de plus vivant que cette fille de ferme qui, les manches retroussées, les genoux tenant la bouteille, essaie de déboucher le black-head avec un effort gracieux qui la fait se pencher légèrement et légèrement sourire.

Perret (Marius), né à Moulins. Elève de Cabanel.

N° 1,439. — *Tirailleur sénégalais en arrière-garde.* Campagne du
Fouta (colonne Dodds).

Depuis quelque temps, notre compatriote moulinois, lassé
de Paris, s'est mis à la remorque des colonnes expédition-
naires ; et nous aurions tort de nous en plaindre, si tous ces
tableaux qui doivent s'égrener dans ces marches à travers
sables, valent ceux de cette année. — A travers une plaine
interminable, avec de très légers renflements, des tirailleurs
marchent débandés. — Aux marges de la colonne, quelques
femmes avec d'énormes colis sur la tête. Un sergent, appuyé
sur son fusil, regarde défiler ses hommes. — Les personnages
principaux de la toile se trouvent à l'arrière. Ils sont trois.
Le plus éloigné traîne par une corde une chèvre qui tire à la
longe. Un traînard a mis son fusil en travers de ses épaules et
appuie ses deux bras dessus. — A droite, un autre tirailleur,
fatigué par sa lourde marche et dont les jambes flageolent. —
La marche a été longue, le campement est loin encore. Le
tableau rend admirablement cette expression de fatigue, sans
espérance prochaine de repos, avec l'ennemi trop loin.

M. Marius Perret a exposé également :

N° 1440. — *Le Sahara au sud d'El-Aghouat.* Des dessins, car-
tons, aquarelles, vitraux, porcelaines, etc.

Cortet (Mme Marie), née à Ebreuil, élève de Capelin.

N° 2,057. — *Portrait de Mlle Andrée Le Couturier*, porcelaine.

Daunis (Mme Andrée), née à Gannat. Elève de Mme Latruffe-
Colomb.

N° 2,084. — *Cinq miniatures.* Portraits de Mlle Rosa Bonheur,
Georges Caïn, Mlle Dunzer, Mme J. K. et une étude.

Lévy (Mlle Marthe), née à Néris. Elève de Mme Latruffe-
Colomb et de Brielman.

N° 2,422. — Quatre portraits miniatures.

SCULPTURE

Bureau (Mme Louise), née à Lapalisse, élève de M. Ferru.

N° 2,858. — *Jeunesse ;* buste, marbre.

Coulon (Jean), né à Ebreuil. Elève de Cavalier.

N° 2,958. — *Le grand Ferré* ; groupe, marbre.

N° 2,959. — *Rêve d'amour* ; groupe, marbre.

Debienne, né à Moulins. Elève de Vasselot.

N° 2,986. — *Ma mère* ; buste, marbre.

N° 2,987. — *Hésitation* ; statuette, marbre.

Laurent (Pierre), né à Montluçon. Elève de MM. Barrais et Puech.

N° 3,272. — *M. L. Gayard ;* buste, plâtre.

Montillié (Hippolyte), né à Saint-Menoux. Elève de Millet.

N° 3,413. — *Le maréchal de Villars ;* buste, plâtre.

N° 3,414. — *La cruche cassée ;* statuette, terre cuite.

Mony (Adolphe-Stéphane). Elève de MM. Guitton et Bartholdi.

N° 3,415. — *La source des Monts ;* statue, plâtre.

OBJETS D'ART

Coulon (Jean).

N° 3,777. — *Odette ;* statuette, grès céramique.

ARCHITECTURE

Vinson (Edouard-Pierre-Léon), né à Moulins. Elève de Daujoy.

N° 4,035. — *Eglise Saint-Wulfran d'Abbeville (Somme).*

GRAVURE ET LITHOGRAPHIE

Favier (Mlle Jeanne).

N° 4,213. — *Un portrait* ; lithographie.

Puyplat (Jules-Jacques), né à Cusset.

N° 4,452. — Une gravure sur bois.

« C'est toujours la même chanson », d'après M. Paul Guillot. »

N° 3,453. — Une gravure sur bois.

« La duchesse de Guise faisant jurer à son fils de venger la mort de son père. » D'après M. Combe. »

CHRONIQUE

BIBLIOGRAPHIE

Lettre d'un voyageur passant à Moulins, chef-lieu du département de l'Allier, à son ami à Paris (24 brumaire an IV). Plaquette faisant partie de la collection des curiosités bourbonnaises éditée par la librairie H. Durond.

Les mémoires de la cour d'Espagne de 1679 à 1681, par M. le marquis Pierre de Villars, père de l'illustre maréchal, avec préface de M. le marquis de Voguë. Librairie Plon et Cie.

La scienee du point d'honneur, par un moulinois, M. Croabbon, avocat.

Nos martyrs bourbonnais 1793-1795. Imprimerie Bourbonnaise, Moulins.

Archives historiques du Bourbonnais, recueil mensuel publié par MM. R. de Quirielle et A. Vayssière. (3e année). Sommaire des n^{os} de janvier, février et mars 1894 :

N° 1. — Avant-propos. — 2. Un portrait du connétable de Bourbon. La vaisselle d'argent et les œuvres d'art précieuses trouvées à Chantelle après son départ, par R. de Quirielle. — 3. La sorcellerie dans le Bourbonnais à propos d'un procès fameux instruit à Moulins par Gilbert Gaulmyn, par le Vte J. de Gaulmyn et A. Vayssière. — « Le siège des Huguenots devant la ville de Moulins » en 1562, relation du temps. — 5. Le Péage du port de la Cornière, par l'abbé Reure, docteur ès-lettres. — 6. Chronique.

Gravures. — Portrait du connétable de Bourbon d'après Rembrand (Héliogravure).

N°s 2 et 3 réunis. — 1. La sorcellerie dans le Bourbonnais (*suite*), par le Vte J. de Gaulmyn. — 2. « Le siège des Huguenots devant la ville de Molins » en 1562 (*suite*); relation du temps. — 3. Vieux livres et vieux auteurs bourbonnais, Gilbert Giboin, par J.-B. Thunnié. — Armorial de la généralité de Moulins, C. Bureau de Montluçon, par M. des Gozis. — 5. Les châteaux du Chaussin et de Montperroux, par A. Bletterie et A. Vayssière. — 6. Une famille d'artistes provinciaux ; Les merciers, par le docteur Vannaire. — 7. Notes et documents. — 8. Chronique.

Gravures. — 1. Frontispice de la 1re édition des coutumes du Bourbonnais (fac-simile d'un vieux bois). — 2. Le château du Chaussin, dessin de M. S. Milanolo. — 3. Portrait de J. B. Desbrest, d'après une peinture du temps.

Revue scientifique du Bourbonnais et du centre de la France, publiée sous la direction de M. Ernest Olivier. (7e année). — *Sommaire des principaux articles des premiers numéros de 1894 :* La forêt de Dreuille, par M. Desjobert. — Fossiles nouveaux du Nivernais (avec gravures), par M. Lefort. — Catalogue des Anthicides de France et d'Algérie, par M. Maurice Pic. — La station préhistorique d'Ygrande (Allier), avec planche, par M. Mallet. — Deux nouvelles espèces d'anodonte par M. A. Locard. — Les hirondelles en février, par M. Ernest Olivier.

La Quinzaine Bourbonnaise (3e année), imprimerie Crépin-Leblond, Moulins. Dans les numéros parus depuis janvier 1894. Nous relevons : Une intéressante étude sur Constantinople, par M. le Dr Vannaire. — Une traduction en vers français de deux odes d'Horace, par M. Paul Morel. — Quelques pensées de M. Arsène Houssaye. — *Les miettes de la table* et diverses très jolies bleuettes de poètes Bourbonnais, ainsi que des *nouvelles* finement écrites et pleines d'intérêt.

Bulletin de l'Œuvre du Bienheureux de la Salle, district de Moulins, numéro 15. Directeur, frère Gerbrand, rue de Paris, 87. Moulins (Allier).

Description de deux pseudanodonta nouveaux observés aux environs de Montluçon, par l'abbé C. Dumas, décrits par M. A. Locard. — Extrait de la revue scientifique du Bourbonnais et du centre de la France. Moulins, imprimerie Etienne Auclaire. In-8o de 8 pages.

Capitaine au royal dragon, proverbe en un acte par M. Roger Delvaux. Extrait de la *Quinzaine Bourbonnaise.* Crépin Leblond, in-4o de 31 p.

Société des Sciences médicales de Gannat, compte-rendu des années 1892 et 1893, par le Dr de la Mallerée. Marion, Gannat, in-8o de 260 p.

Annuaire de l'Allier pour 1894. Auclaire, Moulins, in-16 de 584 p.

Société de secours mutuel de St-François Xavier, rapport de 1893, par M. Brugière de La Motte, Montluçon, in-8o de 8 p.

Guide des maladies d'estomac à Vichy et chez soi, par le Dr Collongues, Arloing. Cusset, in-16 de 63 p.

Société d'Agriculture et d'Horticulture de Vichy-Cusset. (Bulletin-journal trimestriel), janvier 1894. Arloing, Cusset, in-16 de 63 p.

Statuts du Syndicat viticole de l'arrondissement de Montluçon, (Démocratie du Centre) Moulins, in-16, 8 p.

Longévité, par H. D. Herbin, Montluçon. In-16 de 193 p.

Notes sur des bracelets et des brassards en schiste de l'âge de bronze. — I. Atelier de bracelets en schiste de Montcombroux (Allier), par Francis Pérot. — II. Brassards en schiste de Toulon-sur-Arroux (S. et R.), par Victor Berthier. Autun, imprimerie Dejussieu, père et fils.

Palæethnologie de l'arrondissement de Moulins (Allier), par Francis

Pérot. Extrait de la *Revue scientifique du Bourbonnais et du Centre de la France*. Moulins, imprimerie Etienne Auclaire.

Monographies révolutionnaires. Département de l'Allier, par C. Grégoire. I. L'ancien canton d'Ygrande. (Ygrande, Bessais, St-Aubin, St-Plaisir, Vieure). B. de 52 p. Moulins, imprimerie Fudez frères, rue du Vert Galant. II. L'ancien canton de Lurcy, (Lurcy, Couleuvre, Pouzy, Limoise, de 1789 à l'an VIII. B. de 80 p. Moulins, librairie historique du Bourbonnais, H. Durond.

Ces deux très intéressantes brochures doivent être suivies d'un certain nombre d'autres études du même genre que nous souhaitons voir paraître vite et nombreuses.

Les réservoirs du Nil, par M. Boudol. Bougarel, Vichy, in-8o de 15 p.

Association amicale des maîtres d'hôtel de Vichy. Statuts, Bougarel, Vichy, in-8o de 15 p.

Vichy à travers les siècles. Tome second XVIIIe siècle, par M. A. Mallat. Bougarel, Vichy. In-8o de 447 p.

Traditions anciennes (Angleterre, Suède, Danemark). Tome premier, par H. D. Herbin, Montluçon, in-8o de 251 p.

La forêt de Dreuille et le repeuplement résineux, par Desjobert. Auclaire, Moulins. In-8o de 28 p.

Histoire de France depuis les origines jusqu'en 1894. (Cours supérieur). 41o édition, par M. Melin, Auclaire, Moulins, in-8o de 640 p.

Notes sur une épidémie de fièvre typhoïde à Montluçon, par M. le Dr Déchaux. Herbin, Montluçon, in-8o de 21 p.

Les jeux d'argent à Vichy. Vexenat, Vichy, in-8o de 8 p.

Annales de l'Association amicale des anciens élèves du Lycée de Moulins (statuts). Bougarel, Vichy, in-8o de 38 p.

Manuel du Jeune Chétien, par Mme Nau de Bauregard. Auclaire, Moulins, in-32 de 753 p.

Confrérie de N.-D. du Travail, son but, son organisation, par M. l'abbé de La Celle. Auclaire, Moulins, in-18 26 p.

Catalogue géographique des anthicides de France, par M. Maurice Pic. (Extrait de la *Revue Scientifique du Bourbonnais*). In-8o 30 p. Auclaire, Moulins.

La station préhistorique d'Ygrande, par M. Mallet. Auclaire, Moulins. In-8o 12 p.

MÉLANGES

La souscription pour le monument Banville atteint actuellement la somme de 6.000 fr. Parmi les souscripteurs figurent M. François Coppée et la Société des Gens de lettres. Le comité d'initiative fait tous ses efforts pour mener à bien l'œuvre qu'il a entreprise et dont le succès n'est pas douteux.

Il y quelque temps, il a organisé au théâtre municipal une soirée musicale et littéraire où les amateurs de belles et bonnes choses ont pu applaudir M. Emmanuel des Essarts, le si sympathique doyen de la faculté des lettres de Clermont-Ferrand. Sa conférence sur l'illustre poéte défunt, chef-d'œuvre de diction, a été un véritable morceau de dilettante. Le mois prochain, le comité organisera une tombola dont la plupart des lots, des objets d'art, ont été donnés par les artistes de la région du centre. La Société d'émulation et des beaux-arts du Bourbonnais, qui a été la première à s'occuper de l'érection d'une statue à Banville, prie instamment les amis des lettres de faciliter la tache du comité en prenant, nombreux, les billets qui leur seront offerts.

Outre bien d'autres motifs, il y a là une œuvre d'intérêt général à laquelle tous nous devons concourir dans la mesure de nos forces et dont un grand nombre de nos concitoyens seront les premiers à bénéficier.

Le monument a été commandé à M. Coulhon, sculpteur bourbonnais.

Sociétés savantes. — Le *Journal officiel* résume ainsi les communications faites au congrès des Sociétés savantes par notre distingué concitoyen, M. Alfred Bertrand :

« M. Bertrand, de la Société d'émulation de l'Allier, rend compte des dernières découvertes archéologiques faites dans le département de l'Allier. Il donne des détails sur une ancienne voie romaine venant de Lyon et dont les traces ont pu être reconnues sur un grand nombre de points soit dans la ville de Moulins elle-même, soit aux abords de la ville, et particulièrement autour d'Iseure. Des fouilles faites en divers points ont fait découvrir des restes d'époques assez diverses, notamment des silex, des poteries romaines, de nombreuses médailles impériales, des fibules de types variés, dont une ornée d'émaux. Çà et là on a trouvé des restes d'habitations dont les cloisons paraissent avoir été formées de clayonnages revêtus d'argile que l'on faisait cuire sur place. Des fragments de verre à vitre, dont M. Bertrand fait circuler des échantillons, ont été recueillis en assez grand nombre dans ces habitations. On y a ramassé également beaucoup de fragments de poteries romaines en terre rouge, soit unies, soit à reliefs, et de ces figurines en terre blanche, si communes en Bourbonnais ; malheureusement aucune de ces dernières n'était entière. »

M. Bertrand lit encore une note sur une taillerie de silex découverte à la Goulenne, près de Digoin (Saône-et-Loire). Cet atelier est tout à fait analogue à celui découvert il y a deux ans aux Berthelots, près de Bert (Allier) ; la plus belle pièce que l'on y ait recueillie, est une plaque de silex, dans lequel M. Bertrand croit devoir reconnaître un instrument pour la préparation des peaux.

Beaux-Arts. — La réunion des sociétés des Beaux-Arts des départements tient actuellement ses assises à Paris, dans la salle de l'hémicycle de l'École nationale des Beaux-Arts. Dans le discours prononcé à la réunion de jeudi par le président, M. Charles Nuitter, archiviste du théâtre national de l'Opéra, parle ainsi d'un des membres de notre Société:

« M. Bouchard nous a raconté l'*Histoire de l'Académie de Moulins au dix-huitième siècle*. Le registre des délibérations de cette académie est conservé dans les archives municipales. Elle fut fondée en 1736, sur la proposition de M. Pallu, intendant de la généralité. On donnait des concerts tous les mardis à 5 heures du soir, on en vint même à des auditions d'opéras. Malheureusement, malgré de nombreux succès, il arriva un moment où les dépenses furent souvent supérieures aux recettes. Celles-ci dépendaient d'une question de garnison, et l'abonnement de la gendarmerie exerça beaucoup d'influence sur la prospérité de l'institution qui prit fin en 1777 après 40 ans d'existence. »

Botanique. — Dans le procès-verbal de la dernière séance de la « Société d'histoire naturelle » d'Autun, nous relevons les lignes suivantes de M. le Dr Gillot sur l'œuvre principale de l'un de nos membres.

« M. S.-E. Lassimonne, botaniste à Yzeure, avantageusement connu par ses ingénieux travaux de botanique appliquée et de topographie botanique, a entrepris de faire connaître les plantes du centre de la France, et depuis plusieurs années déjà (1891), en a distribué un certain nombre de centuries sous le titre de *Galliæ mediæ flora exsiccata*, herbier de la France centrale.

Les espèces publiées jusqu'à ce jour par échange entre divers correspondants ou par don à des collections françaises ou étrangères, entre autres, le Museum national des États-Unis, atteignent le chiffre de 676 espèces ou variétés principales représentées chacune par une part abondante ; et M. Lassimonne a bien voulu gratifier la Société d'histoire naturelle d'Autun d'une de ces centuries, la septième de la série. Chaque série porte un numéro, et chaque espèce est également classée sous un numéro d'ordre, ce qui permet à l'auteur de compléter les collections au fur et à mesure des récoltes. »

DÉCOUVERTE ARCHÉOLOGIQUE. — En démolissant la chapelle de l'ancien hôpital de Vichy, on a découvert une pierre revêtue de cette inscription :

« D. O. M. — Mr CLAVDE FOVET VIVANT PRIEVR DE ST-MARC, PAR SON TESTAMENT DV 9me JANVIER 1697. A LÉGVÉ, A L'HOPITAL DE VICHY, LA

SOMME DE CINQ CENS LIVRES, A LA CHARGE PAR MESSIEVRS LES ADMI-
NISTRATEVRS DE FAIRE DIRE A PERPÉTVITÉ LE PREMIER MARDY DE
CHAQVE MOIS VNE MESSE BASSE DE L'ANGE-GARDIEN, DANS LA CHAPELLE
DVDIT HOSPITAL PAR MESSIEVRS LES COMMVNALISTES DE ST-BLAISE, CE
QVI A ESTÉ ACCEPTÉ PAR LESDITS SIEVRS ADMINISTRATEVRS PAR ACTE DV
20 JUILLET 1698, RECEV. DALBOTZ ET FALCONNET, NOTAIRE A VICHY. —
PRIEZ DIEV POVR SON AME. ».

On a également trouvé des ferrures et des grilles d'une certaine valeur
artistique.

Inscriptions bourbonnaises. — Voici une inscription du même genre
qui se trouve dans l'église de Liernolles, canton du Donjon.

« AUJOURD'HUY LE IIIᵉ JOUR DE JVILLET L'AN MIL (*quatre cent cinq*)
A(*n*)TE. ET VNG. MESSᵉ PIE. CHAPPONT CVRÉ DVD. LIEV VEVLT ET ORDONNE
EN LHONEVR DE DIEV, DE LA BENOISTE VIERGE MARIE SA MÈRE, MADAME
SAINTTE KATHERINE ET DE TOUS LSS SAINTS ET SAI(*n*)TTES DV PARADIS
QVILS SOIT DIT ET CELEBRE DORESENNAVA(*n*)T VNG CHASCU(*n*) DIMA(*nc*)HE
AV LIEV ET ESGLISE DE LA CURE DE LIERNOLLES E(*n*)PRES SOLEIL LE-
VA(*n*)T UNE MESSE HECARESTIALE POʳ SON AME ET DE SES BIENSFAITTEURS
AFFIN QLES PROCHAI(*n*)S DVDIT LIEU P(*r*)E(*n*)T DIEU POʳ SON AME.

· ITEM LE XXIIIᵉ JOUR D'OCTOBRE LA(*n*) MIL IIIIᵉ IIIIˣˣ ET XVII MESSIRE
JEHAN CHAPPONT NEPVEUR DVD. MESSᵉ PRE CHAPPONT VEULT ET ORDONE
EN L(*h*)O(*n*)NEUR DE DIEU DE NO(*t*)R DAME MADA(*me*) SEI(*n*)TTE KATRᵉ
S. MARTIN S. BLAISE S. SEBASTIEN QUIL SOIT DIT ET CELEBRE CH(*ac*)IN
VE(*n*)D(*r*)ᵉDI DE LA(*n*) A HEUʳᵉ DE IX HEURES APPETUEL UNE MESSE HEVCA-
RESTIALLE POUR LA SALVACIO(*n*) DE SON AME ET DE SES ...CCESSEURS ET
BIE(*n*)FAITEURS ET LA ORDO(*n*)NE PSON TESTAMENT.

L'inscription que nous transcrivons ici est une des plus connues
de Moulins, car le morceau de sculpture qu'elle commente est l'une
des curiosités de notre Cathédrale. Nous voulons parler de ce squelette
très... fouillé, rongé des vers, qui est étendu, sur un sarcophage, dans
la chapelle Saint-Louis. Voici le très philosophique distique qui l'accompagne :

OLIM . FORMOSO . FVERAM . QVI . CORPORE . PVTRI .
NVNC . SVM . TV . SIMILI . CORPORE . LECTOR . ERIS . 1557 .

« Il était beau, jadis, ce corps aujourd'hui tombé en pourriture. Lec-
teur, il en sera de même de ton corps ! »

Rue de l'Ancien Palais, n° 3, sur le linteau de la porte d'une jolie maison en bois du XVe siècle, qui fait l'admiration des voyageurs et figure dans les divers recueils de gravures consacrés au vieux Moulins :

† HEC DICIT DNS I H S

IN QVACVNQVE DOMVM INTRAVERITIS

PRIMVM DICITE PAX HVIC DOMVY LV. 10e

« Voici ce que dit le Seigneur

Dans quelque maison que vous rentriez, dites d'abord :

Paix à cette maison. »

— Dans la maison qui fait suite et qui appartient à M. Blondeau, on lit au-dessous d'une fenêtre :

AD AGNITIONEM	BONORUM
HOMINUM	LABORUM
VIRTUS	GLORIOSUS
ILLORUM	FRUCTUS
ECCL. XXXVIII	SAPIEN. III.

« Pour connaître les hommes, regardez leur vertu. (Eccl. XXXVIII.) »

« Aux bons travaux les bons fruits. (Sapien. III.) »

— Sur le linteau d'une autre fenêtre, on lit encore :

NE INNITARIS PRUDENTIÆ TUÆ (PROV. III).

« Ne te fie pas trop à ta prudence. »

NÉCROLOGIE

M. LOUIS RAMBOURG (1)

Né le 17 avril 1801 à Saint-Bonnet-le-Désert (Allier), M. Louis Rambourg était le second des trois fils de M. Nicolas Rambourg, officier de marine et directeur des usines d'Indret sous Louis XVI, puis fondateur des forges de Tronçais et concessionnaire des houillères de Commentry. Les trois frères, Paul, Louis et Charles, reçurent de leur mère qui appartenait à la noblesse nivernaise cette finesse de sentiments et cette délicatesse de cœur qui ne s'apprennent qu'auprès d'une femme. Leur père, désirant que ses fils fussent capables de le seconder et de continuer son œuvre, les envoya terminer leurs études au collège Sainte-

(1) Cette notice biographique est tirée d'une brochure consacrée à M. Louis Rambourg et parue à Paris au moment de sa mort. Ce que cette brochure ne dit point et ce que nous devons ajouter, nous, puisque c'est la raison d'être du résumé que nous en faisons ici, c'est que M. Louis Rambourg était membre depuis fort longtemps de notre société et un bienfaiteur insigne de notre bibliothèque et du Musée départemental.

Barbe où l'élite de la jeunesse était alors réunie sous la direction de M. de Lanneau. En quittant Sainte-Barbe, M. Louis Rambourg, suivit les cours de l'École des Mines, où il eut pour condisciple Élie de Beaumont dont il resta toute sa vie l'ami. Puis, ses études terminées, il revint se fixer auprès de son père dont il serait devenu le collaborateur sans un grave accident. Au moment où il retirait du fourreau un fusil, chargé à son insu, le coup partit inopinément, lui brisant la main gauche. Pour · remettre sa santé compromise par cet accident et la grave crise nerveuse qui s'ensuivit, il partit pour l'Italie vers la fin de l'année 1827 ; il ne rentra en France qu'au printemps de 1831.

Ce long séjour en Italie devait laisser sur les idées et sur les goûts de M. Louis Rambourg une profonde empreinte.

Rentré en France, il conserva pendant quelques années, après la mort de son père, la direction des houillères de Commentry. Il partagea cette tâche avec MM. Paul et Charles Rambourg, jusqu'au jour où ayant fait l'épreuve des qualités et des talents de M. S. Mony, les trois frères remirent en 1840 tous leurs pouvoirs à cet ingénieur dont le nom sera perpétué à Commentry par le souvenir de trente ans de luttes opiniâtres contre les feux de la mine.

Mais l'œuvre capitale de M. Louis Rambourg est l'assainissement de la région traversée par la rivière le Valençon dans le département de l'Allier.

Ayant acquis en 1857 le château et la terre de Boucé, d'une étendue de 700 hectares, que les débordements du Valençon et la stagnation des eaux rendaient presque complètement improductive, il conçut le projet d'assainir cette région et de la rendre à la culture. Il eut à vaincre des difficultés de toute sorte dont il sut heureusement triompher.

Le travail le plus pressé était le curage de la rivière. Il persuada aux propriétaires riverains de s'unir en un syndicat dont il prit la direction en y apportant les plus gros subsides. D'autre part, il obtenait des allocations du conseil général de l'Allier et une subvention du gouvernement. Quatre ans après, M. Rambourg avait la satisfaction d'annoncer au préfet que le curage du Valençon et de ses affluents était tellement avancé, qu'il était possible de mettre en culture les terrains avoisinant ces ruisseaux. Restaient les drainages, dont l'exécution demandait encore plusieurs années de travaux, mais la partie était dès lors gagnée. On le vit bien, lorsqu'il s'agit en 1868 de transformer l'association syndicale pour la constituer sur les bases de la loi nouvelle. Le projet d'association, soumis à l'assemblée générale des propriétaires intéressés, obtint l'adhésion de 83 propriétaires représentant 2160 hectares sur un total de 152 intéressés et de 2595 hectares.

Le syndicat du Haut-Valençon, s'étendant sur le territoire de sept communes, fut définitivement constitué le 16 avril 1869. Pendant plus de vingt ans M. Rambourg en fut l'administrateur et il eut la satisfaction, réservée à bien peu d'hommes, de voir l'achèvement complet d'une œuvre d'aussi longue haleine. Dès 1871, la terre de Boucé contenait 576 hectares de drainages représentant une dépense moyenne de 303 francs à l'hectare. Les propriétaires voisins, à leur tour, imitaient cet exemple, encouragés par les résultats obtenus qui dépassaient toute attente. La valeur des terrains à la suite du drainage était plus que triplée. Il n'est personne, à l'heure actuelle, dans toute la région de Boucé, qui ne rende hommage à l'initiative persévérante de M. Louis Rambourg et ne lui attribue le mérite de l'assainissement et de la fertilisation du bassin du Valençon.

Avec cela, sa bienfaisance était inépuisable. Possesseur d'une belle fortune, il dépensa en bonnes œuvres, en fondations de toutes sortes, des sommes qui se chiffrent par millions ; il put les prélever sur ses revenus, parce qu'il usait envers lui-même de la plus stricte économie. Le nombre des pauvres secourus, des infortunes soulagées, des déshérités de la vie auxquels il est venu en aide, est impossible à dire, d'autant plus que se conformant au précepte : « La main droite doit ignorer ce que donne la main gauche, » il mettait à dissimuler ses dons la même vigilance que d'autres apportent à cacher une faiblesse. Jamais ou presque jamais il ne fit ses aumônes directement ; il avait recours à un intermédiaire auquel il imposait le secret. C'est ainsi qu'il fit distribuer pendant de longues années à Commentry, à Boucé, à Nice et à Chantenay, commune dont dépendait son château dans la Nièvre, des secours d'argent, des vêtements et des médicaments, sans que ceux qui les recevaient connussent la provenance exacte de ces libéralités.

Mais ce qui perpétuera surtout la mémoire de M. Rambourg, c'est la fondation qu'il fit de la maison Saint-Louis, de Commentry.

Construite en 1867, principalement dans l'intérêt des ouvriers mineurs de Commentry et de Montvicq, et aussi au profit des malades et blessés des communes composant le canton de Commentry, cette maison hospitalière a d'abord fonctionné pendant près de vingt ans avec le concours des sœurs de la Charité de Bourges, sous la direction de M. Rambourg, qui subvenait seul à toutes les dépenses. Désireux de perpétuer cette œuvre, dont l'utilité s'était affirmée au milieu d'une population ouvrière nombreuse, le généreux fondateur a obtenu, comme condition d'une importante donation qu'il lui consentait, que la maison Saint-Louis fut érigée en établissement d'utilité publique par décret du 12 février 1883. Aux termes des statuts approuvés par le gouvernement, l'administration de la maison Saint-Louis est confiée à un conseil composé en majorité des membres de la famille du fondateur ou de leurs représentants.

M. Rambourg a mis le comble à ses libéralités envers la maison Saint-Louis, en lui léguant sa terre de Boucé, d'un revenu de 60,000 francs environ, pour, selon les expressions du testateur, « faire profiter les pauvres familles du canton, et, s'il se peut, de quelques communes voisines, de l'excédent des recettes sur les dépenses de la maison, par une distribution de vêtements, de linge ou d'objets de première nécessité ».

Sans doute, dans une pensée de reconnaissance, mais aussi avec une sage préoccupation de l'avenir, M. Rambourg a voulu qu'une grosse partie de la fortune acquise à sa famille par les houillères de Commentry servît à venir en aide aux populations de cette région le jour où l'épuisement de la houillère laisserait sans ressources des milliers d'ouvriers.

M. Louis Rambourg a légué aux mineurs de Commentry privés de travail toute une fortune. Ses héritiers, M. Edmond Rambourg et Mme de Sessevalle, ont été les premiers à applaudir à la généreuse résolution de leur oncle, et tous leurs efforts tendront à ce que les volontés et les intentions du testateur soient mises scrupuleusement à exécution.

M. Louis Rambourg s'est éteint le 21 décembre 1893, après avoir reçu, en présence des membres de sa famille et de ses serviteurs, les derniers secours de la religion. Son calme et sa sérénité en face de la mort ont été admirables. Depuis longtemps il l'attendait. « A mon âge, disait-il souvent, on ne sait jamais lorsqu'on s'endort si l'on se réveillera le lendemain. » Aussi, dans cette prévision d'une fin prochaine, ne cessait-il de multiplier ses bienfaits, ayant la crainte de ne pas accomplir toute la tâche qu'il s'était imposée. Mais il semble que Dieu se soit plu à lui accorder une longévité extraordinaire, comme s'il eût eu à regret de rappeler à lui un serviteur difficile à remplacer ici-bas.

M. Rambourg était officier de la Légion d'honneur.

H. A.

PROCÈS-VERBAUX

———

ANNÉE 1894

———

Séance du 6 avril 1894.

PRÉSIDENCE DE M. SEULLIET

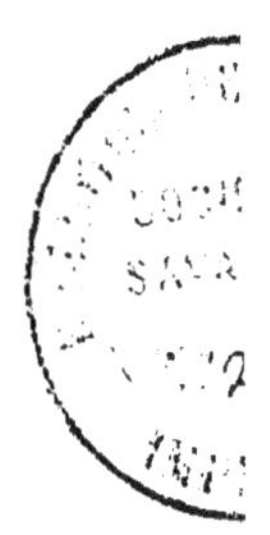

ETAIENT présents au début de la séance : MM. Seulliet, Génermont, Laboissière, Girard, Delaigue, Lassimonne, Grégoire, Cavalier, Frobert, Vié, Pérot, Bouchard, Capelin, Bernard.

Le procès-verbal de la dernière séance est lu et adopté.

M. le Secrétaire donne la liste des ouvrages reçus depuis la dernière réunion. On y relève la notice biographique du regretté M. L. Rambourg, offerte par M. Albert Fustier.

M. Delaigue demande que, conformément à la décision prise dans la précédente séance, la Société veuille bien fixer le montant de sa cotisation pour le monument de Banville.

M. Seulliet consulte M. Frobert, notre trésorier, et propose de donner la somme de 100 francs. Cette proposition mise aux voix est adoptée.

M. Delaigue, sous les auspices duquel s'est faite l'année dernière l'excursion à Hérisson, demande qu'il soit organisé cette année une excursion du même genre.

La Société s'associe au vœu de M. Delaigue et le charge ainsi que MM. Lassimonne, Grégoire et Pérot de préparer cette promenade scientifique qui aura lieu au mois de juillet prochain.

M. le Président prie la commission des comptes de se réunir le 25 courant afin d'examiner les comptes de l'année 1893 et d'établir le projet de budget de 1894.

M. S.-E. Lassimonne, qui depuis plusieurs années déjà, a entrepris de faire connaître les plantes du centre de la France et en a distribué un certain nombre en centuries sous le titre de *Galliæ mediæ flora exsiccata*, offre une de ces centuries pour l'herbier du Musée départemental. Les membres présents remercient M. Lassimonne de son offre généreuse.

M. Lassimonne, qui a visité l'herbier en question, demande que l'on prenne des mesures pour conserver une collection qui présente un réel intérêt.

La Société le prie, en sa qualité de membre de la commission d'histoire naturelle, de bien vouloir s'occuper de cet herbier et en conséquence l'autorise à faire les frais nécessaires pour sa conservation.

M. Lassimonne accepte la charge que l'on veut bien lui confier.

M. Lassimonne fait observer que la pièce de vers qui se trouve en tête de l'ouvrage acquis par M. Bertrand pour la bibliothèque, et attribuée par ce dernier à François Péron ne peut réellement être l'œuvre de notre compatriote. Ces vers sont d'une médiocrité qui empêche toute contestation à cet égard.

M. Pérot donne lecture d'un travail qui a pour titre : *Inventaire des découvertes archéologiques faites en Bourbonnais en 1893, 12e année.*

Il offre ensuite à la Société, trois brochures dont il est l'auteur.

1º *Note sur des bracelets et des brassards en schiste de l'âge de bronze.*

2º *Paléonthologie de l'arrondissement de Moulins.*

3º *La station préhistorique d'Ygrande.*

Séance du 6 mai 1894.

PRÉSIDENCE DE M. SEULLIET

Étaient présents au début de la séance : MM. Seulliet, Bertrand, Bouchard, Frobert, Genermont, E. Olivier, Mitton, E. Cavalier, Doûmet-Adanson, J. Clément, Pérot, Bernard, J. Vié.

Le procès-verbal de la dernière séance est lu et adopté.

M. Bernard indique les ouvrages reçus depuis la dernière réunion. Une des brochures reçues : *The chronology of the cathedral churcher of France, by Barr. Ferree,* mentionne sommairement la cathédrale de Moulins.

M. l'abbé J. Renoux offre pour la bibliothèque de la Société un travail dont il est l'auteur et qui a pour titre : *Fondation de l'hôpital Saint-Joseph, notes historiques sur les anciens hôpitaux de Moulins.*

M. Seulliet donne lecture d'une lettre de M. le Président de la Société de tir de Moulins, sollicitant une souscription pour le concours de tir qui aura lieu dans le courant de juin.

La Société d'émulation et des beaux-arts, comme elle l'a fait pour le précédent concours, vote une somme de 20 francs qui sera employée à l'achat d'une médaille artistique.

M. E. Olivier émet le vœu que l'excursion projetée par la Société et dont il a été parlé à la précédente séance, se fasse à Lyon où a lieu, cette année, une exposition industrielle internationale. Ce vœu est renvoyé à la commission chargée d'organiser l'excursion.

M. l'abbé Cavalier demande que la modification apportée à l'article 4 des statuts, d'après laquelle tous les membres habitant le département sont astreints à payer la même cotisation de 12 francs, n'ait pas d'effet rétroactif; que les anciens membres correspondants de l'Allier soient admis à conserver ce titre et à payer seulement le prix d'abonnement au Bulletin-Revue, soit 8 francs.

La Société décide, comme moyen terme, que les anciens membres correspondants qui ne voudraient point devenir membres titulaires auront, s'ils restent abonnés au Bulletin-Revue, les mêmes droits de collaboration que les membres de la Société.

M. Frobert, trésorier, présente au nom de la commission des comptes, l'état des finances de l'année 1893 et un projet de budget pour l'année courante. Le tout est adopté par la Société qui, en outre, vote des remerciements à M. le Trésorier pour la façon si satisfaisante avec laquelle il s'acquitte de ses délicates fonctions.

M. Pérot offre au nom de M. Besson, une photographie de la momie du Musée, il dit, en outre, que M. Besson se met à la disposition de la Société pour tous les travaux photographiques dont elle pourrait avoir besoin. M. Pérot est chargé d'offrir à M. Besson les remerciements de tous.

M. l'abbé Clément donne lecture du texte d'une inscription tombale découverte dans l'église Saint-Pierre de Moulins.

M. l'abbé Renoux fait don pour le Musée d'un moulage en plâtre des armes de Gilbert Brunet d'Évry, marquis de la Palice, et d'Adélaïde de Bignais, sa femme. Ce moulage a été pris sur un panneau de bois conservé par la famille de M. Renoux.

M. Grégoire fait passer des rondelles de schiste qu'il a trouvées à Bert, et dont quelques-unes perforées au centre étaient probablement destinées à être portées au cou en guise d'amulettes.

M. Grégoire a relevé sur un registre de la commune de Buxières-la-Grue des indications sur l'état atmosphérique de l'année 1783 à l'année 1790.

1783. — L'année a été très froide. Les vents du nord et nord-ouest se sont succédés. Beaucoup de neige suivie de sécheresse. Au printemps, il en est résulté rareté de foin qui a valu jusqu'à 8 livres le quintal.

Abondance de bled et de vin qui ont été délicats et se sont bien soutenus. Fin de l'année belle et agréable, abondance de fruits.

1784. — Au commencement de cette année, nous avons éprouvé deux mois de neige, d'un froid sec et rigoureux ; ensuite une sècheresse continuelle depuis le printemps jusqu'à la fin de l'année qui s'est terminée par un mois et demi de neige et un froid des plus vifs. Les étangs, les sources, les puits ont été taris. On ne pouvait moudre qu'à bras. Il a régné sur cette paroisse une épidémie occasionnée par deux espèces de maladies, l'une qui venait de la fluxion de poitrine accompagnée de vomissements, l'autre qui attaquait par le cou et ressemblait à l'esquinancie. Toutes les deux faisaient périr en deux ou trois jours.

1785. — Le commencement de cette année a été très froid, le printemps partie en pluies abondantes, partie en vents froids qui ont continué tout l'été et qui ont occasionné une sècheresse qui a brûlé les jardins et privé de regains. Il en est résulté peu d'abondance de foin, et l'année s'est terminée par un froid vif et deux mois de pluies continuelles.

1786. — L'année a commencé par un hiver rigoureux depuis la Saint-Martin jusqu'à Noël. Ensuite, il y a eu des pluies fréquentes qui ont procuré beaucoup de foin. Le printemps et l'été ont été secs. Le vent du nord a été continuel pendant ces deux saisons. La récolte en bled a été bonne. Les vins n'ont pas eu de qualité. La fin de l'année a été tempérée.

1787. — Cette année a commencé son hiver par une température agréable ; il n'y a pas eu de froid pendant cette saison. Le printemps a été très froid et suivi de pluies abondantes. L'été pluvieux et froid. Le mois d'août a été très chaud, l'automne a été totalement pluvieux. La récolte du foin très abondante, celles du bled et vin modiques. Il n'y a pas eu de fruits. Il a régné une épidémie sur les enfants. C'était une espèce de coqueluche. Il est arrivé beaucoup de fausses couches.

1788. — L'hiver n'a été qu'un temps chaud et pluvieux, on n'a éprouvé en cette saison ni neige, ni gelées. Le printemps a été fort humide, l'été orageux dans son commencement et entrecoupé de froidure. La fin a été chaude et sèche. L'automne a été assez chaud et sec dans son milieu comme dans son principe et froid dans la fin. Les gelées se sont fait sentir depuis le mois de septembre. Il n'y a plus eu de pluies. Le froid a été toujours en croissant et des plus vifs jusqu'à la fin. Trois mois se sont écoulés sans dégel, ni pluie. Les rivières, les étangs, les ruisseaux étaient glacés avec une forte épaisseur, on ne pouvait moudre. Les neiges fort abondantes. Les vents du nord et de l'est ont toujours soufflé. Il a régné pendant ce froid, qui a continué en 1789, une affreuse misère. Cette année n'a pas été maladive, quoique la trop grande humidité fît craindre des fièvres putrides. Il y a eu abondance de foin et de fruits surtout en noix et en glands. On n'a récolté que le tiers du blé des années communes, qui a valu 3 livres mesure Bourbon. Il y a eu assez de vin mais bon.

1789. — L'hiver a augmenté en rigueur jusqu'au 6 février inclusivement. Depuis 1709, on ne s'était souvenu d'avoir eu si froid. Les pluies ont été fréquentes à la fin de cet hiver, au printemps et tout l'été, au point de ne pouvoir sécher le foin ou le bled. Elles ont continué tout l'automne. Il s'est amassé peu de foin, beaucoup de regain et de bled. Il n'y a presque pas eu de vin et de très mauvais. Les vignes ont été gelées. La grêle a ravagé beaucoup de campagnes. La tenue des états généraux a occasionné de grands désordres. Une terreur panique s'est répandue au même instant dans toutes les villes et paroisses de la

France. Il semblait que des bandes innombrables de brigands allaient fondre sur chaque endroit. Il y a eu quantité de châteaux de brûlés et détruits. Paris a été le théâtre des plus sanglantes cruautés. La misère semblait annoncer une horrible famine. Tous les fléaux paraissaient conjurés contre notre chère patrie.

1790. — Cette année a commencé par des frimas humides ; il y a eu quelques jours de froid en février. Le commencement du printemps a été chaud ; les fruits qui ont avancé ont péri par un froid vif qui s'est fait sentir au milieu de la saison. L'été pluvieux a fait germer les blés ; il ne s'est récolté que très peu de seigle et beaucoup de froment et de petits grains. Les foins se sont mal arrivés. Il y a eu peu de vin, mais bon. Au mois de mai, le peuple dans les marchés et dans les campagnes a taxé lui-même et fait taxer avec menaces par les municipalités le blé qui valait trois livres à trente sols et les autres denrées. Les domestiques ont sorti des églises les bancs et en ont cassé. Ils étaient trompés par de faux décrets que l'on répandait. Un nommé Cusaint d'Ygrande s'est trouvé fauteur d'émeute et a été insulté. Un décret de l'Assemblée nationale sanctionné par le roi a arrêté les perturbateurs. La disette du blé et le défaut de circulation en ont été aussi les causes. Aux assemblées primaires, on en voulait un peu aux curés et surtout aux bourgeois, fermiers ; les menaces et en plusieurs endroits des attroupements les ont fait trembler. Il y a eu combat en beaucoup de lieux. Le désordre devenait général. La tranquillité revenue, il y a eu au mois de juillet une fédération à Paris et dans chaque municipalité où chaque citoyen a prêté serment de maintenir la nouvelle constitution. L'automne a été fort chaud sur la fin et les inondations qui ont été fréquentes jusqu'à la fin de l'année ont fait les plus grands ravages. La rivière d'Allier est sortie de son lit et a inondé une partie de Moulins. Le clergé a été menacé de se voir priver de son traitement et de la possession des évéchés et des cures, s'il ne faisait pas le serment de maintenir la constitution du nouveau clergé ; il a fallu pour rassurer les consciences, en écrire au pape.

M. Grégoire a relevé également sur les registres paroissiaux du Veurdre :

ANNÉE 1789. — Le froid a commencé le 8 novembre cette année, et a fini vers la fin de janvier suivant. La gelée a été si forte qu'on a passé sur la glace l'Allier, pendant 36 jours consécutifs à pied, à cheval et en voiture ; la glace avait été jusqu'à 20 et 22 pouces d'épaisseur, le Rhône a été gelé de 18 pouces d'épaisseur. La débâcle n'a occasionné aucun danger dans ma paroisse et ses environs ; mais plus loing c'était un déluge universel, qui entraînait maisons, ponts, beaucoup de personnes qui ont été submergées et tous les bois et bâteaux qui étaient sur ses bords.

Cet hiver cy a surpassé de beaucoup celui de 1709 et de 1740. Tous les moulins manquaient d'eau et plusieurs ont été obligés d'inventer des machines pour écraser le blé qui vaut depuis quelque temps avant depuis 7 jusqu'à 8 livres le boisseau seigle pesant 60 livres, et de 9 à 10 livres le froment. Toutes les vignes gelées sans avance de vin l'année prochaine. À la suite d'une si grande calamité, sont venus les états-généraux de qui on espère beaucoup de bien. J'étais alors à 14e année de cure, et j'ai eu l'agrément de ne voir périr aucun de mes paroissiens, ni de froid, ni de faim, effet surprenant de la divine Providence. L'année qui vient de commencer nous annonce des malheurs affreux. Si Dieu me donne la santé, je laisserai à mes successeurs le tableau de ces mêmes événements.

Au Veurdre, le 30 janvier 1789.

DELAGE, *curé.*

TABLEAU

DU

DÉPARTEMENT DE L'ALLIER

EN L'AN IX

(Fin)

Dans le second trimestre de l'an VII, les travaux furent mis en activité sous les ordres du citoyen Gossuin, qui avait déjà les manufactures de Charleville et de Liège. Au mois de vendémiaire suivant, les paiements cessèrent, les travaux languirent et ce ne fut qu'en ventôse, an VIII, que l'on vit réactiver la fabrication ; elle promettait de grands succès, lorsqu'en messidor suivant, le directeur reçut ordre du citoyen son commettant, de cesser la fabrication pour le prétexte qu'il n'était pas payé par le Gouvernement ou qu'il l'était en des valeurs sur lesquelles il éprouvait de grandes pertes. Depuis le mois de thermidor dernier, tout a cessé, quoiqu'il reste encore environ six mille canons de forgés en magasin.

Malgré toutes les contrariétés qu'a éprouvées le directeur, quoiqu'il ait fallu du temps pour réorganiser la manufacture, quoiqu'il n'ait pas eu plus de huit mois d'un travail suivi, il n'en a pas moins fabriqué 3,200 fusils modèle 1777, dont le travail et la solidité ont mérité l'éloge des officiers d'artillerie qui sont venus de Grenoble pour les recevoir.

La manufacture est le seul établissement, la seule fabrication

importante qui existe dans ce département, à peu de distance
des forges qui fournissent d'excellents fers à portée de se procurer les charbons de Fins, les meilleurs de France. Pourvue
de plusieurs usines pour forer, émoudre les canons et aiguiser
les baïonnettes, placée sur le bord de la rivière de l'Allier,
située dans le centre de la République, à l'abri de toute invasion, ayant les communications les plus faciles par eau à
l'Océan au moyen de l'Allier, à la Méditerranée par la Loire
et le canal de Bourgogne, et par terre aux villes frontières où
conduisent de grandes routes qui traversent la France presque
à angle droit ; tant d'avantages seraient-ils donc perdus pour
l'Etat et pour le département.

Le gouvernement est trop juste pour ne pas dispenser entre
les départements les avantages qui doivent les rendre florissants;
c'est avec un grand intérêt que le Préfet voyait s'établir et croître
sous ses yeux un établissement qui devait embellir la ville de
Moulins, lui donner quelque élan vers le commerce, tirer les
habitants de la léthargie où ils sont, exciter leur émulation ;
et c'est au moment où la fabrication se portait déjà à 400 fusils
par mois, quoiqu'elle ne fût pour ainsi dire qu'à l'aurore de
sa réorganisation, que toutes les espérances sont détruites.

L'on voit aisément la cause de la cessation des travaux dans
l'insouciance de l'entrepreneur, qui a déjà des fabrications
importantes à Charleville et à Liège ; il n'est pas étonnant
qu'il ait mis peu d'intérêt à la fabrication des armes à Moulins. Comme il n'est pas surprenant de voir les entrepreneurs
de manufactures d'ancienne création s'élever contre celle-ci et
lui susciter des ennemis, ils sentent qu'il est plus facile au
gouvernement de soutenir un établissement de seconde classe
relativement au nombre d'ouvriers qu'un établissement du
premier ordre où ils sont multipliés d'une manière extraordinaire.

Le Préfet de l'Allier a vu avec une grande satisfaction que
le gouvernement, dans ses dispositions, manifeste l'intention
la plus prononcée de favoriser également tous les établisse-

ments, de voir également fleurir les arts et le commerce sur tous les points de la République, mais aussi il voit avec peine que, dans la distribution que le gouvernement a fait de la confection des armes de guerre, il a oublié la manufacture de Moulins ; il lui suffira sans doute de lui rappeler cette omission, de lui représenter que la manufacture d'armes est le seul établissement important qui existe dans le département et qui puisse le vivifier.

Il est trois moyens de rétablir la manufacture d'armes dans la commune de Moulins sans que le gouvernement soit forcé de faire aucun sacrifice.

Le premier est de faire avec un entrepreneur un traité pour fournir par mois ou par an une certaine quantité d'armes. Pour cela, il faut qu'un entrepreneur se présente et fasse sa soumission.

Le second est de faire faire des armes pour le compte du gouvernement. Ce moyen, il est vrai, a l'inconvénient d'une administration presque toujours nuisible par sa dépense et sa mauvaise gestion.

Le troisième est de faire fabriquer, sous les ordres du gouvernement, par un directeur qui serait tenu de livrer une certaine quantité d'armes par mois au même prix qu'elles sont payées aux entrepreneurs de manufacture de premier ordre. Les armes seraient payées au directeur, qui serait chargé de tous les frais de location et de fabrication. Elles seraient reçues par un officier d'artillerie qui inspecterait la fabrication. Les rebuts resteraient pour le compte du directeur.

Le directeur qui a été chargé de la fabrication a prouvé en dernier lieu avec combien d'économies peut se faire une pareille opération. Il n'avait d'autre employé qu'un artiste habile pour recevoir chaque pièce d'armes de la main de l'ouvrier et veiller à ce qu'elle fût confectionnée suivant les règles de l'art ; seul ensuite, il dirigeait, approvisionnait, était caissier et teneur de livres en même temps, et rien n'était plus simple que sa gestion.

Pour réorganiser cette manufacture et rappeler les ouvriers dispersés, il faudrait quelques mois ; mais réunis seulement au nombre de 3oo, l'on peut fabriquer bientôt 4 à 5oo fusils par mois et augmenter successivement la fabrication.

Fonderie de canons. — Il fut établi à Moulins en l'an II, dans le local des ci-devant sœurs de la Croix, une fonderie de canons pour la marine ; cet établissement, confié dans l'an III à un entrepreneur, a marché pendant quelque temps avec quelque succès, mais il n'a pas tardé à languir pour plusieurs raisons puissantes.

La première, la plus décisive, celle qui détermine presque toujours la chute des établissements de tous genres, c'est l'insouciance de l'entrepreneur qui, presque toujours résidant à Paris, daignait à peine s'informer des travaux et du succès d'une entreprise qu'il aurait pu faire fleurir malgré les difficultés à vaincre et laissait par le défaut de fonds les administrateurs auxquels il avait donné sa confiance dans l'impossibilité de pouvoir fournir aux approvisionnements de tous genres, de faire face aux engagements pris antérieurement et de soutenir l'ordre établi pour le paiement des ouvriers.

La seconde, c'est le défaut de cours d'eau pour les usines qui mettait dans la nécessité de faire tout marcher par le secours des bœufs et des chevaux, moyen aussi lent que dispendieux ; une seule forerie à deux bancs était sur l'étang de Breuil, à trois lieues de l'établissement et par conséquent d'une surveillance difficile.

La troisième, c'est le grand appareil purement d'ostentation que l'entrepreneur avait déployé dès le commencement par l'encombrement de 4o bœufs de la plus belle espèce et de 12 chevaux que le gouvernement lui avait concédés pour faire mouvoir ses machines et opérer les transports des approvisionnements, ce qui lui causait une consommation de fourrages considérable et ruineuse, tandis que la moitié tout au plus aurait suffi.

La quatrième raison, qui tenait au temps et aux circonstances, c'est la dépréciation progressive et rapide du papier-monnaie que l'on était obligé de verser à pleines mains pour obtenir des ouvriers et du travail et qui par là contribuait beaucoup à la pénurie inquiétante de fonds, où l'entrepreneur laissait si souvent ses préposés.

Aussi le ministre de la marine, d'après la connaissance de toutes ces considérations, ordonna le 28 vendémiaire de l'an VI la suppression de cette fonderie et, par suite, l'évacuation qui eut lieu le 10 pluviôse de l'an VIII. Tous les attirails, ustensiles et machines furent destinés et envoyés à la fonderie de canons de Saint-Gervais, département de l'Isère.

De 157 pièces de canons que cette fonderie a produites au gouvernement, 24 éprouvées et reçues ont été expédiées pour Nantes pour l'armement des ports et vaisseaux de la République, 74 non finies ont été envoyées à la fonderie de Nevers pour y être perfectionnées et soumises aux épreuves. Le reste, rebuté et reconnu hors d'état de service, a été conduit aux forges de Guérigny pour y être refondu.

ECOLE D'ARTILLERIE. — La ville de Moulins, en 1791, s'est mise sur les rangs pour concourir à la formation d'un établissement central d'artillerie. Elle offrait pour local deux clos des ci-devant Chartreux et Bernardines, contenant ensemble 90 arpents de terre, éloignés de la ville de 80 toises ; en outre, un terrain de 600 toises en carré pour former le polygone et distant des casernes de 800 toises ; enfin, quatorze étangs supérieurs à ces deux clos, lesquels, une fois à la disposition de l'artillerie, seraient plus que suffisants, soit par leurs pentes, soit par la quantité d'eau qu'ils contiennent pour alimenter la totalité des usines nécessaires à l'établissement qui devait consister en une école, arsenal de construction, fonderie de canons de terre, manufacture d'armes à feu et d'armes blanches ; on y comprenait encore un moulin à poudre que l'on projetait d'établir sur la petite rivière de la Queune ; le couvent des ci-devant Capucins, peu éloigné de là et dans la plus belle exposition, était destiné pour l'hôpital militaire.

Ce grand établissement était d'autant plus avantageusement situé à Moulins que notre département, par la nature de son sol, pourrait lui fournir la plus grande partie des matières premières qui lui étaient nécessaires, comme fers, fonte, charbons, bois de construction, etc., et qu'il tirerait les autres des départements circonvoisins et de distances peu éloignées. Il réunissait encore l'avantage d'être situé au centre de la France et, par conséquent à l'abri de toutes invasions des puissances ennemies et de devenir le point central d'où se seraient distribués les approvisionnements de guerre sur toute la surface de la République, par eau au moyen de l'Allier communiquant à la Loire et par celle-ci avec différents canaux, et par terre au moyen de six grandes routes qui traversent la ville, mais la guerre qui survint s'opposa à l'exécution de ce projet.

Eaux minérales et thermales. — Une des sources qui contribue à répandre quelque aisance parmi les habitants de quelques cantons du département, ce sont les différentes sources d'eaux minérales qu'il renferme et qui y attirent, dans une saison de l'année, une quantité considérable d'étrangers de tous les points de la République.

Vichy. — Les eaux de Vichy, sur les bords de l'Allier, sont très chaudes, très actives et très fréquentées ; on en fait des envois dans presque toute l'étendue de la République. Les bains, la boisson et les douches sont propres à la guérison des paralysies et des obstructions, etc.

On y a construit en 1791 et 1792, d'après les dessins et l'inspection du citoyen Jeanson, architecte, et en conformité des ordres du gouvernement d'alors, un bâtiment d'une jolie forme, très utile pour la conservation des eaux et la facilité de leur usage ; les bains et les douches sont de la plus grande propreté ; il règne autour de ce bâtiment une galerie très spacieuse pour promener les buveurs.

Burges-les-Bains. — Il existe à Bourbon-l'Archambault, maintenant Burges-les-Bains, des eaux chaudes minérales très célèbres, connues du temps des Romains. Elles sont moins actives que les précédentes, et néanmoins souveraines pour la guérison des blessures.

Néris. — Les eaux chaudes de Néris sont à peu près de même nature que les précédentes et produisent les mêmes effets ; elles étaient aussi connues et fréquentées du temps des Romains ; on y voit les restes d'un aqueduc qui amenait des eaux froides à cette ville et d'un cirque de 40 mètres de rayons presque entièrement détruit aujourd'hui.

Un fait intéressant et qui paraît bien constaté mérite de trouver place ici.

Le tremblement de terre de Lisbonne se fit sentir à Néris avec tant de forces, qu'une des sources que renferme le bassin des eaux se gonfla tout à coup prodigieusement et se leva d'un mètre au-dessus de son niveau ordinaire, en charriant une quantité considérable de pierres et de sables qui comblèrent la plus grande partie du bassin. C'était une source nouvelle qui avait paru au commencement du siècle. Cette secousse dégrada aussi le bassin des pauvres et dérangea les fondements du grand puits.

Saint-Pardoux. — Entre Cérilly et Burges se trouvent les eaux minérales de Saint-Pardoux. Elles sont ferrugineuses, froides et stomacales, assez célèbres, quoique isolées près d'un chemin de traverse et sans aucune habitation.

Bardon. — Les eaux de Bardon, près Moulins, sont savonneuses et n'ont que peu d'activité et de réputation. Elles sont très propres pour les blanchissages et les teintures.

Il serait à désirer qu'on pût les conduire dans la ville de Moulins pour remplacer celles qu'on y boit, qui sont de mauvaise qualité et ne contribuent pas peu aux maladies ; mais les revenus trop modiques de cette commune lui ôtent les moyens de faire cette dépense.

Grandes routes. — Une des parties les plus propres à favoriser et à étendre le commerce dans le département de l'Allier, c'est l'entretien des routes et les améliorations dans la navigation des rivières.

En général les routes, quoique dégradées sur plusieurs points de ce département, y sont mieux soignées et mieux entretenues que dans les départements circonvoisins ; le sol naturel est plus solide, moins gras, moins humide et même généralement graveleux ; les routes qui, à quelques parties près, sont assez roulantes, sont entretenues d'un gravier un peu menu, mais fort sec, au moyen des pentes généralement bien ménagées et à cela près de quelques ponts et ponceaux provisionnels en bois et en pierres sèches qui, de temps en temps, ont besoin de réparations provisoires, il n'en est point d'importantes à faire dans ce département, si ce n'est au pont de Saint-Pourçain, route de Paris à Clermont, et quelques-unes à celui de Montluçon, route d'Autun à Limoges.

Nous avons observé plus haut que les établissements des mines de Tronçais, ainsi que l'intérêt général, demandent le parachèvement d'environ cinq lieues de route de Tronçais à Burges-les-Bains, qui procureraient la communication des départements du Cher et de l'Allier.

Une portion de route qui, sans être rangée dans la classe des grandes routes, n'en mérite pas moins l'attention du gouvernement par son utilité publique, c'est celle qui communique de Saint-Gerand à Vichy ; une partie en est totalement dégradée au point de n'être plus praticable et de forcer les voyageurs à passer dans les terres qu'ils endommagent, en s'exposant eux-mêmes ; cette réparation est d'autant plus inté-ressante et urgente que, dans la saison des eaux, les malades affluent de tous les points de la République pour se rendre à Vichy et que, sans le rétablissement de cette portion de route, il est presque impossible qu'ils s'y rendent sans accident.

CHEMINS VICINAUX. — Les chemins vicinaux de ce départe-ment sont aussi dans le plus mauvais état ; l'habitant des campagnes ne peut transporter ses denrées dans les villes qu'en doublant et triplant ses attelages ; encore leur arrive-t-il souvent de perdre le fruit de leurs travaux en versant dans un mauvais pas qui existe depuis des années et qu'un homme réparerait en deux jours.

Il serait à désirer que les propriétaires, fermiers, métayers, journaliers même, qui tous doivent prendre à la chose un intérêt plus ou moins direct, s'entendissent entre eux par canton pour contribuer en commun, soit de leur bourse, soit de leurs bras, à la réparation des chemins vicinaux de leur arrondissement.

Pavés. — Les pavés en chaussées des faubourgs de Moulins, qui aboutissent aux grandes routes qui traversent cette ville et dont l'entretien doit être par conséquent à la charge du gouvernement, sont dans le plus mauvais état et ont besoin pour la sûreté publique d'une urgente réparation.

La commune de Moulins s'occupe des moyens de faire réparer ceux des pavés de cette ville qui sont à sa propre charge et qui sont aussi dans le plus grand état de dégradation ; mais pour y parvenir, elle aurait besoin que le gouvernement vînt à son secours, ses modiques revenus ne pouvant subvenir aux frais d'une dépense aussi considérable.

Navigation. — Quant aux travaux qui ont rapport à la navigation, laquelle n'a lieu sur l'Allier que pendant une partie de l'année plus ou moins longue, suivant que l'abondance des eaux la favorise, il est sans doute des réparations à faire sur toute l'étendue du cours de cette rivière. Elles ont été réglées pour l'an IX par l'inspecteur des ponts et chaussées. Elles sont d'autant plus instantes, qu'il est beaucoup d'objets importants pour le commerce du département qui, à moins de frais excessifs, ne peuvent guère être exportés que par eau et qu'en outre ces dégradations, non seulement nuisent à la navigation, qui par là devient souvent pénible et dangereuse, mais donnent souvent lieu à des changements dans le cours des eaux, et à leur expansion sur les propriétés riveraines, qui sont cependant les plus précieuses du département. Cette rivière se jette dans la Loire.

Le Cher se jette aussi dans la Loire ; il serait intéressant pour le commerce du département de prolonger sa navigation sur cinq lieues de longueur, depuis le pont d'Urçay jusqu'à

Montluçon. Elle favoriserait beaucoup l'exploitation des mines de charbon de Commentry.

La Loire, qui longe une partie du département et lui sert de limite, est navigable une grande partie de l'année. Elle communique à la mer par Orléans, Tours, Angers et Nantes.

La Sioule se jette dans l'Allier. Il serait intéressant de la rendre facilement navigable depuis Saint-Pourçain jusqu'à son confluent dans l'Allier, sur environ deux lieues de longueur.

La Queune alimente une usine de forges et fourneaux sur l'étang de Messarges. On a eu le projet de construire un canal depuis Fins jusqu'au-dessous du pont de Moulins, pour faciliter le transport des charbons de terre pour l'approvisionnement de Paris ; par là, on diminuerait beaucoup le prix du charbon.

Les saisons de l'année ne sont pas bien marquées dans ce département ; en général, les hivers y sont très longs, parfois rigoureux, et tous les quatre à cinq ans peu sensibles.

Le froid et la neige sont toujours plus grands dans la partie haute du département, dans ce que l'on appelait le haut Bourbonnais, que dans la partie basse.

Les printemps sont froids, inconstants et souvent nuisibles par des retours de gelées, assez fortes pour détruire les plus belles apparences de récoltes en fruits, légumes et principalement en vins.

Les étés secs et quelquefois très chauds ne commencent presque jamais avant le milieu de messidor. Les longues sécheresses qui ont souvent lieu dans cette saison sont destructives des plus belles récoltes.

Les automnes sont assez ordinairement beaux, les vents y règnent assez alternativement ; cependant, le nord et le nord-ouest se font sentir plus souvent. Les orages sont quelquefois violents et souvent accompagnés d'une grêle destructive.

Constitution des habitants. — Les hommes originaires sont d'une taille au-dessus de la médiocre ; ils sont bien faits, adroits, intelligents, et, quoique apathiques, ils réussiraient dans leurs entreprises si les obstacles ne les rebutaient pas trop facilement ; le plus grand nombre, dans les campagnes, sont lents au travail ; les femmes sont en général d'une taille moyenne, elles sont pour le plus grand nombre brunes, la peau blanche, bien faites, d'une figure agréable et beaucoup de jolies ; mariées, elles sont bonnes mères de famille et remplissent depuis quelque temps le vœu de la nature en nourrissant leurs enfants autant qu'elles le peuvent.

Le tempérament le plus général est le sanguin et le bilieux, le mélancolique et le pituiteux sont en petit nombre, aussi les habitants de ce département ont-ils plus que dans aucun autre le caractère français ; ils ont de la gaieté, ils aiment le plaisir. Les habitants des campagnes sont accablés de travail et vivent de mauvais aliments, aussi la vieillesse est-elle prématurée chez eux. Les hommes paraissent plus vieux qu'ils ne sont ; cependant, dans toutes les classes, on voit des vieillards d'un âge très avancé, les habitants des campagnes sont d'une figure moins agréable que ceux des villes.

Mendicité. — La mendicité y est portée à un très haut degré ; il serait à désirer que le grand nombre des individus de l'un et de l'autre sexe, qui couvrent les rues et demandent continuellement l'aumône de porte en porte, pût être utilisé ; ils sont dans ce fâcheux métier livrés au découragement, à la paresse, à la malpropreté, etc. L'aumône entretient leur misère et l'entretiendra toujours, tant que le produit n'en sera pas employé à les faire travailler pour vivre, plutôt qu'à les faire vivre sans travailler ; membres inutiles d'un corps qui les nourrit dans l'oisiveté, ils pèsent machinalement sur toutes ses parties. Si on les considère relativement à l'invasion des maladies épidémiques, on sait que les pauvres sont presque toujours ceux qui ouvrent les portes de la société à ces fléaux.

Maladies. — De toutes les maladies, celles qui font le plus de ravages et font mourir le plus d'individus dans le département de l'Allier sont les fièvres putrides. C'est la maladie la plus répandue sur les sujets de tous les âges ; les fluxions de poitrine, dans certaines épidémies, sont fâcheuses ; les hydropisies sont nombreuses et de difficile guérison ; un léger scorbut, qui affecte les gencives, fait tomber les dents ; les maladies vénériennes sont endémiques ; les apoplexies sont fréquentes ; les ulcères, dans plusieurs cantons, sont nombreux, ils affectent surtout les jambes et deviennent incurables par le peu de soin qu'on y porte.

Les pâles couleurs, chez les filles, sont une maladie fréquente ; il n'est pas rare de la voir se terminer par une affection comateuse et la mort suivre de près ; on voit aussi des fièvres puerpérales, qui généralement sont peu dangereuses. Il meurt un petit nombre de femmes de cette maladie ; on voit quelques coliques de peintre dans les hommes qui travaillent sur les préparations de plomb. La goutte est assez fréquente ; les petites véroles, quoique nombreuses, font peu de ravages, aussi l'inoculation n'est-elle pas employée malgré ses grands avantages ; on voit peu d'enfants défigurés ou infirmes de la petite vérole. Nous voyons beaucoup d'enfants scrofuleux, rachitiques ; ils sont en général sujets aux convulsions. Il en meurt peu de cette maladie ; la coqueluche est de longue durée.

Causes des maladies. — La plus grande partie de toutes ces maladies doivent leurs causes principales aux variations fréquentes et trop subites qui arrivent dans l'atmosphère, aux grandes sécheresses des étés, quelquefois mauvais genre de nourriture, surtout dans la classe malaisée et dans les campagnes, mauvaise qualité de pain, vins gâtés, légumes amoncelés et germés dans les caves, fruits de mauvaise nature ou cueillis avant leur maturité, ou mûris artificiellement, viande et poisson mangés au moment qui précède de trop près la putréfaction, animaux égorgés aux boucheries pour cause de maladie, mauvaise qualité des eaux que l'on boit dans beaucoup de communes, principalement dans celle de Moulins, enfin les exhalaisons malfaisantes répandues dans l'atmosphère et causées par la grande quantité d'eaux stagnantes multipliées sur la surface du département.

HOSPICES. — Il y a un grand nombre d'hospices dans ce département ; les principales communes en possèdent chacune un, telles que Saint-Pourçain, Cusset, Gannat, Montluçon, Varennes, Vichy, Burges-les-Bains, Moulins ; toutes ces maisons sont gouvernées par des commissions administratives, conformément à la loi de l'an V concernant les hospices. On peut dire des citoyens qui en composent les administrations qu'ils se regardent comme les premiers serviteurs des malades en leur faisant donner les soins de tous les genres que leur ministère auguste leur impose.

Il serait à désirer pour le bien de l'humanité souffrante que le gouvernement voulût prendre des moyens pour attirer de nouveau sous quelque dénomination que ce puisse être, et réintégrer dans ces établissements ces femmes méritantes, dites à si juste titre Sœurs de la charité qui, guidées par les principes d'une piété, d'une charité et d'une vertu infatigable, prodiguent par vocation aux malades les soins les plus rebutants, rarement bien administrés par de simples mercenaires, en même temps qu'elles les consolent et les encouragent aux souffrances par leurs conseils et leurs exhortations.

Les plus considérables de tous les hospices sont dans la ville de Moulins. Il y a deux hospices situés aux deux extrémités de cette commune ; le premier est au nord, connu sous le nom d'Hôpital général ; il est grand, spacieux, mal bâti, ayant de grands et beaux jardins ; on n'y reçoit point de malades, il est occupé par deux cents individus des deux sexes et de tout âge, infirmes et orphelins. Indépendamment de ce nombre, on y reçoit des pensionnaires à vie pour causes de folie ou autres maladies de ce genre, ce qui est d'un grand avantage pour les habitants du département et pays circonvoisins et fait une petite ressource pour l'hospice ; c'est dans cette maison que l'on recueille les enfants abandonnés ; on les y porte, ils y sont gardés momentanément jusqu'au moment où ils sont livrés et confiés aux soins des nourrices inscrites d'avance au bureau de cet hospice.

Le second des hospices, connu sous le nom de Saint-Joseph, est situé à l'autre extrémité de la ville, au nord-ouest, près de la rivière d'Allier. Il est composé de grands et vastes bâtiments bien bâtis, propres à en faire un des plus beaux hospices de la République avec peu de réparations et de changements de distributions ; on pourrait y recevoir aisément quatre cents malades, mais son peu de ressources ne permet d'en recevoir que vingt-deux des deux sexes, de toutes espèces de maladies, et qui viennent de toutes les parties du département, surtout pour les opérations de chirurgie les plus graves ; dans ce petit nombre sont compris des vénériens, des galeux, et des femmes qui viennent y faire leurs couches.

On y reçoit aussi cinquante militaires ; le nombre de ces derniers est proportionnellement plus petit que celui des premiers, à raison du grand nombre de ceux qui passent isolément par cette commune, le centre de la République ; on porte le nombre à environ 80 par jour, sans y comprendre les colonnes qui sont nombreuses, souvent répétées et fournissent beaucoup de malades qui, faute de pouvoir entrer à l'hospice, manquent de secours.

Malgré ce petit nombre de malades, les revenus de cet hospice ne peuvent suffire à ses besoins, aussi y manque-t-on de toutes les fournitures nécessaires et surtout de linge.

INSTRUCTION PUBLIQUE. — L'instruction publique est dirigée dans ce département sur les mêmes bases que dans toute l'étendue de la République ; l'école centrale établie à Moulins réunit tous les genres d'instructions propres à développer et à étendre les connaissances premières qui doivent contribuer à former des citoyens. Le gouvernement ne peut apporter une surveillance trop attentive sur cette partie intéressante de l'administration publique ; c'est principalement au bon choix des instituteurs de tous genres que les jurys doivent apporter l'attention la plus sévère et la plus impartiale, ils ne doivent pas se borner à s'assurer de l'instruction requise dans les sujets qui se proposent, ils doivent aussi étendre leur surveillance sur leur moralité ; il ne suffit pas que l'homme chargé d'en former un autre soit instruit, il faut encore qu'il soit vertueux ; il ne suffit pas non plus qu'il soit vertueux, il doit encore posséder à fond les connaissances qu'il doit enseigner et y joindre le talent de les communiquer d'une manière claire et précise, trois qualités rarement réunies dans un même et qui, par là, doivent rendre plus difficile le choix des instituteurs.

Jusqu'à présent, les écoles centrales n'admettant les élèves que pour le moment des leçons, il n'y a guère que les habitants du chef-lieu du département qui puissent profiter des avantages de ces établissements, auxquels tous ont cependant des droits ; pour remédier à cet inconvénient, il serait à désirer que le gouvernement les mît à même de recevoir un certain nombre de pensionnaires à demeure. Par là, les instituteurs, à défaut des parents éloignés, seraient plus à même de suivre les études et l'instruction des élèves, de veiller à leur conduite morale et d'exciter entre eux cette émulation si favorable aux progrès des sciences et des vertus sociales, qui ne concourent pas moins essentiellement les unes que les autres à former un bon citoyen.

Tel est le tableau que présente le département de l'Allier en l'an IX, sous tous les rapports de l'économie politique.

Fait en Préfecture à Moulins, le 19 pluviôse, an IX de la République.

HUGUET, Préfet.

Le Préfet du département de l'Allier, à qui le Conseil général avait demandé la communication du mémoire descriptif et statistique du département qu'il a adressé le 17 pluviôse au Ministre de l'Intérieur ;

Vu les notes mises par le Conseil général en marge dudit mémoire, considérant que toutes les bases d'évaluation des productions et les autres bases du mémoire contredites dans les notes du Conseil général ont été prises dans un rapport d'un membre de la Société d'Agriculture de Moulins, approuvé le 18 pluviôse an VIII par l'administration centrale du département qui l'a adressé au Ministre de l'Intérieur et au président de la section de l'intérieur du Conseil d'Etat.

A la suite des conférences qui ont eu lieu entre le Conseil général et le préfet, dans lesquelles ces divers objets ont été successivement discutés, approuve les rectifications contenues dans les notes mises en marge du mémoire et se réunit au Conseil général pour les présenter au gouvernement comme plus approximatives de la vérité.

Fait à Moulins, le 26 germinal, an IX de la République.

Le Préfet du département de l'Allier,
HUGUET.

Les observations portées en marge du présent mémoire ont été faites et arrêtées par nous, membres du Conseil général du département de l'Allier, à Moulins, le 20 germinal an IX de la République.

DELACODRE, FAUVRE, RABUSSON-DEVAURE,
Etienne DOUYET, ROLLAT, AURY, LOMET,
QUENTIN, F.-X. LAURENT.

LA LETTRE DU TURCO

'ÉTAIT le vingt janvier ; la lutte était finie ;
Mais, comme du lion terrible est l'agonie,
Le dernier des combats de la France aux abois
Avait duré trois jours et trois nuits.
                                        Dans un bois,
Près Belfort, sous un toit crevé par la mitraille,
Quelques soldats blessés se mouraient sur la paille ;
Ils mouraient... — la blessure est clémente au vainqueur
Mais fatale au vaincu... la plus grave est au cœur.
L'un d'entre eux cependant paraissait vouloir vivre ;
C'était un grand turco, noir comme Lucifer ;
Il semblait ignorer les tourments de sa chair
Et, quoiqu'il frissonnât sous la fièvre et le givre,
Ses grands yeux flamboyaient dans sa tête de fer.
— Il rêvait, ce blessé, de la fête héroïque
Où les fils du désert s'élançaient rugissants !...
Ils s'étaient bien battus nos frères de l'Afrique,
Si bien que de trois mille il en restait deux cents.
On voyait dans ses yeux passer leurs rudes âmes,
On voyait dans son cœur qu'il ne les plaignait pas ;
Puis ses regards sanglants éteignirent leurs flammes,
Et doux, fixes et clairs, se plongèrent là-bas...
— Là-bas, loin de la neige, un éclatant rivage,
Là-bas les verts palmiers dans les sables ardents,
Sous l'éternel soleil, la liberté sauvage...
Et l'Africain riait, montrant ses blanches dents.

— Puis dans ses yeux, plus doux que les yeux des gazelles
Parmi les visions de sa jeunesse d'or,
Brilla je ne sais quoi de plus brillant encor...
Mais soudain, à son rêve on coupa les deux ailes :
Deux hommes étaient là ; l'un c'était un major,
L'autre un prêtre... — non pas l'aumônier militaire,
Ce soldat de la croix qui connaît le soldat,
Ne s'étonne de rien, prend les âmes par terre
Et sur le paradis, leur signe leur mandat...
— C'était un tout jeune homme et presqu'une sœur grise ;
Sa charité vaillante était là par surprise ;
Vase d'élection tout imprégné d'encens,
On l'avait envoyé sortant du séminaire,
Dans un pli du Jura pour être le vicaire
D'un pauvre bon curé de quatre-vingt-dix ans ;
Aussi dans sa montagne il avait fort à faire,
Et ce fut seulement vers la fin de la guerre,
Que voyant l'ennemi constamment triomphant,
Et nos soldats souffrant la suprême misère,
Il dit au bon curé : « Je veux partir, mon père. »
Et le vieillard lui dit : « Tu fais bien, mon enfant. »
C'est ainsi qu'ouvrier de la tout dernière heure,
Pour la moisson dernière il arrivait très bien,
A l'heure où la débâcle est la raison majeure,
A l'heure où médecins, prêtres, l'on n'a plus rien,
A l'heure où le soldat comprend qu'il faut qu'on meure,
Mais trouve dur pourtant de mourir comme un chien.

Sitôt qu'il fut entré le turco fit un signe ;
Le prêtre, sur la paille appuyant les genoux :
— « Vous m'avez appelé, mon fils, que voulez-vous ?...
L'Africain, se dressant, prit son air le plus digne
Et, d'un geste arrachant le chiffon teint de sang
Dont sa main, la main droite, était enveloppée,
Il montra cette main près du poignet coupée
Par un éclat d'obus, et, l'abbé pâlissant,

« Oh ! rien, fit le turco ; macache... c'est la guerre ;
« Mais moi vouloir écrire. » — « Ah ! sans doute à sa mère,
Pensa le prêtre ; eh bien, j'ai là tout ce qu'il faut ;
Dictez ; pour qui la lettre ? » — Alors, le verbe haut,
L'œil ardent, le turco lui dit : « Pour la moukère. »
La moukère ?... — Moukère, en langue de Bédouins,
C'est... — la chose en français est vaguement classée ;
C'est... — par exception c'est une fiancée ;
C'est parfois un peu plus ; c'est souvent beaucoup moins.
Mais ce prêtre ignorant ce mot à triple entente :
« Moukère, se dit-il, c'est peut-être... sa tante ?
Et, la plume levée : « Allez, mon fils, j'écris. »
Le turco commença, sur un ton de victoire,
Mais dès le premier mot l'abbé fut si surpris
Qu'il faillit sur le mot renverser l'écritoire.
L'autre continuait, l'œil perdu dans le bleu,
Son poème africain ; l'abbé, la joue en feu,
Sentant qu'il fallait bien contenter ce grand diable
Qui peut-être là-haut comparaîtrait sous peu,
Ecrivait, écrivait cette lettre effroyable
En soupirant : « Seigneur !... — Enfin !... pour le bon Dieu ! »

Mais la lettre à ce point devenait africaine
Que le pauvre aumônier s'arrêtait éperdu.

Le major, souriant, suivait de l'œil la scène ;
Tout en faisant son œuvre il avait entendu :
— « L'abbé, s'écria-t-il, là-bas vers la fenêtre
« Voyez donc l'artilleur qui s'en va comme un traître ;
« Rattrappez-moi son âme ou le diable a beau jeu. »
— J'y cours, major, mais... mais, la lettre ?... fit le prêtre.
— La lettre à la moukère ? — Oui... — La lettre, parbleu !
La lettre... je m'en charge, abbé, — pour le bon Dieu.

       (*Souvenir de janvier 1871.*)

A. MONY.

LES ORIGINES

DE

BOURBON-LANCY [*]

I.

PROLÉGOMENES HISTORIQUES

LE PAGUS BURBUNENSIS ET LE COMTÉ D'AUTUN.

N sait que lorsque César arriva en Gaule, il trouva cette vaste contrée partagée en trois grandes divisions (1) ; dans l'une d'elles, la Celtique, vivaient les Celtes qu'il nomme Gaulois, *Galli*. Elle commençait au Rhône, s'étendait de la Garonne à l'Océan, à la Belgique et jusqu'au Rhin, dans le pays des Séquanes et des Helvêtes.

C'était une curieuse agglomération de nationalités diverses qui, depuis deux siècles seulement, avait ébauché une civilisation réelle. Elle comprenait la partie la plus étendue, en même temps la plus populeuse, quarante-sept peuples (2),

---

* Ce travail inédit de M. Révérend du Mesnil, qui peut servir de suite à la *Chronologie des sires de Bourbon* par M. Chazaud, a été lu et très remarqué au congrès des Sociétés savantes, à Paris, le 28 mai 1890.

(1) César, *De bello gallico*, liv. 1er, ch. 1er.

(2) Sous Auguste, le nombre des peuples, y compris leurs clients, fut de 63, d'après la division territoriale des trois provinces de la Gaule : ce nombre de 63 est celui donné par Ptolémée dans sa *Géographie*.

dont les plus importants étaient les Arvernes, les Eduens, les Séquanes et les Helvètes.

La Confédération Eduenne, *Civitas Æduorum* (1), dont Bibracte était la capitale, étendait ses possessions des sources de la Seine jusqu'au delà de Lyon, *Lugdunum*, dans la province romaine, et depuis les rives de la Saône à celles de la Loire (2), *même un peu au delà* pour la partie qui va nous occuper.

Parmi les peuples qui furent soumis à la République Éduenne, on place d'ordinaire les Boïens, *Boii*, qui, 5o ans avant J.-C., furent, dit-on, établis par César à la prière des Eduens, au nombre de 32,ooo, dans la contrée située entre la Loire, l'Allier et l'Arroux (3).

C'est ce qui a fait dire à Féraut d'Ainai, dans sa *Topographie du duché de Bourbonnois*, manuscrit du XVIIᵉ siècle, que « le pays des Boyens faisoit partie de la Bourgogne », et que « c'est Jehan l'aisné, puisné de Hude, duc de Bourgogne », qui « changea le nom de Boyens et leur bailla celuy de Bourbonnois à cause de sa ville de Bourbon. »

Au siècle suivant, l'abbé Courtépée, dans sa *Description du duché de Bourgogne*, III-179 (4), conclut à son tour « des routes de César depuis la ville de Sens et au travers du Berry, que les Boïens habitaient le Bourbonnois ! »

M. An. de Charmasse, *Précis historique* servant d'introduction au livre de M. Harold de Fontenay : *Autun et ses monuments* (5), maintient que « les Eduens cantonnèrent les Boïens entre la Loire et l'Allier, sur quelque territoire enlevé aux Arvernes durant les luttes séculaires des deux peuples rivaux... », et plus loin, il ajoute : « Cette extension de la cité éduenne sur

---

(1) La cité (*civitas*), au temps des Gaulois, comprenait la peuplade entière.

(2) J. GARNIER, *Chartes bourguignonnes*, dans les *Mémoires de l'Académie des Inscriptions*, deuxième série, tome II.

(3) Voy. CHAZAUD, *Étude sur la chronologie des sires de Bourbon*, 1865, p. 114.

(4) Réédition de 1848.

(5) Autun, 1889, p. XIV.

la rive gauche de la Loire, après la défaite des Helvètes, laissa une trace durable dans la topographie de l'ancien diocèse d'Autun, qui possédait outre-Loire un petit territoire rappelant par son peu d'étendue l'*exigua civitas* des Boïens (1) et qui n'appartint au diocèse que parce qu'il avait été précédemment incorporé à la cité. »

Mais, dès le XVIIe siècle, un géographe hollandais de talent, J. Blœuw, avait commencé à contester cette attribution, qui n'en a pas moins triomphé, comme on vient de le voir.

M. Chazaud, le regretté archiviste de l'Allier, a démontré en 1864, dans son mémoire sus-rappelé, lu à la Société d'Emulation de l'Allier, qu'il fallait placer ailleurs l'établissement des Boïens et que leur capitale *Gorgobina*, la *Gergovia Boïorum*, n'était autre que la ville de Sancerre actuelle, où César, après la prise de *Noviodunum* (Nevers), plaça dans l'*oppidum* les idoles de ses dieux, *oppidum* depuis appelé *sacrum Cæsaris* et non à Bourbon-Lancy, comme on l'a dit plusieurs fois (3).

Cette constatation était nécessaire, car pour nous elle est l'origine de l'erreur où sont tombés nos historiens à propos du Pagus Burbunensis (4), que nous nommons aujourd'hui le *Pays de Bourbon-Lancy* (5).

La cité des Eduens, *civitas Æduorum*, dont la principale ville, Bibracte, disparaissait vers l'an 16 de l'ère chrétienne (6) et était remplacée par *Augustodunum*, fondée de l'an 15 à l'an 10 avant J.-C. (7), fut incorporée vers 284, sous Dioclétien, à la Pro-

---

(1) César, *loco citato*, VII-XVII.
(2) Chazaud, p. 115.
(3) Notamment Courtépée, III-179.
(4) Dans Grégoire de Tours, le mot *pagus* désigne toujours un *pays*, un canton, une région : voyez les chap. 26, 41, 48, 99.
(5) Une charte de Cluny d'août 974, n° 1,400, cite la viguerie de Bourbon, *in vicaria Borbonensi*, mais le *signum* d'un Archimbaud prouverait qu'il s'agit de Bourbon-l'Archambaud, d'Archimbaud Ier vivant de 968 à 1031 : une bulle du pape Jean XIII de l'an 968 lui donne déjà le titre de vicomte. — Voy. Chazaud, p. 149.
(6) Φρούριον Βίβραχτα. Strabon, *Géographie*, liv. IV.
(7) Les noms de Julia, Pola, Florentia et Flavia, que lui donne Eumène, *Gratiarum actio Constantini Augusti*, ch. XIV, n'est que l'expression de

vince lyonnaise ; elle dut dès lors relever de *Lugdunum, metropolis civitas Lugdunensium* (la cité *métropolitaine* des Lyonnais) d'après la *Notice des Gaules* (1), Lugdunum qui succédait elle-même sur la colline à la ville gauloise de *Condate*, au confluent des fleuves ; vers 400, elle fit partie de la Première lyonnaise, *Lugdunensis prima*, qui comprenait :

Metropolis civitas Lugdunensium (Lyon).

Civitas Eduorum (Autun).

Civitas Lingonum (Langres).

Castrum Caballionense (Châlon-sur-Saône).

Castrum Matisconense (Mâcon).

Malgré ce démembrement, l'ancienne circonscription des *pagi*, les pays, subsista (2) : du *pagus Augustodunensis* (3) fut la localité où nous placerons, suivant la Table de Peutinger, les *Aquæ Nisincii* (4) sur la voie romaine d'*Augustodunum* à *Cæsarodunum*, d'Autun à Tours, par *Avaricum*, Bourges.

Evangélisé par Andoche et Tyrse, le pagus devint le *diocèse* d'Autun, dont l'étendue a le mieux conservé l'ancienne subdivision de la cité éduenne. Il comprit même, au delà de la Loire et jusqu'à l'Allier, la portion de territoire où devait

---

flatteries successives qui passèrent avec ses maîtres : seul, le nom d'*Augustodunum* persista.

Quant à l'appellation d'*Ædua*, elle semble n'avoir été qu'une expression de chancellerie.

Les tiers de sol trouvés à Autun donnent les formes *Aucstiduno, Aucustino*, qui, par contraction, devint *Hostun, Osteun* et *Ostun :* Authun paraît seulement en 1483 (H. de Fontenay, p. 11). — En 1793, on imposa le nom de *Bribac*.

(1) Dom Bouquet, *Recueil des hist. des Gaules*, I-122.

(2) Selon M. Jacobs, qui a annoté Grégoire de Tours, le mot *pagus*, subdivision de la cité, a désigné sous les Gaulois une peuplade secondaire ; sous les Romains, un district administratif ; sous les Mérovingiens, toute espèce de territoire. On ne sait s'il n'est pas la traduction d'un mot prétendu celtique, *Pow*.

(3) Pérard, *Recueil de pièces*, p. 33 et suiv., donne toujours *pagus Augustidunensis*.

(4) *Revue archéol.* de 1864, planche II, segment 2. — Il est à remarquer que la Commission de topographie des Gaules a remplacé l'*Aquæ Nisincii* par *Aquæ Alisinciæ* (A. Bertrand, *Les voies romaines en Gaule*, p. 24).

Aquæ Alisinciæ serait Saint-Honoré-les-Bains ou Anizy, qui en est proche.

Le comte de Soultrait a adopté cette opinion dans son *Répertoire archéol. de la Nièvre*, p. 29 : nous ne pouvons partager cette attribution.

s'élever plus tard Moulins, *castellum Molendinorum,* et qui forma plus tard l'archiprêtré de Moulins, entre les diocèses de Clermont et de Nevers, jusqu'à la Révolution de 1790 (1).

Lorsque les Bourguignons, qui avaient déjà séjourné dans nos contrées, s'en emparèrent définitivement au Ve siècle, un partage de terres s'était fait entre eux et les habitants du pays; l'ancienne dénomination du pagus avait été conservée, mais il fut soumis à la juridiction nouvelle d'un magistrat appelé *comte, comes ;* le *pagus Augustodunensis* devint le comté d'Autun.

La correspondance de Sidoine Apollinaire, évêque de Clermont, nous fait connaître Attale comme le premier de ces comtes (2), de 472 à 482. On trouve ensuite en 539 Grégoire, homme instruit et lettré, qui administra le pays pendant quarante ans (3). Mais le démembrement de la cité d'Autun, commencé vers le milieu du Ve siècle par l'établissement de l'évêché de Chalon, qui en avait dépendu jusque-là, s'était continué par l'érection des diocèses de Nevers en 505 et de Mâcon vers 538 (4). » On ne trouve plus de comtes à Autun après Grégoire jusqu'au VIIIe siècle.

Aussi Achille Allier, dans l'*Ancien Bourbonnais,* I-163, a-t-il pu dire que *le premier* fut « le comte d'Autun Hildebrand, fils de Charles Martel, qui s'empara de la Burgondie avec Pépin, son neveu, en 741. » Et partant de cette donnée fausse, il donne une liste imaginaire des comtes d'Autun, que nous ne reproduirons pas, pas plus que celle donnée par Mabille dans son *Histoire du Languedoc,* nouv. éd., II-277, quoiqu'elle soit adoptée par le comte de Mas-Lastrie dans son *Trésor généalogique,* p. 1545 et 1531.

Il résulte, en effet, d'une charte publiée par Pérard, p. 34, que le comte Hildebrand ne fut, avec l'évêque Ansbert, que

<hr>

(1) A. DE CHARMASSE, *Cartul. évêché d'Autun.* Pouillé du XVIe s., p. 37. L'évêché de Moulins ne fut créé qu'en 1790, lors de la formation du département de l'Allier.
(2) *Epitres,* liv. V, Ep. XVIII.
(3) GRÉGOIRE DE TOURS, *Vitæ patrum,* C. VII.
(4) A. de Charmasse, p. XCV.

l'un de ces *Missi dominici* que l'administration carolingienne envoyait annuellement dans les provinces de l'Empire pour y faire régner l'ordre et la justice.

Déjà Chasot de Nantigny avait commencé des rectifications dans ses *Tablettes chronologiques*, II-166, en citant comme premier comte d'Autun Théodoric, sous Pépin *le Bref*. Mais M. Chazaud a fait complète justice des assertions d'Achille Allier, comme des conséquences qu'il en tire, en prouvant que ces renseignements sont puisés dans les titres *fabriqués* par le trop célèbre Père André. Il est donc opportun d'apporter la liste vraie des comtes d'Autun, que les historiens de la Bourgogne ont à peu près ignorée dans ses commencements au moins. Un diplôme de l'an 861 (1) indique, sous Pépin le Bref, comme premier comte Théodwin, dont le fils Théodoric lui succéda en 755 : il eut deux fils, l'aîné Winiterius fut comte après lui, et son autre fils après l'aîné, Théoderic, deuxième du nom (2), lequel eut pour successeur Hildebrand, fils d'Adelbert (3), ensuite Eccard (4), *olim bonæ memoriæ Eccardus comes*, et en 836 Théodoric III. En 840 (5), Eccard II, à la fois comte d'Autun, de Chalon et de Mâcon, fils de Childebrand et de Donane : il avait pour frère germain Théoderic (6) ; il fut marié deux fois, à Albegunde et à Richelde. Il est à remarquer que, dans le diplôme de Pépin de 839, le roi ne le qualifie point comte, mais seulement son fidèle nommé Eccard, *fidelem nostrum Heccardum nomine.*

Vinrent ensuite Winiter, *Winiterius* (7) ; Alderic, *Aldericus*

(1) A. DE CHARMASSE, *Cartul. Eglise d'Autun*, chap. VIII.— Voy. *Autun et ses monuments. Précis historique*, p. CXXV. — Pérard, p. 33, 34, 35.
(2) *Eodem loco*, ch. XVIII, de 816.
(3) Ch. XVI.
(4) Ch. XI.
(5) PÉRARD, *Cartul. de Perrecy*, p. 22.— Janvier 876, d'après M. Bulliot. *Hist. de l'abbaye de Saint-Martin d'Autun*, p. 117.
(6) *Ego Eccardus dono Dei comes, et conjux mea Richeldis... donamus pro animæ nostræ remedio, atque in eleemosine Childebranni genitoris mei, et genitricis meæ Donnanæ, nec non germani fratris mei Theoderici et uxorum mearum Albegundis atque Richeldis... Data in mense Januario, anno primo imperii domini Caroli Junioris.* Pérard. — Charte 1re.
(7) *Cartul. Egl. d'Autun*, p. 21, 24, 28, 30, 75, 87.

cité dans un diplôme de 861 (1) ; Isambard en 853, suivant un diplôme de l'empereur Lothaire (2), et Humfred, *Humfridus*, en 861 (3).

La *Gallia Christiana* nomme après eux, IV-364 et suiv, Adalard en 865, lequel était en même temps abbé de Saint-Symphorien (4) ; Boson, dit *le Magnifique*, en 879, qui mourut le 11 janvier 888, roi d'Arles et de Provence (5), et, après lui, en 880, son frère Richard, dit le *Justicier*, d'abord comte de Mâcon, le plus célèbre de tous : son autorité s'étendit bientôt sur les deux Bourgognes dont il fut duc et *comte bénéficiaire* jusqu'au 1er septembre 921, date de sa mort (6).

Raoul, *Rodulfus*, son fils aîné, lui succéda et conserva l'administration du comté, quoique couronné roi de France le 13 juin 923 ; mais, à son décès, 936, son frère cadet Hugues devint comte d'Autun.

D'après du Chesne, *Généalogie* de la maison de Vergy, p. 31, le comté vint par alliance à Manassès, seigneur de Vergy, beau-frère de Hugues, qualifié *Comes Heduensis* en 942 (Preuves, p. XXXIII), puis en 952 à Gislebert ou Gilbert, qui fut le dernier à porter ce titre (7). Ledegarde, sa fille, épousa Othon, second fils d'Hugues le Grand, duc de Bourgogne. En mourant, Gislebert fit Othon son héritier : le comté perdit alors

---

(1) ..... *Mansos sex quos olim Theodinus comes in beneficio habuit, et postea Theodoricus filius ejus, indèque Aldericus comites.* — Ce dernier était mort en 853, suivant un diplôme de l'empereur Lothaire.

(2) *Cart. Egl. d'Autun*, ch. XLVI.

(3) *Eodem loco*, ch. VIII.

(4) Dom Bouquet, VIII-33.

(5) Voici ce qu'en dit Fustaillier : *De urbe et antiquitatibus Matisconensium.* Ed. Yémeniz, p. 17 : « *Carolus cui cognomen Calvus fuit Galliæ regno potitur. Huic conjux Hymitandis fuit, qua à vivis sublata, Rachildem Bozonis sororem in concubinam primum, mox procerum suorum suasu, in uxorem, Ecclesiæ ritu, duxit. Erat autem Bozo filius Comitis Ardennarum, cui Bonino nomen fuit. Bozo autem propter sororem Comitatu Augustoduni donatur et Richardus Bozonis frater Matissanensi comitatu, anno altero et vigesimo postquam Carolus regnare cepisset..* » Bonin, comte d'Ardennes, est d'ordinaire appelé Beuve.

(6) Dans une charte de l'Église d'Autun de l'an 918, le comte Richard est dit avoir assisté avec Raoul et Bozon, ses enfants, à une restitution faite à cette église. (DOM PLANCHER, *Hist. de Bourgogne*, Preuves du vol I, no 19.)

(7) En 953, Robert, *Rotbertus*, était vicomte d'Autun : Pérard, p. 39.

son autonomie pour n'être plus qu'une simple division du
duché de Bourgogne, qui « comprit alors les diocèses de
Langres, d'*Autun*, de Chalon, de Mâcon, de Troyes, les archi-
diaconés de Sens et de Provence, auxquels on ajoute les comtés
d'Auxerre et de Nevers comme dépendances directes (1). »

A la mort d'Othon, frère d'Hugues Capet, arrivée le 22 février 965, le duché passa à Henri, son frère puîné, et, de lui,
à son neveu Robert, roi de France, fils de Hugues Capet,
en 1001. Quand le fils aîné de Robert, Henri Ier, duc de Bourgogne, devint à son tour roi de France en 1031, il remit le
duché à son frère Robert II, qui fut ainsi la tige des ducs de
la première race royale.

Vinrent ensuite Hugues Ier, son frère, Eudes Ier, puis
Hugues II, dont le fils Raimond de Bourgogne épousa Agnès
de Thiers, dame de Montpensier : il fut le père d'autre Henri,
mort jeune, et de Mahaud, mariée en secondes noces à Gui,
comte de Nevers et d'Auxerre, en 1168. Gui eut pour enfants
Guillaume V, comte de Nevers et d'Auxerre, décédé sans
alliance en 1181, et Agnès, comtesse de Nevers, d'Auxerre et de
Tonnerre, femme de Pierre II, seigneur de Courtenai, remarié
en 1193, devenu plus tard empereur de Constantinople.

Leur fille, Mathilde de Courtenai, appelée quelquefois
Mahaut, épousa à son tour, en 1199, Hervé IV, seigneur de
Donzy, dont elle fut cependant séparée pour cause de parenté (2).
Elle ne se remaria qu'en 1226 (1227 n. s.), après l'octave de
l'Epiphanie, avec Gui IV, comte de Forez, qui par elle eut le
comté de Nevers.

On voit par ce qui précède comment Mathilde put en 1224
après la mort, en 1223, d'Hervé de Donzy, son premier mari,

______

(1) *La grande Encyclopédie*, verbo Bourbonnais, I-774.
(2) En octobre 1208, Hervé, comte de Nevers, reconnut tenir de l'évêque
d'Autun, de la volonté de la comtesse de Chalon. le fief de Bourbon
(Lancy) et l'hommage de son château, *in feodo Borbonium et honorem
ejusdem castri ab episcopo Eduensi* ; il y ajouta Saint-Hilaire, Pierrefitte,
Chantemerle et Ulliaux (Huilliaux). — *Cartul. Evêché d'Autun*, p. 187. —
Béatrix, comtesse de Chalon, donna la même année son consentement à
cette reprise du fief. (*Ibid.*, p. 116.)

accorder une charte de franchises, qui fit devenir ville le simple bourg appelé, comme nous le dirons plus loin, *Bourbon-Lanseiz*.

L'original de ces franchises est perdu depuis longtemps : il l'était avant la Révolution, puisqu'on lit dans le registre des délibérations de la ville de Bourbon la mention que voici : « Séance du 19 juillet 1775 : le sindic a mis sur le bureau deux coppies du titre de confirmation des privilèges de Bourbon de l'an 1259, contenant la relation de l'ancienne concession de l'an 1224, expédiées au bureau des finances de Moulins le 4 mars dernier, dûment signées et scellées (1). »

Suivant Ducourneau et Monteil, *La France Nationale, Bourgogne*, p. 234, les privilèges de Bourbon consistaient seulement en droits de pêche dans la Loire et d'usage dans les forêts de Bourbon pour chauffage et bâtisse. Mais ces assertions, basées on ne sait sur quoi, sont incomplètes, car M. Canat de Chizy, le regretté président de la Société archéologique de Chalon-sur-Saône, a publié un fragment de cette charte dans ses *Documents inédits pour servir à l'histoire de Bourgogne*, I-160 : il explique les droits que les habitants avaient à payer annuellement pour leurs maisons et pour un arpent de terre, pour les terres de Chamon qui étaient d'un septième, et pour les autres terres, d'un douzième. — Ils avaient l'usage dans les forêts pour chauffage et bâtisse et droit de pêche dans les eaux en temps permis. — Les délits des forains se partageaient par moitié entre le seigneur et ses sujets, sauf le rapt, l'homicide et le vol, qui restaient à la volonté du seigneur. — Aucun habitant ne pouvait sortir sa cause à plaider hors des limites de Bourbon..., etc. (2). M. de Chizy ajoute cette réflexion de grand intérêt, que « l'existence d'une bourgeoisie, institution

---

(1) *Inv. des archives municipales*, fo 29.

(2) Ce qui reste de cette charte de Bourbon semble prouver qu'elle était un rejeton des franchises accordées en 1155 par le roi Louis VII aux habitants de Lorris en Gâtinais, franchises que M. Prou montre avoir été données en termes à peu près identiques à 83 villes ou villages. — Voyez son livre *Les Coutumes de Lorris et leur propagation aux XIIe et XIIIe siècles*, 1884.

rare en Bourgogne, peut faire penser que la coutume de Bourbon, octroyée par des princes étrangers à ce pays, différait en quelques points des coutumes bourguignonnes (1).

La charte de Bourbon (2) fut confirmée par Eudes, fils aîné de Hugues IV, duc de Bourgogne, devenu comte de Nevers par son mariage avec Mahaut, comtesse de Nevers, fille d'Archambaud de Bourbon, puis seigneur de Bourbon-Lancy à la mort de la comtesse Mathilde. C'est, nous le répétons, de cette époque 1224 que date certainement la *ville de Bourbon-Lancy*, bourg jusque-là composé de quatre petits villages indépendants l'un de l'autre, dont le plus considérable était Saint-Léger (3).

Il est certain que le pays de Bourbon-Lancy n'a jamais fait partie du Bourbonnais proprement dit : pourquoi trouve-t-on l'affirmation contraire dans presque tous les auteurs ? Nicolas de Nicolay, qui écrivait en 1562 sa *Description du Bourbonnais*, quoiqu'il le comprenne dans son rapport, le confirme en disant que « le bailliage de Bourbon-Lancy est limitrophe au païs de Charollois et se limite au fleuve Arroux, qui vient devers Austun *et se confine au païs de Bourbonnois par la séparation du fleuve et rivière de Loyre* et est séparé du païs de Morvant par la rivière de Cercis-la-Tour. »

C'est cette prétendue communauté avec le Bourbonnais qui a fait dire ceci à saint Jullien de Balleure (4) : « Est à noter que combien que l'ancienne baronnie de Bourbon (5) soit

---

(1) *Terrier de Bourbon de 1438.*

(2) Les franchises les plus anciennes en Bourgogne sont : Paray-le-Monial, 990 ; — Dijon, 1183 ; — Tournus, 1202 ; — Beaune, 1203 ; — Buxy, 1204 ; — Nuits, 1212 ; — Châtillon-sur-Seine, 1213 ; — Rouvres, 1215 ; — Talant, 1216 ; — Chalon, 1221 ; — Salives, 1221 ; — Mirebeau, 1223, etc. Mâcon n'a eu la sienne qu'en 1226.

Il faut ajouter à cette liste les *coutumes et usages* établis à Cluny par saint Hugues (1049-1109), mentionnés dans une charte donnée vers 1172 par l'abbé Etienne de Boulogne, qui constituaient de véritables franchises sous un autre titre. (Voyez H. PIGNOT, *Hist. de Cluny*, II-480.)

(3) Ce n'est qu'en 1496 que fut érigée en paroissiale l'église Notre-Dame de Bourbon, autrefois simple chapelle (*Arch. municipales*, GG, 9).

(4) *De l'origine des Bourgongnons*, p. 347.

(5) Bourbon-l'Archambault (Allier).

esté érigée en comté et finalement en duché, en faveur des princes (qui outre la possession) en ont prins le nom : si est-ce que le bien primitif de la baronnie fut partagé entre deux frères Anseaulme et Archimbault, tous deux s'intitulaient *barons de Bourbon* et chaccun d'eux bastit une place nommée Bourbon. Celuy d'Anseaulme, soit du nom de son fondateur, soit parce qu'il appartenoit à l'ancien, fut surnommé Bourbon l'Ancien, et (par corruption de langage) l'Ancy, comme aussy celuy d'Archimbault fut et est encore Bourbon-l'Archambauld... »

Aussi Papire Masson, dans sa *Description des fleuves de la Gaule*, p. 3o, l'appelle-t-il *Borbo Ancius* : « *Et quidem Liger amnis*, écrit-il, *circuitum longum facit circa castellum cui Borbonio Anceo nomen in Heduorum finibus.* » Notre bon auteur forézien a-t-il rêvé qu'il prétend que la Loire, qui en est à 5 kilomètres, fait un long circuit autour du château : il n'avait probablement jamais vu les lieux. Nicolay dit à son tour « la dérivation estre venue d'un mot corrompu appelé Bourbon Lancy pour Bourbon l'Ancien ; les autres l'appellent Lancy du mot *Lance*, qui estoit le nom d'un filz de Bourgoigne, sieur et baron du dict Bourbon. »

Voilà pourtant comment au XVIe siècle écrivait un historien que nous nommerons *officiel*, puisqu'il « faisoit la description du Bourbonnais, de l'ordre du roi Charles IX et de Catherine de Médicis, sa mère. »

Faut-il encore mentionner un manuscrit laissé par un Bénédictin de Cluny, qui conclut naïvement que les eaux thermales de Bourbon-l'Archambault « n'avaient point encore sourcillées en ce lieu. Ces eaux ayant été depuis peu découvertes, on lui donna le nom de Bourbon-les-Bains au préju-

(1) Nous n'avons trouvé dans aucun document antérieur au XIVe siècle que Bourbon-Lancy ait porté le titre de baronnie, ce mot ayant d'ailleurs, avant cette époque, une toute autre signification : ce n'est qu'en 1367 que Gibaud de Mello, seigneur d'Espoisses et de Bourbon-Lancy fait aveu au duc de Bourgogne de la *baronnie* de Bourbon-Lancy (HUILLARD-BRÉHOLLES, *Inv. des ducs de Bourbon*, I-3009). Ses successeurs, les La Trémouille, se dirent *barons* de Bourbon.

dice de l'ancien Bourbon-les-Bains ou Bourbon Lancy, qui n'en a pas moins conservé ses eaux minérales que plusieurs médecins préfèrent aux nouvelles (1). »

L'erreur était bel et bien lancée partout : elle a fait son chemin jusqu'à nous. En voici la preuve :

Du Bouchet, dans son *Histoire de la maison de Courtenai,* 1661 ;

La Thaumassière, *Histoire du Berri,* 1689 ;

Les Pères Pierre de Guibours, dit le Père Anselme ; François Roffart, dit le P. Ange ; Pierre Lucas, dit le P. Simplicien ; les frères Scévole et Louis Sainte-Marthe, *Histoires généalogiques de la maison de France,* 1619-1674-1726 ;

Coiffet-Demoret, *Histoire du Bourbonnais,* 1716 ;

Chasot de Nantigny, *Tablettes historiques,* 1736 ;

Les savants auteurs de l'*Art de vérifier les dates,* 1770 et suivantes ;

Courtépée, *Description de la Bourgogne,* 1774 ;

Achille Allier, l'*Ancien Bourbonnais,* 1833 (2) ;

La *Grande Encyclopédie, verbo* Bourbon-Lancy, en cours de publication, etc., etc. ;

Tous ont affirmé la communauté d'origine des seigneurs de Bourbon-l'Archambault et des Bourbon-Lancy, en y ajoutant celle des seigneurs de Montperroux, de Montmort, de la Boulaye, de Classy et de Vitry.

Mgr Paul Guérin, dans son grand ouvrage le *Dictionnaire des Dictionnaires,* 1889, plus bref et plus prudent, s'est contenté de dire que « Bourbon doit son nom à l'Apollon gaulois Borvo et son surnom à l'un de ses derniers seigneurs, Anséric (3). »

Le plus affirmatif encore est M. Bernard-Langlois, *Etudes sur Bourbon-Lancy,* 1865, I-44, qui ose écrire qu' « en 953, Anséric, Anseau ou Anselme fut désigné par son père Aymon comme héritier du château des Thermes ! »

<hr>

(1) ACH. ALLIER, l'*Ancien Bourbonnais,* I-178.
(2) Cet auteur dit notamment que « le Bourbon des rives de la Loire s'appelait indifféremment au moyen âge l'Anseaume ou Lancy », et il ajoute très sérieusement : « C'est la double corruption du mot Ansérik, l'une par la langue d'*hoc,* l'autre par la langue d'*hoyl.*
(3) Vol. II, p. 253.

Faut-il noter encore qu'on trouve la forme *Bourbon-Nancy* dans Pasquier et Rabelais, sans doute pour se rapprocher plus sensiblement de l'*Aquæ Nisincii* de la table de Peutinger : l'autorité de ces deux écrivains prouverait tout au plus que de leur temps, quelques personnes, songeant à la ville de Nancy, prononçaient ainsi le nom Bourbon-Nancy. Mais il ne suffit pas, pour ériger un fait douteux en dogme historique, de l'accord unanime des savants.

Déjà, en 1865, M. Chazaud a protesté tacitement, mais sans tenter d'éclaircir la question d'origine, et cependant, dans les titres véridiques qu'il produit, — nous ne parlons pas de ceux fabriqués par le Père André, — il n'a jamais trouvé mentionnés des seigneurs de Bourbon-Lancy, soit comme parties intéressées, soit comme témoins : ce qui serait arrivé certainement s'il y eut eu communauté d'origine.

Nous avons cherché à mieux faire et nous avons demandé la solution aux Cartulaires de la région, échappés aux flammes révolutionnaires, notamment aux Cartulaires de Paray-le-Monial et de Cluny. Le travail a été fort long, surtout pour ce dernier recueil, qui comprend déjà 3,655 chartes publiées en quatre gros in-4° : nous serons amplement récompensé de nos efforts si l'on juge que, dans les articles suivants, nous avons fait la lumière complète sur cette intéressante question historique absolument neuve.

II.

LES BAINS ANTIQUES

Les bains de Bourbon-Lancy, connus déjà des Gaulois (1), reçurent des Romains, probablement sous la direction de

(1) AUBERY, *Les Bains de Bourbon-Lancy et Larchambaud*, 1604, p. 49. Courtépée, I-127, assure aussi que Bourbon-Lancy fut nommé la Rome celtique.

Nisincius, d'où leur nom *Aquæ Nisincii* (1), des embellissements
considérables dont les restes souterrains accusent encore
aujourd'hui la somptuosité et la grandeur ; il fallait bien
mettre au niveau de la civilisation raffinée des conquérants
les vieux bassins naturels et primitifs des Gaulois. Mais quel
était du temps même des Celtes le nom du lieu ? Aucun document ne l'indique. Faut-il, en voyant la forme *Burbunensis
pagus* que révèle un titre de 980 recueilli par Pérard, p. 31 (2),
conclure qu'il était *Burb* ou *Bwrb*, en français *Bourbe* ou *Boue* ?
C'est à croire, car il indique bien l'état dans lequel sourdaient
ses eaux chaudes avant les Romains, au bas d'une roche
quartzeuse, que domine en face (3) une colline élevée formant le dernier anneau de la chaîne granitique des monts du
Morvan.

D'ailleurs, cette étymologie a pour elle d'imposantes auto-
rités :

Du Cange, dans son *Glossaire*, dit ceci : « *A voce burba quidam
dicta volunt Borbonium Archimbaldi et Borbonium Anselmium quod est
urbes aquarum abundantia lutosæ sint ac cenosæ.* » — Ménage, *Dictionnaire étymologique* : « Il y en a qui croient que ces lieux ont
été ainsi appelés à cause des *bourbes* dont ils sont pleins. » —
Expilly, *Dictionnaire des Gaules et de la France* : « On croit avec
raison que la ville dont il est question (Bourbon-l'Archambaud) a pris son nom de la *bourbe* qui est au fond de ses
eaux (4). »

Ce qui est certain, c'est que les Romains, politiques et
théistes avant tout, et choisissant dans leur langue le nom qui

---

(1) C'est ainsi qu'Aix. *Aquæ Sestiæ*, dut à C. Sextius, qui découvrit ses
eaux thermales, sa fondation, puis son titre de capitale de la Provence.
(Courtépée, III, 178.)

(2) Cette charte est intitulée : *Bernardus ad victoriam potiendam de
Arvernis et Allobrogibus, reliquias sanctorum secum defert et victor exsti-
tit.* On y lit ces mots : *Bernardus in Burbunensi pago obviat hostibus.*

(3) Entre deux est le ruisseau de Borne, dont les subites inondations
ont été souvent funestes aux Thermes, notamment en 1543. Ses débordements ont creusé profondément la vallée au-dessous de l'ancien château.

(4) Nous ne donnerons que pour mémoire la flatteuse origine d'Olivier
de la Marche : un *bon bourg* retourné en un *bourg bon*.

s'en rapprochait le mieux, substituèrent à l'appellation gauloise un dieu topique, BORMO, évidemment dérivé du celtique *burb*, le génie gaulois des eaux thermales, et DAMONA, déesse de même origine (1).

Bormo ou *Borvo*, dit Roger de Belloguet dans une lettre insérée dans la *Revue du Lyonnais* de 1859, p. 71, est identique à l'armoricain Bourbon, *Bourbonem*, ampoule, ébullition et bouillonnement, en erse d'Ecosse, *borb*, enfler, enflammer. Quant à *Damona*, épithète ou mieux divinité souvent associée à *Bormo*, ce nom est exclusivement thermal, car il se compose d'une racine celtique *Tum*, qui signifie chaud : en armoricain *Tomm* (*Thomma*, chauffer) et de la finale *ona*, du celtique *tonn*, l'onde, la vague, soit la divinité aquatique connue dans *Eponu*, *Divona*, *Nemetona*, *Sirona*, etc. (2). C'est au reste l'opinion d'Adrien de Valois, et encore celle de M. Berger de Xivrey dans sa curieuse lettre à M. Hase sur Bourbonne-les-Bains, p. 56, où il est dit que « *Borvo* est particulièrement le génie de la boue salutaire de ses eaux. » Ainsi le génie gaulois Borvo et sa parèdre Damona établissent le double caractère d'alors des bains de Bourbon-Lancy, d'être boueuses et chaudes.

On ne peut douter de ces faits en voyant la curieuse inscription encastrée dans la mer des thermes actuels de Bourbon-Lancy :

C IVLIVS EPOREDIGIS F MAGNVS

PRO L IVLIO CALENO FILIO

BORMONI ET DAMONAE

dont la forme gallo-romaine ne peut être récusée (3).

(1) M. Monnier, dans l'*Annuaire de Saône-et-Loire de 1851*, p. 264, dit avec quelque raison que le nom d'*Aquæ Nisencii* dura le temps de l'occupation romaine, mais qu'après la chute de l'Empire, la ville reprit son nom celtique de *Burbo* ou *Borvo*, sous lequel était, dit-on, adoré, chez les Celtes, le Dieu qui présidait aux sources thermales.

(2) Voy. *Ethnologie gauloise*, glossaire, p. 378 et 192. C'est la déification des eaux de Bourbon.

(3) Eporedix est généralement considéré comme le patriote éduen des Commentaires de César : *Eporedorix Œduus, summo loco natus adolescens et summæ domi potentiæ*. (Liv. VII-39.) En octobre 1847, on a trouvé à Autun une autre inscription citant ce personnage et son fils Magnus :

M. Greppo, *Etude sur les eaux thermales,* ajoute ces deux autres de Bourbon-Lancy, dont la première avait été lue en 1774 à Bourbon par Courtépée, III-179 :

<table>
<tr><td>BORVONI ET DAMONAE</td><td>. . . A.EST.SAC.</td></tr>
<tr><td>T. SEVERIVS. MO</td><td>. . . SILICA. V. . .</td></tr>
<tr><td>DESTVS. OMNES</td><td>. . . RVONI.ET. .</td></tr>
<tr><td>HONORIBVS.ET.OFFICIIS</td><td>. . . . .</td></tr>
<tr><td>APVD. AEDVOS. FVNCTVS</td><td></td></tr>
<tr><td>V. S. L. M.</td><td>(P. 57)   (1)</td></tr>
<tr><td>(P. 56.)</td><td></td></tr>
</table>

« Il serait au surplus ridicule, dit l'abbé Greppo, de chercher une autre étymologie que celle de son dieu topique. » (p. 58.)

Il paraît utile de rapprocher de ces textes lapidaires une inscription trouvée à Bourbonne-les-Bains, qui associe à *Bormo* ou *Borvo*, et à *Damona*, Apollon, *Apollo Grannus*, le dieu protecteur des eaux salutaires chez les Gallo-Romains : elle est citée par Orelli sous le n° 5886 :

DEO APOL

LINI BORVONI

ET DAMONAE

C DAMINIVS

FEROX CIVIS

LINGONVS EX

VOTO

Henzen, le continuateur d'Orelli, a soupçonné à tort dans Borvo un simple surnom d'Apollon (*p. 23 de la table*) : le sur-

----

C. IVL. C. MAGNI. F. C

EPOR. IRIGI N PROCVLVSPSF

Les chefs gaulois n'ont point attendu l'asservissement complet de leur patrie pour latiniser leur nom.

(1) Nous proposons de la restituer ainsi :

*Ill*A EST SAC*rata*

*B*ASILICA *votis*

*B*ORVONI ET *Dam*

Onae et Apolloni

Les mots *et Apolloni* sont douteux, mais ils terminent exactement la quatrième ligne.

nom d'Apollon était *Grannus*, épithète qui signifie le dieu à la belle chevelure (1).

Il y a apparence qu'Apollon Grannus fut, après la conquête, le protecteur des eaux de Bourbon-Lancy, *Apollo noster*, dit Eumène, et que l'inscription incomplète, ci-dessus rapportée, fut posée sur la basilique, *illa basilica sacrata*, qui lui fut consacrée, ainsi qu'à Bormo et à Damona. Son culte disparut sans doute sous les coups du célèbre thaumaturge des Gaules, saint Martin de Tours, qui, en l'an 376, substitua à ce temple l'église, qui avait conservé le vocable de ce saint apôtre (2).

Les chrétiens agirent de même, selon le précepte de saint Grégoire, qui recommandait d'utiliser ce qui pouvait servir. L'Eglise succédait ainsi au paganisme et tournait, au profit de la foi nouvelle, des habitudes développées par le culte des faux dieux. Souvent même, elle lui empruntait ses chants et ses cérémonies ; elle eut comme lui des fêtes, des processions, des images ; à travers tout le moyen âge, les réunions du peuple, l'époque des fêtes, les noms mêmes du paganisme se sont conservés, mais épurés par l'Evangile et revêtus d'une signification nouvelle (3).

E. Révérend du Mesnil.

(*A suivre.*)

---

(1) Le Musée départemental de Moulins possède « un buste d'Apollon surmontant la caisse d'un tronc à offrandes » ; il provient de Vichy, aussi sa couronne est tressée de lotus. C'est une pièce unique, destinée à recevoir les offrandes de ceux qui avaient trouvé la santé dans l'usage des eaux thermales. — F. Pérot, *Visite aux musées de Moulins*, 1894, p. 24.

(2) Voy. la communication de M. Bulliot à la Société éduenne le 30 mai 1892, relative aux restes de l'ancienne église Saint-Martin, sur la colline (*Annales*, XX-393). Il y indique un autre fragment d'inscription trouvé à Bourbon-Lancy dans un puits et signalé par notre confrère, M. A. Bertrand ; elle annonce « un décret ayant pour but d'amener des eaux, ou du moins de réparer une fontaine dans l'intérêt des Thermes. » — Le Musée d'Autun possède différentes pièces lapidaires provenant de ces thermes.

(3) G. Bulliot, *Hist. de l'abbaye de Saint-Martin d'Autun*, I-19.

ESSAI

SUR

L'ENSEIGNEMENT DU DESSIN

(EXTRAIT)

DE LA GÉNÉRATION DES FORMES *(suite)*

Ces formes, dont on vient de constater la possibilité, il s'agit de les voir dans leur réalité, de montrer les causes premières de leur existence et de faire ressortir les diverses phases de cette existence.

L'étendue se présente sous plusieurs aspects. Elle est corporelle quand elle se développe de toutes parts en largeur, en profondeur et en hauteur. Elle est superficielle quand elle a le caractère d'une section opérée dans l'étendue corporelle. Son extension se produit alors dans deux sens comme en largeur et en profondeur. Elle est linéaire lorsqu'elle résulte d'une section dans la superficie.

Ces trois sortes d'étendues sont, chacune dans leur genre, illimitées, indéfinies. Mais la première est la plus parfaite. Elle résume toutes les autres et renferme tous les sujets qui existent.

Ces sujets, qui s'appellent corps, surfaces et lignes, sont des portions plus ou moins grandes de l'étendue dont ils procèdent.

L'étendue habitée n'est pas le propre du monde physique.

On la retrouve dans l'âme, où elle constitue le monde moral. On la retrouve aussi dans le séjour factice que les arts créent au champ d'une surface par les moyens qui sont en leur pouvoir.

Il semblerait, tout d'abord, que ces mondes diffèrent entre eux d'une manière sensible. Pourtant, leurs sujets ont une origine commune ou, si l'on préfère, ils sont composés des mêmes éléments. Ce qui les distingue, en réalité, c'est la nature de la substance employée par eux pour exprimer l'existence de ces sujets.

La substance est indéfinissable. On peut dire seulement qu'elle est matérielle ou immatérielle et que, dans ces deux états, elle est l'essence même de tous les êtres comme les forces naturelles et les puissances de l'âme en sont les causes premières.

Dans le monde physique, la matière est composée des fragments infiniment réduits appelés particules. Les forces naturelles agissent sur ces fragments et, en les rapprochant plus ou moins, elles font naître des corps à l'état solide, liquide, vaporeux, gazeux, d'une étendue et d'une configuration éminemment variables. Si l'on admet, en outre, que chaque particule a une couleur, une odeur, un son, une saveur, un poids, qui lui sont propres, on se représente facilement la variété des êtres obtenus par leurs combinaisons.

Il est inutile d'insister davantage sur ces sujets. On dira seulement qu'ils sont animés ou inanimés, que tous obéissent au mouvement communiqué qui traduit la direction et la puissance des forces extérieures et que les animaux seulement sont doués du mouvement volontaire et instinctif qui exprime leur force et leurs intentions.

Ces êtres sont les sujets de l'étendue corporelle et se présentent sous forme de masses distinctes et indépendantes les unes des autres. Il est impossible à la matière de se constituer sous deux ni sous une seule dimension. Si menues qu'on puisse supposer les particules, elles accusent encore une épais-

seur incompatible avec l'état superficiel et linéaire. C'est pourquoi les surfaces et les lignes ne se rencontrent que groupées
ensemble à la limite des corps. Il n'en est point ainsi dans
l'âme et dans le monde factice, où la substance est immatérielle ou simulée. Elles peuvent être en dehors de toute par-
ticipation étrangère.

L'âme entre en communication avec les sujets extérieurs
par l'intermédiaire des sens. Les organes dont ces derniers sont pourvus ont des aptitudes spéciales. On sait que
celui de la vue reçoit les impressions de configuration, d'étendue et de couleur ; que celui du toucher reçoit celles de configuration, d'étendue, de résistance, etc., et que les organes de
l'ouïe, de l'odorat et du goût s'approprient celles des sons,
des odeurs et des saveurs.

L'ensemble des qualités ainsi recueillies sur un être constitue ce qu'on peut appeler sa forme générale sensible. Les impressions correspondantes à ces qualités sont collectivement
ou simultanément transmises à l'âme et lui donnent la sensa-
tion du sujet qui les a fournies. Mais pour que leur réception
soit définitive, il faut que la conscience ratifie l'acte des sens,
qu'elle s'assimile la forme et la retienne. C'est à cette condition qu'elle peut l'analyser ou la mettre en parallèle avec
d'autres. Tous les sujets extérieurs qui tombent sous les sens
peuvent ainsi passer dans le monde métaphysique.

Mais il est rare que l'âme les conserve dans leur état primitif. Avec les notions puisées dans la contemplation des
hautes vérités, elle se compose un idéal auquel elle rapporte
non seulement ce qu'elle acquiert, mais encore ce qu'elle
imagine. La comparaison entre ce qui est et ce qui est mieux
l'amène à modifier, à perfectionner les objets de ses sensa-
tions en rétablissant l'harmonie là où elle fait défaut.

C'est en s'inspirant des mêmes vérités qu'elle combine les
éléments de provenance extérieure et enfante les sujets arti-
ficiels que nous connaissons, sujets dont le caractère variable
est tantôt élevé, pratique ou fantaisiste.

Mais la substance immatérielle, dans laquelle s'incorporent les êtres acquis, modifiés ou imaginés, n'a pas une consistance à toute épreuve. Les formes qu'elle produit sont fugitives. Et, pour des raisons multiples, elles peuvent s'évanouir même complètement. L'âme le sait, du reste, et quand elle y a intérêt, elle se hâte de leur assurer un moyen d'existence plus durable. Elle atteint son but par un changement de substance.

La matière inerte, stable et résistante, présente des garanties qui la recommandent spécialement dans la circonstance. C'est à elle que l'âme confie le soin de rendre sensibles, non pas toutes les qualités de la forme générale, mais au moins les plus importantes, celles qui contribuent immédiatement à la réalisation du sujet, les qualités essentielles. Ces dernières, peu nombreuses et bien caractérisées, sont la configuration, l'étendue et la couleur. Mises en évidence par la substance matérielle, elles tomberont sous le sens de la vue, puisqu'elles sont extérieures et pourront faire partie du domaine public aussi longtemps qu'il est possible de le souhaiter. Au reste, la matière leur imprime une physionomie particulièrement suggestive, capable de réveiller le souvenir des qualités secondaires qui sont absentes.

La forme métaphysique, ainsi réduite à sa plus simple expression, peut opérer sa métamorphose dans le monde physique ou dans le monde factice. Les circonstances de lieu, qui ne sont point les mêmes dans les deux cas, font naturellement varier les moyens et les procédés de réalisation.

Dans le monde physique, le sujet doit faire partie de l'étendue corporelle. La matière est, en conséquence, utilisée en masse. On taille le sujet dans cette masse ou bien on l'obtient par le rapprochement de blocs travaillés pour se raccorder. En dehors de la résistance, ce qu'on recherche le plus dans la matière, c'est la pureté et la finesse de la texture qui permettent un rendu soigné. Mais à ces qualités, qui sont les conditions premières de l'état artificiel, il est presque impossible d'ajouter celles de la couleur. Quelles que soient les précautions prises pour approprier les nuances de la matière à la nature du sujet, on n'y parvient pas toujours. L'âme n'est point tentée non plus de vaincre les difficultés de ce genre. En traduisant ses sujets, elle cherche d'abord à satisfaire cet idéal suprême qui exhorte à la sobriété et réprouve les discordances. A moins de raisons spéciales, qui n'ont qu'une parenté discutable avec celles qui régissent l'art, elle fait de grandes réserves quant à la couleur. Elle préfère opter franchement pour la configuration que les circonstances favorisent, du reste, d'une manière frappante.

Dès qu'on aborde le monde factice, la façon d'envisager et d'employer la matière est tout autre. On ne la considère plus que pour ses propriétés colorantes. Et comme ces propriétés atteignent à des proportions relativement très grandes sous un volume restreint, il est évident que la substance ne peut plus jouer qu'un rôle secondaire en tant qu'il s'agisse de sa quantité. Il n'est plus question, après tout, d'accuser le volume des sujets, mais de le simuler. L'espace dans lequel ils seront situés, leur configuration, leur étendue, seront illusoires. Rien de ce qui les concerne ne tombera sous le tact ; tout sera factice, excepté la couleur.

Les nuances de coloration uniforme, telles qu'un gris, un rouge, un jaune, quelconques, mises à la disposition de l'âme par la matière, sont très variées. Et en se mélangeant, elles accroissent encore leur nombre d'une façon si prodigieuse qu'il devient possible de reproduire à peu près toutes les colorations, toutes les intensités, toutes les vivacités que la nature possède ou inspire.

Pour avoir une idée complète des conditions dans lesquelles se produit la réalisation du sujet factice, il est encore nécessaire de s'arrêter à certaines considérations relatives à la configuration et à la couleur.

Rappelons tout d'abord que l'âme perçoit les sujets sous deux aspects caractéristiques. Le premier, l'aspect perspectif, lui est révélé par les sens. Il résulte de la conformation de l'organe de la vue. Le second, l'aspect géométral, est le propre de la conscience. Ces deux manières d'être qui, pour l'âme, n'en font qu'une, mais se traduisent d'une façon différente, personnifient les seuls modes suivant lesquels puissent se manifester les habitants du monde factice.

D'autre part, les nuances colorées qui existent à la superficie des sujets ont des attributions différentes. Les unes, fournies par la matière, expriment plutôt les qualités intimes du sujet. Les autres, déterminées par la lumière et appelées teintes d'ombre, prennent une part directe à la révélation des qualités extérieures, comme celles du relief de la configuration.

Il est facile de voir maintenant en quoi consiste l'introduction d'un sujet de l'âme dans l'espace factice. D'une manière générale, il s'agit d'exprimer d'abord sa configuration perspective ou géométrale dans ce qu'elle a de linéaire, puis d'appliquer, dans l'intérieur des surfaces limitées, les deux espèces de nuances colorées dont il vient d'être question. L'opération prendra fin dès que la coïncidence entre les qualités de la copie et celles du sujet sera établie.

Quand l'âme dispose de toutes les nuances comprises entre le blanc et le noir, qui sont les deux extrêmes, elle va jusqu'à égaler la nature, jusqu'à illusionner les sens, jusqu'à se surpasser elle-même.

Mais malgré les avantages qu'elle retire de l'application totale de ces nuances, elle n'en use pas toujours. Elle se contente souvent de la physionomie élémentaire donnée par les intensités diverses d'une couleur unique. Cette physionomie est, du reste, positivement expressive, puisqu'elle peut rendre l'étendue et le relief complet du sujet.

J. Vié.

LE MONASTÈRE
DE CHANTELLE

AU POINT DE VUE ARCHÉOLOGIQUE

HANTELLE (*Cantellum, Chantellum, Cantullensis pagus, Cantilia*), chef-lieu de canton de 1,919 habitants, est situé au croisement de la route de Gannat à Montmarault et de celle de Saint-Pourçain à Montaigu-en-Combraille, passant par Bellenaves. Elle est, en plus, desservie par la ligne de chemin de fer économique de Varennes à Commentry et par celle de Chantelle à Ebreuil, passant par Saint-Bonnet-de-Rochefort. Rien, comme on le voit, ne manque à cette petite ville qui même, devançant ses congénères dans le progrès, s'est éclairée à la lumière électrique. Cette ville fin de siècle est orgueilleusement assise sur un promontoire, s'élevant graduellement depuis les plaines fertiles de Taxat-Senat et d'Ussel, où il laisse le Boublon parcourir en méandres sinueux cette riche campagne. De ce promontoire se détache, abrupt et escarpé, un rocher de granit qui, s'avançant fièrement dans la vallée de la Bouble, force celle-ci à détourner son cours et à l'entourer à l'est, au nord et à l'ouest d'une gorge profonde, pour lui faire ainsi un rempart naturel. Nos pères, si amoureux de positions stratégiques, ne pouvaient pas dédaigner celle-ci. Aussi, pour défendre le passage de la rivière et surveiller le pont qui la traversait à trois kilomètres en amont, n'ont-ils pas hésité à construire à la cime de ce rocher à pic sur la Bouble, un château inexpugnable qui a donné à la ville toute son importance.

On prétend que c'est César qui, après s'être emparé d'Avaricum et marchant sur Gergovia, vint le premier y établir un camp retranché. Cela se peut ; mais, sans remonter si loin, nous voyons déjà, sous Pépin le Bref, Chantelle assez puissante pour forcer ce prince, allant faire la conquête de l'Auvergne, à s'arrêter et à faire un siège en règle de cette place. Dans cette lutte inégale, Chantelle fut battue et dut ouvrir ses portes au roi de France. Toute la garnison fut emmenée captive. Pépin donna ce château à Nibilong, l'un de ses capitaines, qui devint la souche des Bourbons.

C'est de Chantelle qu'en 1523 le connétable de Bourbon partit pendant la nuit pour l'Italie, après avoir pris la précaution de faire ferrer ses mulets à contre-pied. Après la défection du connétable, cette place fut démantelée, mais elle resta cependant assez puissante pour inquiéter les huguenots, auxquels elle résista longtemps. Pourtant, cette ville fut prise et pillée en 1580 par les protestants, et c'est de Chantelle qu'en 1593 M. de Chazeron ordonna aux différentes paroisses des environs de lui fournir ce qui lui était nécessaire pour soutenir la cause du roi. Mais voilà Richelieu ; avec lui, tous les forts un peu considérables disparaissent, et celui de Chantelle, subissant le sort commun, ne put résister à cette nouvelle démolition. Aussi, de cette forteresse, ne reste-t-il plus que l'emplacement, la *motte à Bourbon*, motte féodale élevée sur le rocher même, et avec cela quelques pans de murs et quelques souterrains.

Dans l'enceinte même de leur château fort, les Bourbons avaient enfermé, au nord, le prieuré de Saint-Vincent, fondé au Xe siècle par un Airald, et, de ce couvent, où résidaient des Génovéfains, il nous reste des bâtiments claustraux du XVe siècle et une chapelle romano-auvergnate du XIe siècle.

CHAPELLE DU COUVENT

Ce monument, avec ses trois belles nefs romanes, ses trans-septs et son chœur en hémicycle, entouré, comme d'une couronne par son déambulatoire, d'où rayonnent trois chapelles absidales, nous offre une vraie croix latine qui n'a rien de byzantin.

Du bas de la nef au mur de la chapelle qui termine l'abside, nous avons 38 mètres, la nef a 18 mètres de longueur sur 13 de largeur. La nef centrale est recouverte d'une voûte en tiers-point très élevée (15 m.), qui est soutenue par deux arcs-doubleaux également brisés et venant retomber sur une des quatre colonnes cantonnant les piliers carrés. Ces piliers, qui séparent notre église en trois nefs de trois travées, semblent un peu faibles et n'avoir jamais été faits pour soutenir une voûte aussi élancée ; mais celle-ci n'aurait-elle pas pris la place d'une voûte plein cintre qui, primitivement, recouvrait notre nef? Nous dirons la même chose des arcs donnant accès aux nefs latérales, ils sont trop faibles pour le poids qu'ils ont à supporter. Les deux bas-côtés sont remarquables par l'élancement de leur voûte en arc de cercle d'un très grand rayon. Ce n'est plus du tout la voûte ordinaire en quart de cercle ; ici, en effet, au lieu d'avoir la moitié d'un plein cintre, nous avons la moitié d'un arc aigu et, si nous réunissions nos deux voûtes des bas-côtés, nous retrouverions à peu de chose près la voûte en tiers-point qui couvre la nef du milieu, et elle serait même, je crois, plus élancée. Les arcs-doubleaux qui la soutiennent ont la même courbe et le tout va contre-bouter bien haut la voûte centrale. Les colonnes appuyant aux murs et d'où partent ces arcs-doubleaux s'élèvent moins haut que leurs correspondantes engagées aux piliers séparatifs des nefs et, chose à remarquer, ces dernières ne supportent rien. Il n'est pas naturel que l'architecte ait placé là ces colonnes pour ne rien soutenir et n'avoir aucune utilité, voire même pour gêner, puisqu'elles rétrécissent ces nefs latérales déjà

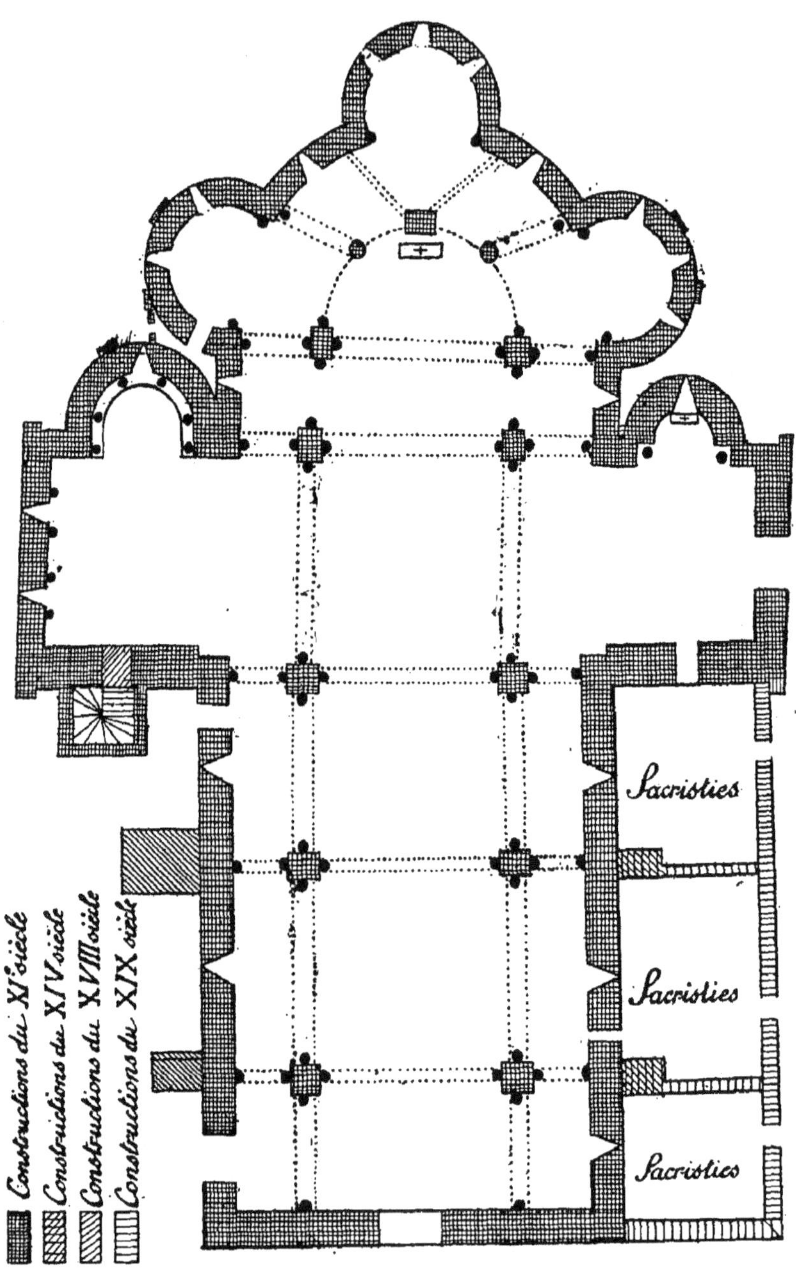

Plan de l'Eglise de l'Abbaye de S.t Vincent

bien étroites (1ᵐ80). Aussi est-il probable qu'elles recevaient primitivement sur leurs chapiteaux les arcs-doubleaux en quart de cercle d'une vraie voûte en quart de cercle aussi, qui venait contre-bouter, plus bas que les voûtes actuelles, le berceau, alors plein cintre, de la grande nef. Mais plus tard, au XIIIᵉ ou au XIVᵉ siècle, la voûte centrale, pour une raison quelconque, ayant été refaite et exhaussée, on a dû, pour venir la soutenir, élever aussi l'appui des voûtes des bas-côtés servant d'arcs-boutants. C'est ce qu'on a fait, sans toutefois élever pour cela leur point de départ ; et voilà pourquoi nos voûtes des nefs latérales décrivent un arc de cercle de si grand rayon. En effet, nos voûtes n'ont nullement l'aspect roman ; je sais cependant bien que, pendant la dernière période romane et surtout à la fin du XIIᵉ siècle, nous avons des monuments recouverts de voûtes en arcs brisés, mais celles-ci ne sont jamais aussi aiguës que l'est la nôtre ; leurs arcs-doubleaux sont plus massifs, plus forts, plus robustes enfin que ne le sont ceux de la chapelle Saint-Vincent, et nulle part, dans les voûtes en tiers point de l'époque romane, nous ne voyons cet élancement, cette hardiesse que nous admirons dans celles de l'église de notre monastère. D'ailleurs, nous verrons plus loin que le pignon ouest a été exhaussé et rien ne pouvait nécessiter un tel travail, si ce n'est une reconstruction avec surélévation de la voûte du milieu. En tout cas, il est sûr que ces voûtes en arc de cercle de grand rayon des basses nefs sont loin d'être ordinaires et que leur ensemble, avec le berceau si élevé de la nef principale, donne un aspect particulier à notre église.

A l'intertranssept, quatre piliers carrés, cantonnés de quatre colonnes demi-cylindriques, soutiennent les quatre grands arceaux plein cintre (1), au-dessus desquels s'élève une coupole polygonale. J'ai dit coupole polygonale, car nous avons

---

(1) Ces quatre piliers avaient été renforcés et les grands arcs romans cachés en partie par des arcs en tiers point construits au-dessous, mais lors des réparations, on a dégagé les piliers et les arcs romans et le tout a été remis en son état primitif.

bien là une coupole octogonale soutenue par des trompes, la coupole auvergnate, en un mot, et nullement une coupole byzantine, comme quelques-uns ont voulu le dire ; celle-ci, en effet, est toujours hémisphérique et sur pendentifs (1). Admirons en passant l'élévation (20 mètres) et la hardiesse de cette voûte qui semble vouloir porter jusqu'au ciel les prières des fidèles.

Entre l'intertranssept et les transsepts se prolongent les nefs latérales qui continuent pour aller contourner le chœur. Mais ici, leurs voûtes ne viennent plus contre-bouter la coupole centrale, elles sont simplement recouvertes d'un beau plein cintre qui forme un gracieux berceau. Elles s'ouvrent sur les transsepts par un arc roman de 3^{m}45 d'ouverture qui, par conséquent, est plus étroit que celui qui les fait communiquer avec l'intertranssept ; il mesure, en effet, 4 mètres entre colonnes.

Les transsepts sont terminés au nord et au sud par un mur droit ajouré de trois fenêtres romanes ; deux d'abord en bas qui sont séparées par un arc en mitre aveugle. Elles sont accompagnées de jolies colonnettes. Au-dessus s'ouvre une troisième fenêtre nue et unique. Cet arc en mitre, ainsi placé entre deux baies plein cintre, est tout ce qu'il y a de plus auvergnat (2). Dans ces deux transsepts, à l'est s'ouvre une chapelle voûtée en cul-de-four. Celle du bras nord est plus grande que celle du bras sud et est plus ornée. Elle était éclairée par trois fenêtres romanes, au lieu d'une comme sa congénère, et entre chaque fenêtre se trouve une arcade plein cintre aveugle. Chaque arc est soutenu par de jolies colonnes qui viennent reposer, ainsi que celles qui supportent le cintre d'ouverture, sur la gracieuse corniche d'un stylobate d'un mètre de hauteur environ. Dans ce bras du transsept, une porte, malheureusement bouchée maintenant, donnait accès à

----

(1) Voir ce que nous avons dit sur les coupoles dans notre *Etude sur les sculptures de Notre-Dame-du-Port de Clermont-Ferrand*, page 66.

(2) *Histoire monumentale de la France*, par Anthyme SAINT-PAUL, page 116, et notre *Etude des sculptures de Notre-Dame-du-Port de Clermont-Ferrand*, page 84.

un escalier à vis qui, pris dans l'épaisseur d'un gros contre-fort ou petite tour carrée extérieure, conduisait aux combles de l'église et devait ainsi faire communiquer avec le clocher-lanterne qui s'élevait au-dessus de notre coupole. Il est à remarquer que les transsepts ne sont pas droits et qu'ils semblent s'incliner sur l'ouest. (Cette apparence est due au faux équerre produit par la déviation de l'axe de l'église.) Enfin, une porte venant de l'extérieur donne accès dans le bras sud, mais elle a été refait lors de la restauration.

Nous sommes au chœur ; il est peu développé et ne comprend qu'une travée avant le sanctuaire. Celui-ci, placé au fond de l'hémicycle, est séparé du déambulatoire par trois colonnes, dont deux monocylindriques ont été en partie remplacées lors des réparations faites à l'église en 1860. Celle du milieu, qui est immédiatement derrière l'autel, est carrée. Ce chœur est éclairé par cinq baies plein cintre.

Autour du sanctuaire tourne le déambulatoire, d'où partent, comme autant de rayons de gloire, trois belles chapelles absidales resplendissantes de la lumière que leur projettent, à chacune en abondance, trois jolies fenêtres romanes. Celles-ci, comme celles du chœur et celles qui éclairent le déambulatoire entre chaque chapelle, sont ornées et accompagnées d'élégantes colonnettes aux riches chapiteaux. Le déambulatoire est couvert d'une voûte tournante en quart de cercle, avec des arcs-doubleaux plein cintre, sauf deux qui font exception. Ce sont les deux qui se trouvent immédiatement derrière l'autel ; ils sont en quart de cercle et viennent s'appuyer au mur du chœur, au-dessus de la colonne carrée. Mais il est à remarquer que cette partie de notre abside a été bien des fois remaniée. A une époque qui nous est inconnue, on a eu la malencontreuse idée de supprimer la colonne carrée et on l'a remplacée, elle et les deux cintres qu'elle soutenait, par un unique arceau courbe qui supportait péniblement et le mur du chœur, et sa voûte, et celle du déambulatoire. M. Mallay, l'architecte des réparations exécutées vers 1860, fit disparaître cet agencement irraisonné, compromettant la solidité de l'édifice, pour rétablir la colonne carrée. On a bien pu, lors de la malheureuse suppression de cette colonne, remanier ces deux arcs-doubleaux et les refaire. Ce qui paraît très probable à leur inspection, ils sont bien minces, bien grêles à côté de leurs robustes congénères.

Les colonnes et les colonnettes du déambulatoire sont complètement cylindriques, tandis que celles des nefs sont engagées de moitié. Les bases des unes et des autres reposent sur un dé cubique et sont formées de deux tores grossiers, séparés par une gorge peu profonde accompagnée d'un filet. Plusieurs des bases cependant ont été mutilées et recoupées, afin de les rendre polygonales. Il est fort à regretter qu'au moment des dernières réparations, on ait eu la malheureuse idée de bocharder tous ces piliers et colonnes, au lieu de les rafraîchir en les layant, car la bocharde n'était pas connue au moyen âge dans nos contrées, où toutes les pierres étaient layées par les appareilleurs.

Quelques-uns des chapiteaux ont été remplacés ; lors. de la restauration, on les a laissés bruts. Parmi les anciens, il y en a d'intéressants. Les uns sont ornés. de feuillages imbriqués, d'entrelacs, de palmettes, de végétaux de tout genre ou de figures géométriques, servant d'encadrement à des têtes d'hommes ou d'animaux. Sur d'autres, ce sont des têtes, de la bouche desquelles sortent des végétaux et divers ornements. Enfin, nous en avons aussi d'historiés qui nous montrent des personnages.

Dans le déambulatoire, certaine tête triangulaire d'animal revient souvent ; on y voit encore une tête de chat qui se rencontre aussi à l'église de Fleuriel. A la deuxième colonne accolée au mur nord, nous voyons, aux deux angles d'un chapiteau, sortir entre de nombreux entrelacs, une très jolie tête de femme recouverte d'un voile. On dirait presque des têtes de Vierge. Elles sont dominées par une tête d'homme qui, quoique bien traitée, ne vaut pas les premières. Sur plusieurs chapiteaux, nous rencontrons une corbeille faite d'entrelacs. Puis, à la colonne est du deuxième pilier du chœur du côté sud, entre deux grandes palmes descendantes, dans une espèce d'encadrement rectangulaire, deux petits personnages se faisant face, se posent réciproquement les mains sur les épaules l'un de l'autre ; ils semblent vouloir s'embrasser. La sculpture en est si grossière qu'on ne distingue pas si l'*ymagier* a voulu représenter des hommes ou des femmes. Je penche pour ces dernières et je me demande si ce n'est pas la Visitation qu'il a voulu nous rappeler (1). — Sur ce même pilier, au chapiteau qui regarde le sanctuaire, un grand nombre d'entrelacs font toutes sortes de dessins ; et, chose très particulière, nous remarquons dans le cavet que forme le tailloir de ce chapiteau un gros rouleau ou espèce de boudin qui tient toute la face antérieure. Cet ornement ne se retrouve d'ailleurs à aucun de nos autres chapiteaux. — A la face ouest, toujours du même pilier, deux rangs de palmettes entrelacées soutiennent une roue élégante après laquelle, d'un côté, monte un quadrupède, on dirait un lévrier, pendant qu'un autre tout semblable descend de l'autre côté. Vient ensuite un chapiteau bizarre. Il est composé d'abord d'un rang de palmettes, puis de deux rangs de feuilles épaisses, très saillantes, descendantes et chargées de nervures ; au deuxième rang, plusieurs de ces feuilles sont remplacées par des têtes d'animaux, qui ont presque la même forme que les feuilles ; et au-dessus, enfin, un monstre quadrupède est allongé, comme écrasé, sous le tailloir de tout le poids de l'édifice. Il ouvre sa gueule venimeuse pour mordre encore. Cet animal, plus ou moins difforme, c'est le démon soutenu par les siens et par tous les pécheurs qui, dans leur adoration, l'élèvent sur un trône de fleurs de toutes espèces. Et ce tailloir qui l'écrase, c'est l'Eglise triomphante terrassant l'impiété et les mauvaises passions.

A la première chapelle rayonnante du sud, nous avons sur

____

(1) Cette Visitation nous rappellerait absolument celle qui est représentée sur un chapiteau de Saint-Bonnet-sur-Loire.

un chapiteau (1) trois petits personnages se ressemblant en tout et qui relèvent sur leur estomac une main bénissante. Ces personnages sont grossièrement exécutés, mais on ne peut hésiter à reconnaître en eux les trois personnes de la très sainte Trinité : *tres vidit et unum adoravit* (2). Tous· trois sont pareils et n'ayant ensemble qu'une seule et même pensée, tous trois ont le même geste bénissant, geste d'amour et de pardon. Il est à remarquer que cette manière de représenter la Trinité par trois personnes humaines était surtout en usage au Xe et au XIe siècle ; avant cette époque, les ymagiers employaient plutôt des symboles et, au XIIe siècle, nous avons généralement le Père sous la figure d'un personnage âgé, le Fils sous celle d'un homme encore jeune et le Saint-Esprit nous est représenté sous la forme d'une colombe (3). Nous avons donc là un chapiteau du XIe siècle, qui nous donne la date probable de notre église.

Au transsept nord, au chapiteau d'une des colonnes qui soutiennent l'arc d'ouverture de la chapelle, nous avons d'abord deux centaures, dont l'un est comme assis ; puis, à l'angle antérieur, une tête humaine au-dessus de laquelle se voient deux petits quadrupèdes, et enfin, de l'autre côté, un autre quadrupède, beaucoup plus grand que les précédents, pose une de ses pattes de devant sur cette tête. C'est bien là le Démon méprisant, écrasant et faisant son esclave de l'homme (4) qui, se complaisant dans ses vices, le sert et l'adore, comme le personnage de notre chapiteau adore, en ces deux bêtes informes qui le dominent, et le veau d'or de l'Avarice et la Luxure immonde. Ces deux vices étaient les deux seuls péchés capitaux admis au XIIe siècle ; à cette époque, les artistes

---

(1) Ce chapiteau a été réparé en plusieurs endroits ; pour remplacer les parties manquantes, on a employé du plâtre et, pour dissimuler ces restaurations malheureuses, on a badigeonné le tout d'une teinte jaunâtre.

(2) Saint Ambroise.

(3) *Iconographie chrétienne*, par l'abbé CROSNIER, p. 78.

(4) Les sauvages, encore aujourd'hui, pour montrer leur soumission envers le vainqueur, se mettent le front dans la poussière et, prenant un de ses pieds, se le posent sur la tête.

chrétiens, pas plus que saint Paul et saint Thomas d'Aquin, ne connaissaient la classification des sept péchés capitaux (1). Enfin ces centaures, chasseurs (2) impitoyables, terribles, qui ne laissent aucun répit aux pauvres âmes, se sont mis deux, les lâches ! pour poursuivre, en cette horrible chasse, cette malheureuse victime qui finit par succomber. Ah ! ils peuvent se reposer maintenant ; la victoire, victoire honteuse, est à eux ; et, pendant que l'un s'assied dans l'attitude du repos, l'autre semble le féliciter.

Mais, au fond de cette chapelle, du côté de l'orient, côté de la lumière, qu'est-ce que nous voyons poindre sur ce joli chapiteau, si soigné? Oui, c'est bien la tête d'un bélier. C'est le bélier qui a servi de victime à la place d'Isaac ; c'est le bélier, l'Agneau qui, après avoir servi de victime de propitiation sur le Golgotha, veut être immolé tous les jours sur nos saints autels, en sacrifice d'amour et de rédemption pour cette humanité perverse qui l'oublie pour suivre le prince des ténèbres. D'un côté la chute de l'homme, de l'autre sa rédemption. Là, le Démon le foulait aux pieds, ici il peut dire avec le Sauveur : « *Vade, Satana*, retire-toi, Satan, car il est écrit : Vous n'adorerez que Dieu seul. Ce Dieu est mort pour moi, et se donne à moi tous les jours. » Quelle pensée consolante !

En descendant le bas-côté nord, au premier chapiteau contre le mur, nous avons aux deux angles un personnage accroupi dont nous ignorons la signification.

Puis, descendant toujours du même côté, à la troisième colonne accolée au mur, nous voyons émergeant d'un feuillage touffu, dans une pose voluptueuse et assez lascive, une femme nue, à demi couchée sur un lit de fleurs aux larges pétales. Le corps est un peu grand pour le chapiteau, mais

---

(1) *Omnis immunditia aut avaritia nec nominetur in vobis* et *omnis immundus aut avarus non habet hœreditatem in regno.* Saint Paul aux Ephésiens, chapitre V.

(2) *Iconographie chrétienne,* par l'abbé CROSNIER, p. 316. *Sur les sculptures symboliques des XI*e *et XII*e *siècles,* par M. le chanoine AUBER, 38e vol. du *Bulletin monumental,* p. 81.

bien traité et gracieusement posé. C'est la Luxure dans ce qu'elle a d'attrayant. L'artiste a voulu nous montrer là, en bas de l'église, ce vice abominable, mais plein d'attraits, pour nous prémunir contre lui et nous avertir qu'en venant prier, nous devons laisser loin de nous, hors du temple, toutes pensées déshonnêtes. D'ailleurs, plus haut, comme nous l'avons vu, il nous montre les conséquences du péché et, tout à côté, son remède.

En passant dans l'autre nef latérale, nous trouvons, au troisième chapiteau appuyé au mur, deux figures humaines à peu près semblables ; l'une et l'autre nous représentent un homme avec barbe taillée en pointe et d'un âge mûr. L'un, placé sur le côté ouest du chapiteau, regarde le couchant ; l'autre, à l'opposite, regarde le levant et l'autel. L'un regarde la nuit, parce que son temps est fini ; c'est, en effet, l'Ancien Testament qui a annoncé les beautés chrétiennes ; mais, après avoir prédit et préparé le nouveau règne, il lui cède sa place. L'autre reçoit directement les rayons du soleil levant, c'est-à-dire les lumières de l'Esprit-Saint ; il regarde l'autel, fondation de la nouvelle loi qu'il représente : c'est le Nouveau Testament.

Henry DU RANQUET.

Membre de la Société des archéologues français.

(*A suivre.*)

CHRONIQUE

BIBLIOGRAPHIE

Les écrivains français : Joseph de Maistre, par M. Georges Cogordan, de Moulins. In-18, Librairie Hachette.

Suzanne et Suzon, comédie de salon, par M. le comte A. de l'Estoille. Regamey, Genève.

Une page de la Révolution française dans l'Allier : Pierre-Jacques Forestier, procureur syndic du district de Cusset, membre de la Convention nationale, par M. J. Cornillon. Deuxième édition, in-8°. Cusset, Imprimerie Nouvelle, Simon Fumoux.

Archives historiques du Bourbonnais, recueil mensuel publié par MM. R. de Quirielle et Vayssière (3ᵉ année). Sommaire des numéros parus depuis avril 1894 :

Nᵒ 4. — 1. « Le siège des Huguenots devant la ville de Molins », en 1562, relation du temps. — 2. Preuves de l'histoire de la maison de Chabannes (par M. le Cᵗᵉ H. de Chabannes), compte rendu par M. de Quirielle. — 3. Une famille d'artistes provinciaux : Les Mercier, par M. le Dʳ V. Vannaire. — 4. Armorial de la généralité de Moulins (bureau de Montluçon), par M. des Gozis.

Nᵒ 5. — 1. La Sorcellerie dans le Bourbonnais *(suite)*, par M. le Vᵗᵉ J. de Gaulmyn. — 2. Le siège des Huguenots devant la ville de Molins en 1562, relation du temps *(suite)*. — 3. Armorial de la généralité de Moulins (bureau de Montluçon) *(suite)*, par M. des Gozis. — 4. Notes et documents : visites de Simon Beaulieu.

Gravure. — Portrait de Gilbert de Gaulmyn, d'après une estampe du temps.

Bulletin de la Société d'Horticulture de l'Allier. Tome neuvième, 1ᵉʳ trimestre 1894 ; le nᵒ 10 contient le compte rendu très intéressant d'un voyage horticole au Caucase, entrepris, au mois de septembre 1893, par M. Treyve-Marie, en compagnie du général russe Annenkoff.

Revue scientifique du Bourbonnais et du centre de la France, publiée sous la direction de M. Ernest Olivier (7ᵉ année). — *Sommaire des principaux articles des numéros d'avril, mai et juin 1894 :* Formation glaciale des bassins houillers du Centre, par M. Julien. — Les Hyménomycètes des environs de Moulins, par M. l'abbé Bourdot. — L'allée couverte de Gavr'inis (Finistère), par M. de Rocquigny-Adanson. — Distribution géographique des Papavéracées, par M. Léveillé. — Les Mollusques de l'Allier (avec planche), par M. l'abbé Dumas. — Les lacs d'Auvergne et la fontaine minérale de Jenzat, par M. Ernest Olivier.

La Quinzaine Bourbonnaise (3e année), imprimerie Crépin-Leblond, Moulins. Dans les numéros parus depuis avril, nous relevons : Une étude sur les peintres bourbonnais au Champ-de-Mars, par Gilbert Stenger. — Ad Multos annos, poésie de M. Marcellin Crépin-Leblond. — Une Fontanges au tribunal révolutionnaire, par M. Louis Audiat. — Mariette, par M. Hugues Lapaire. — Satire, sonnet, par M. Ferdinand de Loubens. — Estampe, poésie, par Nemo. — Gannat au XVIIIe siècle, par M. Félix Chambon. — Jack l'Eventreur, comédie en un acte, par M. H. Faure.

Exploration méthodique de l'abdomen (fascicule 1er). — *Palpitation de l'estomac*, par le Dr Glénard. Vallon, Vichy, in-4o de 186 pages.

Œuvres poétiques de Daniel Charbonnier. Fumoux, Cusset. In-8o de 238 pages.

Le Monde (recueil de chansons). — *Histoire de France* (en 90 couplets), par M. Behrye. Maugenest, Montluçon. In-8o de 25 pages.

Visite au Musée municipal et départemental de Moulins, par M. Francis Pérot. Auclaire, Moulins, in-18 de 34 pages.

Conférence Jeanne d'Arc de Moulins. Auclaire. In-18 de 46 pages.

Vichy et ses environs, guide de poche illustré par M. Gros. Arloing, Cusset. In-8o de 168 pages.

Vieux livres et vieux auteurs bourbonnais, par M. Thonnié. Crépin-Leblond, Moulins. In-8o de 14 pages.

Caroline de Fontanges, par M. Louis Audiat (extrait de la *Quinzaine Bourbonnaise*). Crépin-Leblond. In-4o de 15 pages.

Pocket-Guide de Vichy, 18e édition, par M. Gros. Arloing, Cusset. In-8o de 103 pages.

Traditions anciennes (Angleterre, Russie et France), tome II. — *Russie et France*, par H. D. — Herbin, Montluçon. In-8o de 260 pages.

La paroisse et l'église du Sacré-Cœur de Moulins, par M. Champomier. Crépin-Leblond. In-8o de 13 pages.

Pensées philosophiques, par Alix Giraudet de la Chaise. Crépin-Leblond. In-8o de 135 pages.

Notre-Dame de Lourdes et Jeanne d'Arc. Allocution, par Bernard Gaudeau. Herbin. In-8o de 15 pages.

La Normandie et Rouen à la fin du VIIe siècle, par M. de Vesly. Auclaire. In-8o de 23 pages.

Deux petits vitraux du XVIe siècle dans l'église de Gennetines, par M. l'abbé Clément. Auclaire. In-8o de 7 pages.

La Nécropole de Coulandon, par Francis Pérot. Auclaire. In-8o de 8 pages.

Inventaire des découvertes archéologiques faites en Bourbonnais en 1892, par M. Francis Pérot. In-8o de 10 p. Auclaire, Moulins.

L'allée couverte de Gavr'inis (extrait de la *Revue scientifique du Bourbonnais*), par M. de Rocquigny. In-8º de 10 pages.

Bulletin de la réunion des officiers de réserve de Moulins. Années 1893, 1894, nº 7. Crépin-Leblond. In-8º de 149 pages.

BEAUX-ARTS

Monument Banville. — Le comité pour l'érection d'un monument à Banville s'est réuni le 13 juin, à l'Hôtel de Ville, sous la présidence de M. Sorrel.

M. Plainchant a fait connaître le résultat des pourparlers qu'il a entamés pour la représentation qui sera donnée avec le concours des artistes de la Comédie-Française. Le concours de M. Claretie et des pensionnaires du Théâtre-Français est acquis à l'œuvre. La représentation aura lieu en novembre prochain et coïncidera avec l'inauguration du théâtre restauré.

Après une communication de M. Faure touchant la réception de nouvelles souscriptions, dont une de 100 fr. de l'ordre des avocats, un échange d'observations a lieu entre les membres du comité relativement à la tombola.

L'assemblée examine ensuite les deux maquettes du monument, envoyées par le sculpteur Coulon.

L'un des projets soumis au comité représente Banville, debout, dans une attitude quelque peu tribunitienne, et, en tous cas, trop théâtrale pour le délicat poète dont Moulins veut perpétuer la mémoire. Cette première maquette est donc, dès l'abord, écartée.

La seconde est approuvée par la famille de Banville, à qui elle rappelle le maître disparu dans une attitude qui lui était familière. Le poète est assis dans un fauteuil, drapé en une ample robe de chambre et coiffé de son inséparable béret. Le bras gauche est appuyé sur le bras du fauteuil et la jambe gauche est croisée sur la droite. La main droite repose sur le genou.

Ce modèle est accepté, sauf quelques modifications de détail sur lesquelles l'attention de l'artiste sera amicalement appelée.

Remarqués aux vitrines de MM. Durond et Martial Place, entre autres lots offerts pour la tombola Banville : une statuette, terre cuite, de M. Coulon, le statuaire du monument ; deux toiles signées : E. Pail et Fillot ; un fusain de M. Marius Perret (souvenir de la campagne du Fouta (colonne Dodds) ; une aquarelle de M. F. de Chavigny.

Parmi les acquisitions faites au Salon des Champs-Elysées par le ministre de l'Instruction publique et des Beaux-Arts, sur l'avis de la commission des achats, nous relevons les suivants :

M. Marius Perret : *Tirailleurs sénégalais en arrière-garde ; campagne du Fouta (colonne Dodds).*

M. Rochegrosse : *Le Chevalier aux fleurs.*

Plusieurs œuvres de M. Marius Perret ont figuré, cette année, à l'Exposition du Livre, au Salon où ont été exposés les originaux des illustrations les plus populaires connus jusqu'ici par leurs seules reproductions commerciales et réunis pour la première fois en une exposition publique.

Le sculpteur moulinois Debienne a obtenu une mention honorable du jury des Champs-Elysées.

MÉLANGES

Lettres. — La Société d'encouragement au bien a accordé une médaille d'honneur à notre compatriote moulinois, M. le colonel Henri de Ponchalon pour son livre : *Souvenirs de guerre (1870-1871)*, que nous avions mentionné précédemment dans notre bibliographie.

Botanique.— *Extrait du compte rendu de la dernière séance de la Société historique du Cher :*

« M. Bernard, instituteur aux Perrons, commune de Charenton, annonce la découverte dans ses environs, avec échantillon à l'appui, du *Maïanthême* à deux feuilles, plante de la famille des asparagées, voisine du Muguet odorant si généralement connu. Le *Maïanthême*, remarquable par ses deux uniques petites feuilles triangulaires, avec une petite grappe de fleurs blanches, est fréquent dans les hautes montagnes d'où il est venu s'égarer jusque dans notre pays, comme aussi dans la forêt de Tronçais. Autour de nous, cette élégante espèce est abondante dans la Creuse et en Auvergne. »

Histoire. *(Extrait de la grande Encyclopédie (Paris).*

HÉRISSON (*Iricio, Ericonium*), chef-lieu de canton du département de l'Allier, sur la petite rivière de l'Œil ; 1,934 hab. Hérisson paraît avoir été l'une des premières possessions des Bourbons. Chef-lieu, au Xe siècle, d'une viguerie et d'un archiprêtré, il devint plus tard le chef-lieu d'une des dix-sept châtellenies du Bourbonnais, et son château, dont il reste des ruines importantes et fort pittoresques, était l'une des places importantes du pays ! C'est à ce château que la petite ville doit son existence : une enceinte fortifiée, dont il subsiste deux portes intéressantes, entoura les maisons qui s'étaient élevées sous la protection de la forteresse ; une chapelle fut bâtie, et dans cette chapelle fut fondé, en 1221, par Archambaud VI de Bourbon, un chapitre dont les biens échurent, en 1767, au chapitre de Moulins. Le chef-lieu de la paroisse continua cependant à être à Châteloy, où se voit une petite église romane décorée de peintures murales du XVe siècle. Cette église se dresse au sommet et sur le bord d'une roche escarpée. Le plateau qui s'étend à côté est rempli de débris antiques. Les traditions locales recueillies au XVIe siècle par Nicolas de Nicolay prétendent qu'il exista là une cité, appelée cité des Cordes. Hérisson porte : *D'azur au porc-épic d'or*.

A. VAYSSIÈRE.

Bibl. C. Grégoire. Une excursion dans la vallée de l'Aumance : Hérisson, Châteloy, Cosnes ; Moulins, 1889, in-8.

La Revue des Autographes indique une lettre de Loubens de Verdalle (Hugues), cardinal, grand prieur de l'ordre de Malte, qui sauva l'étendard de son ordre au siège de Zoane, mort en 1595. Cette lettre est adressée au grand-duc de Ferrare (Alphonse III d'Este) à Malte, 25 avril 1584.

La famille de Loubens de Verdalle compte dans l'Allier quelques-uns de ses représentants.

Moulins. — Imprimerie Etienne AUCLAIRE.

PROCÈS-VERBAUX

ANNÉE 1894

Séance du 1er juin 1894.

PRÉSIDENCE DE M. SEULLIET.

ETAIENT présents : MM. Seuillet, Bertrand, Capelin, Delaigue, Vié, E. Olivier, Mitton, Doùmet-Adanson, Lassimonne et Pérot. Le procès-verbal de la dernière séance est lu et adopté.

M. le Président se fait excuser par lettre de ne pouvoir présider cette séance.

Lecture est donnée des titres des ouvrages reçus depuis notre dernière séance.

M. Pérot offre un exemplaire du travail qu'il vient de publier : *Visite aux musées municipal et départemental de Moulins, 1894.*

M. Génermont prie la Société de vouloir bien agréer sa démission de bibliothécaire de la Société et exprime le désir de voir M. l'abbé Cavalier lui succéder dans cette fonction. La Société accepte avec regret cette démission et charge M. Cavalier du soin de la bibliothèque.

M. le Président rappelle qu'à la séance du mois d'avril, il a été question de faire, comme l'année précédente, une promenade scientifique.

Il est décidé que l'on organisera cette année un voyage à l'Exposition universelle de Lyon vers le 14 juillet.

M. Olivier est chargé de prendre l'initiative de cette excursion et, pour régler définitivement toutes choses, la Société se réunira le 22 juin prochain en séance extraordinaire.

10

M. Bertrand offre au Musée, de la part de M. Prieur, de Lusigny, un couteau en silex blond, terminé en grattoir.

M. Bertrand a découvert au Pal des vestiges de l'industrie du fer à l'époque gauloise.

M. Pérot fait part de la découverte faite par M. Martin, juge de paix à Moulins, de plusieurs fossiles appartenant à l'étage tertiaire du Bourbonnais.

Notamment, à Saulcet, deux phalanges du *megatherium*.

A Besson, aux Saulniers, une tête du *rhinoceros tichorinus*, un autre rhinoceros de taille plus petite, des tibias et rotule du même animal, et enfin une partie très importante d'une tête du *dinoterium*.

M. l'abbé Bonneaud, secrétaire de la Société archéologique de Provins, a sollicité, par l'intermédiaire de M. Bertrand, l'échange de nos publications avec celles de la Société archéologique de Provins ; cet échange est accepté.

———

Séance extraordinaire du 22 juin 1894.

PRÉSIDENCE DE M. LE BARON LE FEBVRE.

Etaient présents : MM. le baron Le Febvre, Seulliet, Bertrand, H. Olivier, Vié, Capelin, Bernard, abbé Cavalier.

La Société, dans sa séance du 1er juin, a décidé de tenir une réunion extraordinaire le 22 juin, pour régler définitivement la question d'un voyage à Lyon, à l'occasion de l'Exposition universelle qui a lieu dans cette ville.

M. H. Olivier, qui, dans nos précédentes séances, avait été prié de vouloir bien s'occuper des voies et moyens de ce voyage de notre Société, règle ainsi l'itinéraire de ce voyage. Départ de Moulins dans la nuit du 13 juillet. Arrivée à Lyon à huit heures du matin. Excursion à Fourvière, pour jouir du panorama de la ville de Lyon et du cours de la Saône et du Rhône, retour à Lyon. Après déjeuner, visite à l'Exposition et aux musées de la ville et départ le lendemain lundi pour Moulins. La dépense de ce voyage, tous frais compris, s'élèverait à la somme de 22 à 25 francs.

M. Bernard fait observer à M. H. Olivier que la date du 14 juillet peut ne pas convenir à plusieurs de nos confrères qui, comme fonctionnaires, ne peuvent s'absenter un jour de fête nationale.

Il ajoute différentes observations après lesquelles, vu le nombre restreint de nos confrères qui assistent à la séance, il est décidé que l'examen de ce projet d'un voyage à Lyon sera renvoyé à notre prochaine réunion.

Séance du 8 juillet 1894.

PRÉSIDENCE DE M. LE BARON LE FEBVRE.

Etaient présents : MM. le baron Le Febvre, Bertrand, Lassimonne, Mitton, Bourdelier, Vié, Delaigue, Girard et Bernard, abbé Clément.

Le procès-verbal de la dernière séance est lu et adopté.

Il est donné lecture des titres des ouvrages reçus depuis notre dernière réunion. Parmi eux se trouve un magnifique ouvrage, offert pour notre bibliothèque par l'auteur, M. Révérend du Mesnil, membre associé libre de notre Société. Cet ouvrage a pour titre : *Armorial historique de Bresse, Bugey, Dombes, pays de Gex, Valromey et Franc-Lyonnais.* Et une notice nécrologique sur le comte César-Henri-Joseph de Pontgibaud, par notre confrère, M. le marquis de Montlaur.

M. Révérend du Mesnil n'ayant pas reçu officiellement sa nomination de membre associé libre, M. le Président est prié de vouloir bien la lui notifier, comme aussi à M. le comte de Chabannes, son admission au même titre.

Il est donné lecture de deux circulaires de M. le Ministre de l'Instruction publique et des Beaux-Arts. L'une a pour objet l'envoi du programme du 33e congrès des Sociétés savantes, fixé dès maintenant au mardi 16 avril 1895. L'autre, qui a pour objet de nous prévenir que la 19e session des Sociétés des Beaux-Arts des départements, s'ouvrira en 1895 le mardi 16 avril 1895.

M. Bertrand fait passer sous les yeux des membres présents à notre réunion deux têtes en terre cuite du type gallo-romain, trouvées aux Champins, près Moulins. Au même lieu, il a découvert une pierre cubique. Le conservateur du musée de Péronne qui l'a vue en fait un poids monétaire du genre de ceux trouvés récemment à Samos ; M. Bertrand incline plutôt pour un polissoir préhistorique.

Il présente un curieux marteau de repousseur de la Renaissance, dont il s'est rendu acquéreur chez un brocanteur de Moulins.

En raison du deuil national qui est venu frapper la France par la mort de M. le président Carnot, assassiné à Lyon le 24 juin dernier, la Société décide que le voyage qu'elle devait faire à l'exposition universelle de cette ville n'aura pas lieu.

Séance du vendredi 3 août.

PRÉSIDENCE DE M. LE BARON LE FEBVRE, PRÉSIDENT.

Etaient présents : MM. le baron Le Febvre, président ; M. Bernard, secrétaire. MM. Doùmet-Adanson, Bertrand, abbé Clément, F. Pérot, Bourdelier, Capelin, Girard, abbé E. Cavalier.

M. Bertrand lit un rapport sur une découverte gallo-romaine, bronze de guerrier, etc., faite à Cusset et au hameau de Vierneuse. Ce savant fait ensuite la description d'un poignard en schiste de l'époque « du bronze », et montre aux membres de la Société un cachet de Saint-Pourçain acheté pour le Musée.

L'abbé J. Clément donne des explications sur la belle crypte de l'Église d'Iseure et fait passer sous les yeux des membres de la Société des plans et huit grands panneaux en couleur reproduisant les peintures du XV⁰ siècle de la voûte.

La Société demande à M. l'abbé Clément de faire un mémoire sur cette question.

M. Doùmet fait observer que la Société, au lieu d'organiser des voyages scientifiques au loin ferait bien de se transporter dans les monuments qui avoisinent Moulins et qu'on connaît si peu.

M. Capelin signale à la Société plusieurs statues qui se trouvent au presbytère de Chassenard. Ces statues, en bois peintes jadis mais com-plètement décolorées aujourd'hui, proviennent très probablement de la chapelle de Beugny, ancienne commanderie des chevaliers de Malte ; M. Capelin ajoute qu'elles sont à vendre et que la Société devrait les acquérir pour le Musée.

M. Pérot montre des échantillons de fibrolithes qu'il offre au Musée pour mettre à côté des fibrolithes taillées de l'époque préhistorique, et donne l'analyse d'un livre de géologie américain et d'un manuscrit sur l'ancien archiprêtré de Bourbon.

Il entretient également la Société d'un travail très important que vient de faire un prêtre du Berry et qui a pour titre : *Inventaire général de l'ancien diocèse de Bourges comprenant les cinq archiprêtrés du Bourbon-nais : Bourbon-l'Archambault, Chantelle, Hérisson, Huriel, Montluçon.*

M. Pérot demande à ce que la Société veuille bien le publier. La demande est renvoyée à la commission du *Bulletin-Revue.*

MÉMOIRE

Sur les sépultures des seigneurs et ducs de Bourbon à Souvigny, Bessay et Champaigue (Allier).

Les *Annales Bourbonnaises* ont publié en juin 1892, un mémoire sur les « *Tombeaux des Princes de Bourbon à Souvigny et au château de Moulins* dont l'érudit M. Philippe Tamisey de Larroque a trouvé à Carpentras, dans la bibliothèque de feu Claude Nicolas Fabri de Peiresc, un manuscrit signé par N. Cousin et daté de Moulins, le 23 septembre 1620.

Bien que non daté et ne portant que les initiales L. B. D. et l'indication : Moulins, nous pensons que l'on lira avec intérêt, un travail sur le même sujet, également du même temps, provenant de la bibliothèque Nationale, mss de Clérambaut, vol. XXI, et dont les Archives de l'Allier possèdent une copie qu'avait fait exécuter notre compatriote et ami, Georges Fanjoux.

Le titre de ce document n'indique pas le château de Moulins, mais il donne en plus que celui du précédent mémoire, les tombeaux de Bessay et Champaigue ; nous avons scrupuleusement conservé l'orthographe de l'époque et les appréciations personnelles de l'auteur anonyme.

A. BERTRAND.

MONSEIGNEUR,

JE vous envoy ce que j'ay pù trouver d'antiquités, tant des sires et barons de Bourbon. que des princes de l'auguste Maison de France qui ont bien voulu que leurs descendants en portassent le nom, rien ne vous marquera mieux la noblesse de cette illustre maison que de voir que le fils aisné du duc de Bourgogne aye consenty que ses

---

(1) Ce mémoire a été lu au Congrès des Sociétés savantes à la Sorbonne en 1893.

descendants ayent changé leur nom, pour celui de Bourbon, et ayent obligé par le mariage qui s'en fit que le fils de Robert comte de Clermont fils de saint Louis avec Béatrix de Bourbon les enfants qui en sortiroient à porter le même nom. C'est de ce mariage, dont est sorty la très auguste Maison de France à présant régnante qu'on peut dire n'en avoir jamais eù aucune égalle en noblesse, ny en valeur, puisqu'elle sort de Masle en Masle d'Hugue Capet qui régnoit l'an 988 : Quant à celle de Bourbon, dont elle sort par les femmes, sans entrer dans les recherches curieuses qui ont été faites sur cette matière et qui prétendent qu'elle sort de Charlemagne, ne voulant rien vous envoyer Monseigneur que ce que j'ay vû ou par les tombeaux dont je vous envoy les modelles, ou par titres autantiques, dont j'ay vû les originaux. Je ne remonteray pas plus avant qu'a Aymart qui fonda le prieuré de Souuigny l'an 900, et dont il y a plusieurs actes dans le pays. Il épousa Ermangrade l'an 921 et mourut devers l'an 930 et fut enterré à Souuigny, petite ville à deux lieües de Moulins, avec sa femme dans la chapelle qu'on nomme vielle à main droite en entrant dans la dite églize, tous les monuments qui y étoient ont été détruits selon les aparences quand on a construit le tombeau du duc Louis, dont je vous mettrai le plan cy après, et pour vous expliquer ma pensée, et l'idée de ce que je vous écris, je joins icy un arbre généalogique de ma façon de lad : Maison jusque au roy à présant régnant. Je l'ay tiré des mémoires que m'a communiqué un très fameux avocat du paiis, et sur lequel on se règle pour les débats qui arrivent touchant les coutumes et usages de cette province, vous pardonnerez en cela, Monseigneur, les fautes arrivées par mon ignorance, mais, du reste, je puis vous assurer que je n'ay rien obmis de tout ce qui pouvoit vous marquer l'envie que j'aurois de vous rendre mes services très humbles à contanter, sur cette matière, votre curiosité, il y en aura sans doute dans l'arrangement de l'arbre généalogique, mais non dans la vérité des choses, puisque tout ce que j'ay l'honneur de vous envoyer, les titres en sont jcy ou ie vous envoy les tombeaux, ou entiens monuments.

Je trouve donc que cet Aymard eut pour fils, Aymon, héritier de Bourbon, qui épousa Adelesinde, l'an 952 et fut enterré avec

son père, à Souuigny. Il eut deux fils, savoir : Archymbaud Ier
dit le franc, qui épousa Rotilde de l'Imoge, dont je vas déduire
la postérité, et Anseric, qui fut la souche des seigneurs de
Bourbon, l'enseaume de Montperoux. de Montmort, de la Boulaye, de Vitry de Clessy, je ne vous mets pas la suitte, ne la
scachant pas. mais bien d'Archymbaud qui eut Archymbaud 2
dit le vert, qui épousa Ermingrade de Saint-Maurice, il vivoit
en 1012, 1020, 1032. Il est inhumé en l'églize du Montet.

De ce mariage, sortit Archimbaud troisième qui fonda le chapitre de Saint-Ursin de Montcenoux et le prieuré du Montet,
dans l'églize duquel il a été inhumé avec son frère. Il épousa
Auué ou Auoye et viuoit en l'an 1034, 1050, jusques en 1067. Il
paroist jusqu'à ce seigneur, que les surnoms n'étoient pas réglés
et qu'on prenoient le nom du batesme ainsi que vous le remarquerés par le nom d'Archambaud qu'il portoit joint avec
celuy de Bourbon, de même que ceux des femmes qui, aparem-
ment, etoient toutes de très bonne maison.

Archambaud quatriesme fut fils d'Archambaud trois, il
épousa Beliarde en 1080, mais je ne scay pas où il a été inhumé.

De ce mariage il y eut trois fils, savoir : Archambaud, Aymon
et Guillaume. Archambaud épousa Luce ou Luque en 1093 et a
vescù en 1097 jusques en 1114, et eut pour fils, Archambaud VI qui
mourut sans enfants par ainsy Aymon 2 qui avait épousé N. de
Tonnerre en 1096, succéda, et eut Archambaud VII : dont je vas
parler ; pour Guillaume, il fit la tige des seigneurs de Montluçon,
ce qui ne fait rien au sujet.

Cet Archambaud VII, en 1146, épousa Agnès de Sauoye, il
vivait en 1149 et j'usqu'en 1171. Il n'y a aucun mémoire de sa
sépulture, mais de son mariage avec Agnès de Sauoye sortit :

Archambaud VIII, épousa Alix de Bourgogne. Vous voyés,
Monseigneur, que dès que les noms ont été fixés, ils ont toujours épouzés des filles des meilleures maisons de l'Urope,
comme celles de Bourgogne, de Sauoye et de Tonnerre qui étoient
cadets de la maison de Bourgogne.

De ce mariage, il eut deux enfans, sauoir, *Archambaud IX* et
Mahaut sa sœur. Cet Archambaud mourut sans enfans, et
Mahaut qui avoit épousé en première nopce *Gaucher de Vienne*
devers l'an 1182, épousa en 1196 *Guy de Dampierre* qui étoit de

la branche des seigneurs de Bourbon l'enseaume, et ce nom de Dampierre venoit d'une terre, en champagne, de ce nom.

De ce mariage, il y eut deux fils, savoir, *Archambaud* et Guy de Dampierre.

Cet Archambaud est appelé le grand et Mahaut de Montluçon ie ne scay pas qu'elle a été sa femme, mais il a esté fondateur du chapitre de Saint-Sauueur d'Hérisson, et du couvent des Cordeliers de Champegue, ainsy que vous le verrés par l'épitaphe de Guy de Dampierre son frère, ainsi qu'elle est cy jointe, et comme il y a cinq tombeaux dans cette églize, dont je vous enuoy les modelles. Il faut vous dire, en passant, que selon toutes les apparences, cette églize a été rebastie, car, ces tombeaux, dont il y en a deux d'un côté et deux d'une autre, étoient aparamant dans des chapelles, mais à présent, ils sont dans de petites voutes comme vous le remarquerés par le déssin que je vous enuoy, sur lesqu'elles sont basties les murailles de l'églize. (A.) Ce Guy de Dampierre est à main droite en entrant, son tombeau est relevé tout ung et il dessus gravé sur une lame de bronse vestu en Cordelier, il a de chaque côté deux écussons de ses armes qui sont d'or au lion de gueulle garny de coquilles d'azur comme il est marqué sur le tombeau cy joint, autour de cette l'ame est écrit en latin et lettre gotique très difficile à lire, mais que j'ay enfin lù.

Hic jacet vir nobilissimus Dominus Guido de Dampetra dominus quondam sancti Justi Elemosinarum largitor et in fine frater minor qui obiit in festo sancti Benedicti anno domini millesimo ducentesimo septuagésimo sexto orate ut anima eius Requiescat in pacc.

Et audessus est écrit en lettre gothique :

Ci gist noble seigneur messire Guy Dampierre iadis seigneur de St-Iust ensevely en l'habit de Monseigneur St-François, frère de Monsieur Archambaud de Bourbon fondateur de ceans qui trespassa au chateau de Belleperche le 11 aoust de l'an de grace 1231.

Pour Archambaud, il est enterré à Bellaigue, je ne scay par quelle raison, non plus que le nom de sa femme, mais des trois enfants, savoir, Archambaud XI le dernier de cette maison. Guillaume seigneur de Bessay et Guy seigneur de Mery et doyen de Rohan et prouost de Clermon.

Ce Guillaume, seigneur de Bessay est sous cette tombe que vous avés vû, Monseigneur. en passant à Bessay. (B.) Cela est, comme vous scavés, très négligé et le peu de soin qu'on en a, fait qu'une partie est efacé, ce que nous en avons pû voir est comme le modelle que je vous enuoy, il est armé de toutes pièces comme vous le voyez dessiné, il a dessus sa tête deux anges avec des anceanssoirs et autour est écrit en latin,

Orate pro Anima eius.

Il a son épée et des éperons et à ses pieds un lion et autour est écrit :

Icy gist Guillaume de Bourbon seigneur de Bessay qui décéda en l'an de grace 1288 le 15 novembre au dit an.

Ce qui est entre deux est entièrement effacé ainsy que je vous l'envoy comme il est : Il y a à ses côtés deux écussons de ses armes.

A son côté, est le tombeau cy joint d'Isabelle de Cortenay sa femme, elle est à peu près comme vous le voyez, elle a deux écussons de Cortenay à ses costés et la robe paroist comme fourrée d'hermine, elle a deux chiens à ses pieds et autour est écrit en latin,

Obiit Izabella de Cortenay filia quondam dominy Guillelmi de Cortenay.

Domina de Bessay quondam uxor Guillelmi de Borbonio domini de Beciaco dominicali octavo die mensis aprilis anno domini 1196.

Ce que je n'ay pas pû lire me paroist être le nom de sa femme qui, aparament, était dame de Bessay, et si cela l'étoit, l'autre tombeau qui n'a aucune inscription et dont on a sur les lieux aucune connoissance, seroit de la maison de cette dame, femme de ce seigneur de Cortenay.

Je ne laisse pas de vous l'envoyer tel qu'il est et vous y ferés remarquer une chose en passant, qui est, que les religieux qui sont autour, sont des frères mineurs, ont le capuchon long, et dans les disputes que les ordres ont eu sur la manière dont ce saint le portait, les capucins ont produit ce tombeau, or, ils l'ont tous long, et de la forme dont ces pères le portent, je vous remarque ces petites circonstances, Monseigneur, pour vous marquer que je n'ay rien négligé de ce qui pourroit satisfaire votre curiosité.

Archambaud XI, qui était l'aîné, épousa Joland de Chatillon, dame d'Auxerre et de Bourgogne en 1238, et moururent tous les deux dans le voyage de la Croisade, et ont été enterrés dans le cimetière de Nicosie, cela paroist par le tombeau que ie vous envoie cy joint d'Anne de Bourbon que, ie me figure, étoit mère de cette dame de Chatillon, et qui se maria après la mort d'Archambaud au comte d'Artois, de son mariage avec Archambaud, il y eut deux filles, Mahaut et Agnès qui, toutes deux, épousèrent les deux fils des ducs de Bourgogne, savoir, Mahaut l'aisnée épousa Eudes de Bourgogne, Agnès épousa Jean de Bourgogne.

Le dessin du tombeau d'Anne de Bourbon est cy devant joint à celuy de Guy de Dampierre ne faisant tous deux qu'un même costé de l'églize (de Champaigue)..

Mais avant de passer outre, il faut vous dire comme est le tombeau de cette Anne de Bourbon, mère d'Ioland de Chatillon, comtesse de Nevers et de Tonnerre. Il est joignant celui de Guy de Dampierre du même costé, plus près de l'autel, cette dame est couchée, les mains jointes, son tombeau relevé comme vous le voyés, et au bas des bas reliefs de cordeliers de diférentes figures, au haut, sur la muraille, est écrit en lettre gotique.

Cy dessous est ensépulturée Madame Anne de Bourbon, mère de Mademoiselle fille de Murat Archambaud de Bourbon, et après, femme de l'aîné fils du duc de Bourgogne. Et après lui eut Itambert le Pelley, comte d'Artois, laquelle dame trespassa en terre de Pouille dedans l'aute de longes l'an de grace 1383.

De cette dame qui était l'aisnée et avoit épousé le fils aisné du duc de Bourgogne, sortit Ioland sa fille qui épousa Jehard de France, autrement dit Tristan, fils de saint Louis, à cause qu'il naquit pendant la prison de ce saint roy dans la ville de Damiete en Egipte, n'en ayant eu aucuns enfans, toute la succession de cette illustre maison fut réunie à Agnès sa sœur qui avoit épousé Jehard de Bourgogne, frère d'Eudes, ils n'eurent qu'une fille.

J'oubliais de vous dire, Monseigneur, que par le mariage il était accordé que les enfants porteraient le nom et les armes de Bourbon ce qui paroist par les écussons qui restent en divers endroits ou les armes de Bourbon et de Bourgogne sont ensemble.

De ce mariage, sortit Madame Béatrix qui, quoique fille du duc
de Bourgogne, porta le nom et armes de Bourbon, elle épousa
Robert comte de Clermont en Beauvoisy, et fils de saint Louis.
elle éteignit la branche des sires et barons de Bourbon, pour
l'anter sur l'auguste Maison de France qui s'obligea à en porter
le nom. Ce prince est inhumé au couvent des Jacobins, rue
Saint-Jacques à Paris, mais Madame Béatrix est à Champegue,
au milieu du cœür, comme vous le voyez dans le dessin cy joint.
Il est très beau et très entier, relevé de terre, cette dame est couchée le visage a demi voilé, la teste couronnée d'une couronne
perlée, les mains jointes, un oreiller sous sa tète, parsemé de
fleurs de lis, un manteau fourré d'hermine et sa simare qui est
à l'antique, est lozangée d'or et d'asur, sur l'asur, ce sont des
fleurs de lis sans nombre avec la bande, et sur l'or, c'est le
lion de gueule avec les coquilles qui est de Bourbon. Elle a à ses
pieds deux chiens, à sa teste il y a une espèce de dais bleu avec
des étoilles d'or, à ses costés, en bande, ce sont des petites figures
de prêtres en habits sacerdotaux, et autour du tombeau, dans
de petites niches, se sont des pleureurs en bas relief ou des
Cordeliers en dalmatique ou autres habits sacerdotaux, et autour,
sur la baze sur laquelle elle est couchée, est écrit en lettre gotique.

*Cy gist très noble dame Madame Béatrix comtesse de Cler-
mon et dame de Bourbon, qui trépassa au château de Murat, le
premier octobre l'an de grace 1321, priez Dieu pour l'ame de ley :*

De ce mariage, sortit Louis premier, duc de Bourbonnois, c'est
en sa faveur que fut érigé le duché, par le roy Charles le Bel.
l'an 1367. Il épousa Marie d'Hainaut, ce prince est enterré aux
Jacobins à Paris avec Robert son père, pour Marie d'Hainaut,
elle est à Champègue, à main gauche en entrant, vis à vis du
tombeau de Guy de Dampierre, la figure de cette princesse est
de marbre blanc, un carreau sous sa teste, les mains jointes, le
visage à demy voilé, et à ses pieds, deux chiens, au bas du tombeau, point de bas de Relief, ainsy qu'on le peut veoir par le dessin cy joint, et audessus est écrit

*Cy dessous est la sépulture de Madame Marie d'Hainaut,
femme du duc Louis Ier, duchesse de Bourbon, priez Dieu pour
l'ame d'elle.*

Sous une voute contigue, plus proche du grand hautel, vis à vis celuy d'Anne de Bourbon, est un petit tombeau où il y a deux petits princes couchés les mains jointes, au bas duquel il y a trois écussons comme vous le voyés dans le dessin, le premier est de Bourbon ancien, le second de Bourbon prince, qui est de fleurs de lis sans nombre avec une barre de gueule, et le troisième de Hainaut qui est quatre lions et au dessus est écrit

Cy gist Jaque fils de Monsieur Louis de France duc de Bourbonnois, et de Madame Marie d'Hainaut et trépassa l'an 1318 et le lendemain de la Nativité de Notre-Dame sa sœur Philipe.

Voilà, Monseigneur, tous les tombeaux qui sont à Champègue, lesquels j'ay tasché à vous envoyer le plus correctement que j'ay pù.

Du mariage de ce duc Louis, sortirent deux fils, scavoir, le duc Pierre après lui duc de Bourbonnais et le prince Jaque, comte de la Marche, qui a fait la branche de Vendosme, dont est sorty le roy à présent régnant, c'est pourquoy, dans l'arbre généalogique, je le mes droit, puisque la branche du duc Pierre est éteinte, mais je vas le déduire d'un bout à l'autre, parce qu'elle convient à l'explication des tombeaux que je vous enuoy.

Pierre, second duc de Bourbonnois, épousa Izabeau de Valois, sœur de Philipe de Valois et fut tué à la bataille de Poitiers, il est inhumé avec ses ancestres aux Jacobins de Paris, de son mariage, sortit Louis 2 surnommé le bon duc, comte de Clermon, de Forest et de Château-Chinon, pair et chambellan de France, il fut surnommé le bon duc par sa piété, sa vertu et son expérience qui luy firent donner le gouvernement de la personne du roy Charles VI. Il fut deux fois en Afrique contre les Sarazins et a faist bastir l'autel et chapelle de Bourbon près le Louvre, a fondé le collège de Saint-Nicolas de Montluçon, l'église collégialle de Notre-Dame de Moulins, et fait bastir l'hopital Saint-Gille, il mourut l'an 1410, le 18ᵉ jour de septembre. Ce prince avoit épousé Anne Dauphine, fille unique de Beraut, dauphin d'Auuergne et comte de Forest, ce prince étoit si pieux, que la tradition de Souuigny dit qua sa mort on luy trouva un cilice de fer qui luy étoit entré très avant dans la chair, c'est luy qui fist construire le tombeau dont ie vous envoy le modelle qui est dans la chapelle vieille à main droite en entrant dans l'églize de Souvigny, lieu ou étoient les tombeaux des anciens barons de Bourbon dont nous avons parlé cy devant. Cette églize, dont le prieüré a été fondé, comme iay eu l'honneur de vous dire, dès l'an 921, par Aymard, est très belle pour le pays, ayant tout l'air d'ancienneté qu'on peut auoir un très beau cœür dont on fait le tour par dehors avec des chapelles autour, à droite, est la chapelle vieille et le tombeau dont je vous parle, et à gauche, la neuve dont je vous parleray dans la suitte. C'est dans cette chapelle qu'a été enterrée Mademoiselle de Blois. (Ce prince est instituteur de l'ordre militaire du chardon, autrement de l'écu d'or, il l'institua à Moulins, le jour de la Purification de la Vierge, dans l'église de Notre-Dame, l'an 1369, il était de vingt-six chevaliers du pays de Bourbonnois, il deuoit porter une ceinture de bleu céleste doublée de satin rouge avec ce mot Espérance, elle fermoit à boucle d'or avec un bouton vert en forme de chardon.)

Ce tombeau du duc Louis est très beau, il est de marbre blanc long de huit pieds et demy, large de cinq pieds et demy, il a sur la face longue, trois écussons avec des fleurs de lis sans nombre, et des ceintures antées avec ce mot Espérence. Sur ce tombeau, il y a deux figures couchées, celle du duc Louis, et de la princesse Anne dauphine, sa femme, tous deux couchés sur le dos, les mains jointes ; le duc est nüe teste, un oreiller parsemé de fleurs de lis dessous, il est armé de toute pièce, mais il a une cotte sur les armes vat j'usque aux genoux, on veoit les genoux et les jambes, et le reste est armé avec les éperons au pied où il y a un chien avec un collier au col fleurdelysé, son épée est à la droite dans le fourreau qui est parsemé de fleurs de lis, et à la croisée, il y a la figure d'un chien, et autour du pommeau, ce mot Espérence, de l'autre costé est le poignard fleur de lisé de même, et au fourreau, Espérence, il y a sur la garde un chien comme celui de l'espée ; la duchesse est à costé à l'antique, la couronne perlée sur la teste qui est sur un oreiller parsemé en partie de fleurs de lis et de dauphins qui sont ses armes, elle a, comme son mary, les mains jointes, vestüe d'une simare à l'antique joignant au corps, au pognet, elle a des engagentes comme celles que les femmes portent à présant, sa ceinture est enrichie de pierreries, et sa jupe vat jusqu'à ses pieds ou il y a deux chiens, sauoir, un grand lévrier et un autre. Ils ont à leur collier des N. Entre le prince et la princesse et sur le bord du tombeau, il y a des plattes bandes (C.) avec des bas reliefs de saints en différentes postures, et une bandelette ou il y a toujours écrit Espérence, ce que j'ay l'honneur de vous écrire avec le dessin, vous fera voir au plus juste comme est ce tombeau.

Du mariage du duc Louis avec Anne Dauphine d'Auvergne, sortit le duc Jean Ier de ce nom, 2e duc de Bourbonnois et d'Auvergne, comte de Clermon, de Forest, de l'Isle de Baujeu, de Chatel Chinon, pair et chambellan de France, prince très courageux qui fut pris en la bataille d'Azincour et mené en Angleterre prisonnier où il mourut en l'an 1434, et fut enterré aux Carmes de Londres, mais son corps fut retiré et transporté à Souuigny où il est enterré dans le tombeau du duc Louis son père, par les soins du duc Charles son fils aisné qu'il avoit eu de Madame Marie de Berry, comtesse de Montpensier, première fille du duc Jean de Berry, dont il eut deux filz, sauoir, Charles II duc de Bourbonnais, dont nous parlerons cy après, et Louis comte de Montpensier qui était père de Gilbert de Bourbon Montpensier qui perdit le royaume de Naples, lequel fut père de Charle, connétable de France, dernier duc de Bourbonnois, comme vous le voyés dans l'arbre généalogique.

Dans ce même tombeau, est François de Bourbon, frère du connétable qui fut tué à la bataille de Marignan contre les Suisses, souz François premier. Son corps fut apporté à Souuigny, le dimanche 4e jour de novembre 1515 ; je vous mes cela parce que c'est le dernier qui est enterré dans cette chapelle qu'on appelle comme j'ay dit cy devant la chapelle vielle.

Mais pour revenir au duc Charles, duc de Bourbonnois, il fut chef de l'armée lorsque les Anglais étaient dedant Paris. C'est lui qui a fait bastir la chapelle à Souuigny, appelée la chapelle neuve ou est le tombeau dont je vous envoie le dessein, il me paroist le plus beau de tous, cette chapelle est à main gauche en entrant, à costé du cœur, vis à vis la chapelle vielle dont je viens de vous parler, elle est très claire et plus spatieuse que l'autre. Au milieu, c'est le tombeau (D.) de la figure que vous voyez dans le dessein. La baze est de marbre noir, le corps du tombeau est de marbre blanc et sur le tout c'est une grande table de

marbre noir longue de huit pieds et demy et large de cinq pieds
et demy, sur laquelle est couché ce duc avec Madame Agnès de
Bourgogne, sa femme, fille du duc Jean de Bourgogne. Ces deux
figures sont d'une espèce d'albastre, le duc est armé de toute
pièce, mais couvert d'un manteau du col qui vat j'usqu'aux
pieds luy couvre tout, à la réserve de la cuisse, la jambe et les
pieds auprès duquel est un gros lion rugissant, cependant se
courbant un peu ; il a les mains jointes, la teste nüe sur un oreil-
lier et on veoit à découver son poignard et de l'autre, l'épée.

Madame Agnès de Bourgogne est couchée de même, vestue et
coiffée à l'antique, la couronne sur la teste, la ceinture garnie de
pierreries ; à ses pieds est un lion couché, et en repos à leur teste,
il y a quatre génies qui font des figures marquant leur douleur,
il y a écrit en lettre gotique.

*Cy gist de bonne mémoire, très haut et puissant prince
Charle duc de Bourbonnois et d'Auvergne, comte de Clermon et
Forest, seigneur de Baujeu et Chatel Chinon, pair et cham-
brier de France, lequel trépassa le 4ᵉ jour de décembre l'an 1456.*

*Ci gist très haulte et très puissante princesse Madame Agnès
sa femme, fille de Monsieur Jean de Bourgogne, laquelle alla
de vie à mort le 1ᵉʳ décembre l'an 1466, priés Dieu pour eux.*

Ce tombeau est le plus beau dont je vous envoy les dessins et
la chapelle la plus claire, les armes de Bourgogne et de Bourbon
sont meslés partout tant aux vitres qu'aux portes, il y a de peint
aux vitres, cinq ou six ducs ou duchesses que j'ay négligé de
vous envoyer, ne les trouvant pas assez beaux.

Ce duc Charle eut plusieurs enfants, scauoir, Jean et Pierre
qui tous deux lui succédèrent l'un après l'autre à la duché de
Bourbonnois. Philipes mourut sans être marié, Charle fut ar-
cheuêque de Lion, Louis, éuêque de Liège et père de Messieurs
de Busset. Jaque mourut sans se marier, il eut aussi cinq filles,
sauoir, Marie, duchesse de Calabre, Isabeau, femme de Charle
le Hardy, duc de Bourgogne, Catherine, duchesse de Gueldre,
Jeanne, princesse d'Orange et Marguerite qui avait épouzé le
comte de Bresse, dont sortit Madame Louise de Sauoye, mère
du grand François premier, je vous mets cela, Monseigneur, pour
vous faire remarquer la prétantion que cette princesse avoit à la
duché de Bourbonnois contre Charle de Bourbon, conétable de

France, le dernier duc, à cause de Suzanne sa femme, fille de Pierre et Anne, mais avant que de vous dire cela, vous remarquerés, s'il vous plait, que Jean 2e fils aisné de Charle et de Agnès de Bourgogne, fut après lui sixième duc de Bourbonnois et d'Auvergne, pair, chambrier et conétable de France, en l'âge de dix-huit ans. Il fut lieutenant général des armées du royaume, chassa les Anglais de Normandie et mourut à Moulius le 1er avril 1488. Il est enterré dans cette chapelle de Souuigny, il avoit épousé Jeanne de France, fille du roy Charle cinq.

Pierre second, son frère, fut après lui septième duc de Bourbonnois et d'Auvergne, pair, chambrier et régeant de France, c'est lui dont parle tant Monsieur de Commine, sous le nom de Monsieur de Beaujeu du règne de Louis unse, dont il avoit épouzé la fille Madame Anne de France. Ce prince est celui qui a le plus enjolivé Moulins, aussy voit-on quasy partout son nom et celuy de cette princesse, ils n'eurent qu'une fille appelée Suzanne, qui se maria au malheureux conétable Charle de Bourbon mort à l'assaut de Rome, qui, par la perte de son procès, après la mort de Suzanne sa femme, avec Madame Louize de Savoye, mère du roy François premier. Il se jetta avec Charlequint l'empereur, ce qui fit, qu'à cause de sa félonie, ses forêts furent etestées et on veoit encore les arbres de la forest de Tronssay dont la teste des arbres sont à bas, les chateaux razés et démolis, comme Chantelle, Belleperche et Murat, et enfin le duché réuny pour jamais à la couronne.

Le duc Pierre mourut à Moulins le 10 décembre 1503, et est dans la chapelle neuve à Souuigny avec ses encestres.

Quant à Anne de France sa femme, elle mourut à Chatelrault le 3 décembre 1521 et a esté mise dans cette même sépulture comme aussy Suzanne de Bourbon leur fille, femme du Conétable qui mourut à Chatelraut le 11 mai 1521. Ainsy a esté éteinte cette branche de Bourbon, ce qui fait que la branche de Vandosme est devenüe l'aisnée et monté sur le trône de ses encestres, dont elle étoit sortye depuis saint Louis, on ne peut avoir aucuns monuments d'eux, parce que leurs biens étoient à Vandosme, en Flandre, à Carensy et autres lieux et comme vous ne m'avés demandé que ce qui est en ce pais, je vous envoy, Monseigneur, ce que j'ay pu trouver. Je vous envoie aussi le tombeau de Jean Batard de Bourbon, chevalier, conseiller du sérénissime prince Louis de Bourbon, il étoit seigneur de Rochefort et auoit épousé Agnès de Chalen, vous voyez les armes à costé du tombeau. Il est écrit contre la muraille que, pour la dévotion qu'ils auoient à saint Mayeul et à saint Odille, ils ont voulu être là enterrés. Ce tombeau est un peu fracassé par la voute de l'églize qui tomba il y a quelque temps. Depuis, dans le milieu de la nef d'icelle, est le tombeau de saint Mayeul et de saint Odille crossé et mitré et est très beau, élevé de terre, on prétand que le roy Hugue Capet fut guéry d'une grande maladie pour être venu en pèlerinage à ses deux saints. Je seroy très heureux, Monseigneur, si je peux avoir contanté votre envie en vous envoyant les dits tombeaux. J'ai recherché tout ce que j'ay pû, ne souhaitant rien au monde, que de vous marquer avec combien de respect je suis, Monseigneur,

Votre très humble et très obéissant serviteur,

L : B : D :

A Moulins.

NOTES COMPLÉMENTAIRES

A. — Il n'y a plus à Champaigue, aucune trace de la chapelle ni du couvent qui ont été transformés en un domaine.

B. — La chapelle de Bessay-sur-Allier où étaient les tombeaux de Guillaume de Bourbon et d'Isabelle de Cortenay, femme du précédent, était située à l'extrémité de ce bourg, au midi, à gauche de la route de Paris à Lyon, immédiatement après le pont, sur une petite éminence arrangée de main d'homme, dès l'époque romaine, de manière à ce que le ruisseau l'entoure de toutes parts ; cette butte s'appelle encore aujourd'hui : *Motte Saint-Pol* (1), mais on y remarque aucune ruine apparente ; seule, la charrue rencontre et ramène au jour quelques vestiges de fondation.

C. — J'ai fait exécuter les photographies de trois débris intéressants, de cette platebande qui sont à Moulins, au Musée départemental ; on y remarque des traces d'or et de peintures de gueule et d'azur.

D. — J'ai également fait photographier ce tombeau, tel qu'il est à présent, en y ajoutant un groupe de deux « *pleurons* » en albâtre du Musée départemental, tels qu'ils sont désignés sur le marché par Charles de Bourbon avec le sculpteur Jacques Morel de Montpellier, le 24 juin 1448 ; ce marché a été publié 1° par M. Guigue, dans les archives de l'*Art français*, T. IV, page 311. 2° par M. Courajod, conservateur du Louvre et enfin, par M. L. Monnery dans la *Revue du Roannais*, 1892. J'ajouterai qu'une copie de Fanjoux est aux archives de l'Allier.

(1) *Quinzaine bourbonnaise*, n° 4, février 1893. — Histoire et antiquités, par M. Félix Chambon, cite un titre de l'an mil IIIICIIIIXX à propos des reliques de saint Pol, dans la chapelle des sires de Bourbon, à Bessay.

LES ORIGINES

DE

BOURBON-LANCY

LES BAINS ANTIQUES (*Suite*) (1)

Il est certain que ces thermes somptueux, où la munificence romaine avait prodigué les travaux d'art, les marbres, les statues, les peintures (2), furent ruinés par les invasions barbares : mais à quelle époque ? Nous opinerions pour celle des Bagaudes vers l'an 270 ; car, de tous les fléaux qui opprimèrent la Gaule, l'irruption des Bagaudes fut la plus formidable et la plus désastreuse (3) : la colonne de Cussy ne fut-elle pas élevée en l'honneur de Maximilien Hercule qui, en faisant cesser le brigandage, rendit aux villes leur sécurité et leur éclat ? (4)

Si cette destruction des thermes eut lieu ultérieurement, on n'a pour les suppositions que l'embarras du choix entre les Barbares ; sans compter l'invasion des Vandales, comman-

---

(1) Voy. p. 117 ci-avant. — Nous saisissons cette occasion pour rectifier un *erratum* de la p. 119 où on lit, ligne 23, le mot *mer* au lieu de *cour*.

(2) Des peintres grecs y avaient travaillé : témoin Diogène Albinus, qui y a laissé ses cendres, suivant une inscription conservée dans l'église de Saint-Nazaire.

(3) Eumène, *Oratio pro inst. scholio*, p. 143. On sait que la ruine totale d'Autun par les Bagaudes arracha des larmes à Constantin venant visiter cette ville en 311.

(4) *Ibidem, Panégyrique*, p. 128. — D'autres opinions ont été cependant émises sur l'origine de ce monument. Voyez *Annales de la Société éduenne*, XVIII-305. M. Bulliot y voit notamment un simple monument idolâtrique.

dés par Khrock ou Crocus vers 265 (1), on trouve, en 277, les Germains sous Probus, les Huns avec leur roi Attila en 451, les Sarrasins en août 731, les Normands en 888, les Hongrois vers 944 ou 954, tous envahisseurs dont la présence est signalée à ces diverses dates en Autunois.

Cette dévastation n'était, au reste, pas près d'être réparée : il fallut la présence d'une reine de France à Bourbon-Lancy pour appeler sur ces eaux si salutaires quelques restaurations des piscines.

En 1542, Catherine de Médicis, épouse d'Henri II, vint, après neuf ans de stérilité, y chercher remède, et « dès l'année suivante, elle commençait à produire le petit François deuxième et après, consécutivement, cette belle lignée que nous avons eue, dit Brantôme, et ceci à la grande satisfaction de son médecin Fernel, qui recevait 10,000 écus à chacune de ses délivrances. » Son exemple fut imité ensuite par Marguerite de Valois, et c'est en souvenir de sa fécondité qu'une des sources porte le nom de *Fontaine de la Reine* (2).

Mais une terrible inondation de la Borne, emportant les bâtiments des bains, comblant les puits et les canaux de vidange, vint bientôt détruire les premiers travaux exécutés, au point qu'un ancien manuscrit assure que « le lieu du bain est demeuré fort longtemps le séjour de beaux et grands poissons et la retraite de nombreuse quantité de serpents et autres insectes dans les creux de la superbe architecture, dont pour lors qu'on les nettoyoit en fut retirée une si grande quantité de fange et de saletés qu'il étoit fort aisé à juger le longtemps que ces bains n'avoient été fréquentés, et cependant trente-

---

(1) *L'Ancien Forez*, IX-257.

(2) Aubery rapporte dans un langage des plus naïfs « ce dessaing du Roy et de la Reyne qui estoit la seule fécondité. » On conçoit quelle vogue eut dès lors Bourbon-Lancy à la suite de cette heureuse cure, que le poète Lingendes a célébrée ainsi :

..... Tant de lits stériles
Dedans ces tièdes bains, plus féconds devenus,
Ne laissent les baisers de l'hymen infertile,
Monstrant qu'en l'eau salée à peu naistre venus.

sept ans auparavant, comme je l'ai dit, ils avaient été restaurés par Catherine de Médicis. »

Heureusement qu'on allait les nettoyer pour l'arrivée d'une autre reine de France, dont un acte baptistaire de la paroisse de Saint-Léger nous fait connaître la date (1) : « Le jour de sainct Ligier, deuxiesme octobre mil cinq cens quatre vingts, jay baptizé Loyse, fille de Hugues Sonaille et de Suzanne Frenoullet. Furent son parrain Scipion Affricain, conte de Fiesque, chevalier de l'ordre du Sainct-Esprit et chevalier d'honneur de la Royne de France, ses marraines Loyse de Lorraine, raine de France, à présent femme de Henry de Valois, troisiesme du nom, roy de France ; Madame la princesse de Mercœur, femme du très haut et très puissant prince monseigneur de Vauldemont, prince de Mercœur, frère de la dite raine, et Mademoiselle de Vauldemont, sœur de la dite raine et du dit seigneur de Mercœur. En ce mesme temps, la dite raine estoit aux baings à Bourbon, où elle demeura depuis lonziesme de septembre jusquau vingt-deuxiesme novembre et sen alla ainsy que le dit sire roy son mary, qui ne demeura audict Bourbon que deux nuicts et ung jor entier. (Signé) : *Deschiezes.*

Sous la direction de Marc Miron, premier médecin du roi Henri III, des travaux considérables furent, avant 1589, exécutés (2), afin de permettre aux baigneurs qui y affluaient de profiter des vertus si salutaires des eaux chaudes. Un vieux chroniqueur, Ranchin, chancelier ès escholles de Montpellier, y avait amené, en 1633, et guéri la duchesse de Montmorency : il rapporte « qu'il n'avoit jamais rien vu de si majestueux et que tout ce qui paroissoit d'antique en Grèce et en Italie n'estoit rien à l'égal de ce qui estoit de ces bains. » De nouveaux travaux furent faits en 1602 et 1608, comme on le verra plus loin.

(1) Arch. municip. de Bourbon-Lancy, GG. 2.
(2) Une lettre qu'on trouvera plus loin montre que du Cerceau, architecte du Roi, conduisit les travaux.

Déjà, en 1603, Jean Banc, dans un ouvrage très rare, quoique réimprimé en 1618, *Les admirables vertus des eaux de Pougues, Bourbon et autres renommées de France*, décrivait comme suit les thermes de Bourbon-Lancy :

« Au-dessous du chasteau est le bourg Sainct-Léger, où sont posés nos bains ; à costé, tirant vers le septentrion, est le bourg Sainct-Lazare (1), et, plus bas, du costé de la Loyre, le bourg de Sainct-Martin, que crois avoir été la partie ancien-nement habitée des plus grands personnages de cette colonie. Là se trouvent encore de vieilles murailles, des bastiments superbes, des briques fort grandes sur lesquelles on découvre par fois quelques figures à-demi effacées, force marbres anti-ques divers en grandeur et en eslaboration, entre autres un dessus de colonne fait à la corinthienne, avec force feuillages, quantité d'autres fragments aussi entables, architraves, frises, cornices et entablements.

« A la descente des dits bourgs Sainct-Lazare et Sainct-Martin se remarque encore un grand chemin et quelques pierres adjencées à plat de vieilles tailles, représentant comme les ruines de quelque portail ancien ; à chaque costé du dit chemin, il y a une muraille ruinée, qui paroist encore d'un plus grand pied hors terre. Le peuple croit que c'étoit l'an-cien chemin de ce quartier-là, pour conduire au bain. Mais du costé du Midi, un peu à quartier de l'édifice du bain et des sources, se voit un cousteau si opulent et en découverture ordinaire des marques de l'antiquité, qu'à mesure que les ravages des pluies le minent, ou qu'on veut fouiller plus avant dans son sein, on ne trouve que marbres, figures, parements à la mosaïque, médailles de divers antiques, que ciment d'in-connue fabrique, et d'autres merveilles de matières apportées de loin et figurées à l'antique... »

Ces découvertes ont été faites trop tôt pour la science archéologique, à une époque moins curieuse de l'antiquité

(1) Saint-Lazare pour Saint-Nazaire.

que la nôtre, et la plupart de ces précieux restes n'ont pas été
conservés. Les bains ont été restaurés, mais les travaux modernes en ont complètement modifié la structure, et il faut
recourir à d'anciennes relations pour en avoir aujourd'hui une
idée même imparfaite. C'est ce qui nous décide à publier,
quoique nous ne parlons que des origines, une très curieuse
lettre que nous avons trouvée dans la collection si rare du
Mercure galant, première partie du mois de juillet 1681,
p. 175 (1).

LETTRE DE M. COMIERS, PRÉVOT DE TERNANT, TOUCHANT LES
EAUX MINÉRALES DE BOURBON-LANCY

« Il m'est fort aisé, Monsieur, de vous apprendre ce que
vous voulez scavoir des eaux de Bourbon-Lancy. Nostre chapitre de Ternant (2), qui n'en est éloigné que de trois lieues,
me les fait connoistre depuis fort longtemps. Ces eaux sont
au pied d'un rocher sur lequel la ville est assise, entre les
confins du duché de Bourgogne et la province du Bourbonnois, à un quart de lieue de la rivière de Loyre (3), à quatorze lieues de Nevers, à sept lieues de Moulins et à douze
d'Autun. L'air y est fort pur, le païsage agréable, les promenades très belles, et on y abonde de toutes choses. Quelques
désordres que la suite des années ait pu apporter aux fontaines
et aux bains, leur structure, leur œconomie et leurs distributions ne laissent pas de paroistre encore merveilleusement
soutenues comme autrefois de la richesse de la matière et des
ornemens d'architecture, elles passeroient pour le plus bel
ouvrage de l'antiquité. Les bassins des fontaines se voyent
encore à présent composés de gros quartiers de marbre blanc.

(1) *Bibliothèque nationale*, L'C 33 au dos du volume de la série M
(L 2,400).
(2) Ternant-Hiry, canton de Fours (Nièvre) : il y avait une collégiale
fondée en 1444.
(3) La lieue d'alors avait donc 12 kilomètres, puisque la Loire (gare de
Bourbon) en est actuellement à 3 kilomètres, ou bien le lit de la Loire
s'est fort éloigné de cette ville depuis 1681.

Leurs pavez et celuy des bains est de marbre gris. Toutes les statues qui ornaient ces bains estoient aussi de marbre blanc. Quant aux murs, marbres, niches, corniches et autres ouvrages d'architecture, le tout estoit encrousté de tables de marbre de diférentes couleurs appliquées sur un ciment rouge (1) et attaché contre les murs par des clous de cuivre de Corinthe de sept à huit pouces de longueur. Les fragments qui en restent en quelques endroits font voir la magnificence des Romains qui, après la conqueste des Gaules, reconnoissant l'utilité de ces bains et de ces fontaines, n'épargnèrent rien pour les embellir. Nos roys, depuis un siècle, ont fait dégager ce grand ouvrage des ruines dans lesquelles il estoit ensevely. Henri III y envoya son premier médecin, le controlleur de ses bastiments, et du Cerceau, son premier architecte, qui y firent travailler pendant quelque temps avec un grand nombre d'hommes.

M. Beaulieu, secrétaire d'Etat en 1602, et M. Descures (2) en 1608, sous Henry IV, continuèrent à faire enlever une partie des ruines de ces bains ; et M. Motheau, médecin du roy et intendant des eaux minérales, a pris le soin d'y faire employer en 1680, un fond de douze cens livres, venant de la libéralité des élus des Etats de Bourgogne. Des cinq bains qui sont présentement à Bourbon, on en a déterré trois depuis peu de temps ; et parmy ces ruines, ainsi que dans celles qu'on avoit fouillées auparavant, on a rencontré plusieurs fragments de bases, colonnes, chapiteaux, architraves, frises, corniches, parements à mosaïque, statues partie de marbre de diverses couleurs, morceaux de jaspe, porphyre, bronze, cuivre et airain, et entr'autres une statue qui a esté portée au Louvre, dans la salle des Antiques. On y a aussi trouvé des médailles d'or, d'argent et de bronze, représentant les effigies de Jules, d'Auguste, César et d'autres empereurs, avec une infinité de petites pierres azurées, pourprées et d'autres couleurs, les

____

(1) C'est de la mosaïque.
(2) On a donné son nom à l'une des sources.

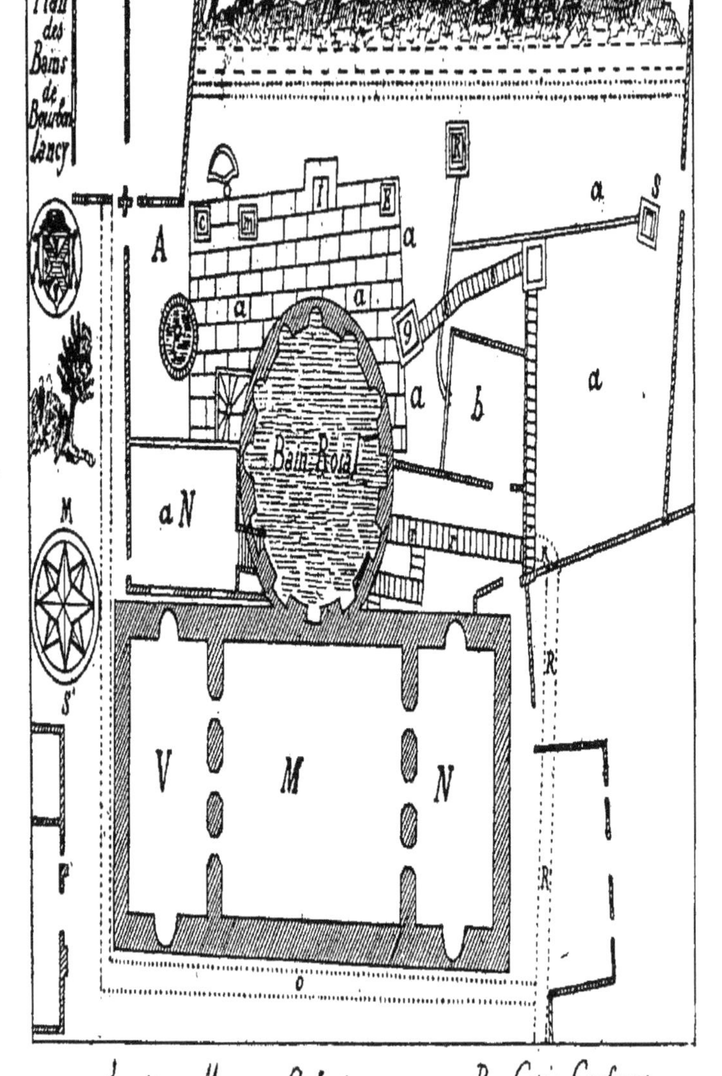

Extrait du Mercure Galant
Juillet 1681 Page 116

Pour Copie Conforme
Paris 5 février 1894
Arthur David

unes plus transparentes que les autres et diversement travaillées.

« Mais si les eaux de Bourbon sont considérables par le grand nombre de leurs sources, elles ne le sont pas moins par les vertus admirables qu'elles tirent du mélange de souffre et de bitume et encore de quelque peu de sel de nitre, d'alun et de vitriol, que la nature semble n'avoir admis en société avec ces premiers minéraux que pour tempérer leurs qualitez qui y prédominent... (1).

(*Page 186*). Je viens à la description des fontaines et des bains. Les fontaines sont au nombre de dix (2), sept d'eaux chaudes et trois de froides. Il y a d'ailleurs cinq bains.

« La première des sept fontaines d'eau chaude, appellée le Limbe et marquée B dans la planche que je vous envoye (3), est la plus considérable de toutes. Elle est faite en forme de puits, qui a onze pieds quatre pouces de diamètre, trente-quatre de circonférence et sept de profondeur. La marche de ce puits a un pied de largeur et de hauteur, et le pavement en est percé en divers endroits pour donner passage à la source qui a cinq ou six pouces de grosseur. Elle s'élève en plusieurs bouillons qui se rompent et enfin s'unissent et s'égalent à la surface de l'eau. Cette source sort d'un rocher escarpé d'environ quarante pieds. L'eau en est si chaude qu'on n'en scauroit boire un verre qu'à plusieurs reprises.

« La seconde fontaine marquée R a trois pieds neuf pouces de quarré, six de profondeur et mesme degré de chaleur que la première.

(1) Nous n'avons pas cru devoir citer la description médicinale qui n'est plus de notre science moderne : on n'était pas fort alors en chimie ! Les analyses ont constaté dans leur composition chimique du chlorure de sodium (1,29 par litre), du sulfate de soude et de potasse, des bicarbonates de soude, de chaux, de magnésie, de fer et de manganèse, des phosphates et des traces très appréciables de silice, d'iode, d'arsenic et de lithine qui les rendent très curatives. Des *conferves*, d'un beau vert émeraude, se produisent incessamment et en grande abondance.

(2) Il n'y a aujourd'hui que cinq sources thermales : le Limbe à 58 degrés 8 ; Saint-Léger à 48,8 ; Valois à 46,3 ; la Reine à 50,3, et Descure à 53,6.

(3) A la p. 186 est cette planche que nous reproduisons.

« La troisième marquée S, appellée de Saint-Léger, et la quatrième et la cinquième marquées I et E, ont chacune quatre pieds d'ouverture en quarré, sur sept et demy de profondeur, et leurs eaux sont beaucoup plus tempérées que celles des deux premières.

« La sixiesme marquée M a le nom de Fontaine de la Reyne, parce qu'elle a estée réparée par les libéralités de Louise de Lorraine, reyne de France. Son bassin est élevé de deux marches par-dessus terre. Elle a six pieds d'ouverture en quarré, sept de profondeur, et son eau est moins chaude que celle du grand puits, plus chaude que celle des fontaines S, I et E et a mesme degré de chaleur que celle de Bourbon-Larchambaud.

« La septième marquée C est appellée Descures, à cause de la découverte qui en fut faite par un seigneur de ce nom en 1609. Elle a cinq pieds d'ouverture en tous sens, six de profondeur. Son eau est un peu moins chaude que celle de la Fontaine de la Reyne. Ces sept fontaines distribuent leurs eaux dans les bains par divers canaux qui les échaufent ou qui les tempèrent, selon le degré de chaleur que l'on désire.

« La première des trois fontaines d'eau froide, marquée O, est faite en demy-rond, ayant cinq pieds de diamètre et de profondeur. Elle distribue son eau, ainsi que les autres, dans les mesmes bains.

« Les deux fontaines E, S sont cachées sous terre. Quelques anciens disent les avoir veues : et le sr Aubery, dans le traité qu'il a fait des eaux minérales, dit avoir beu de celle de la fontaine S, qu'il assure être très bonne.

« Ces dix fontaines sont placées dans une court marquée A, qui a cent quatre vingt pieds de longueur. Joignant cette court, du costé du septentrion est le bain royal. Il est de figure ronde, ayant quarante-deux pieds de diamètre dans œuvre, et quatorze de profondeur, qui sont employez, scavoir en trois pieds et demy de hauteur d'eau, servant à l'usage du bain et le surplus en ornemens d'architecture. Les murs ont six pieds d'épaisseur et sont faits de gros quartiers de pierre qui paroissent avoir été fondus par le mélange des matières étrangères qui les composent. A l'entour de ces murs, on voit douze niches espacées de six pieds en six pieds, en ayant chacune neuf de hauteur, cinq de largeur et quatre de profondeur. Six de ces niches sont arrondies par dessus un cul de four, et les six autres sont couvertes de plates bandes. Au-dessus des niches est une corniche d'ordre toscan, qui fait le contour des murs. Ces niches estoient autrefois ornées de douze statues posées sur des piedestaux, qui paroissent encore à présent. Il en sort divers canaux qui portent l'eau des fontaines dans le bain, où l'on descend par des marches placées à l'entour des murs.

« A ce bain royal est joint, du costé du septentrion, le bain marqué M. Il a soixante pieds de longueur, sur quarante-trois de largeur, et reçoit les eaux de la première et de la seconde fontaine chaude. Le troisième bain marqué V joint ce bain M du costé d'Orient. Il a quarante-trois pieds de longueur sur vingt-six de largeur et reçoit les eaux des mesmes fontaines que le précédent.

Sur la mesme ligne et du costé d'Occident est le bain N, qui joint aussi le bain M. Il est de mesme longueur et largeur que le bain V.

« Ces deux bains V et N sont separez du bain M par un mur de pierre de taille de cinq pieds huit pouces de hauteur sur cinq d'épaisseur. Dans le milieu de leurs faces qui regardent le septentrion et le midy, l'on voit quatre grandes niches qui estoient autrefois remplies de quatre statues, l'une desquelles représentoit deux baigneurs folastres. On dit qu'on l'a transportée dans la maison royale de Fontainebleau. Ces trois derniers bains ont chacun trois pieds et demy d'eau, dans laquelle on descend aussi par des marches qui règnent autour des murs (1).

(1) Voici, d'après l'excellente *Notice* publiée en 1849 par le docteur Rérolle, la description du bain principal :

« Le bassin situé à l'est est d'origine romaine ; on le désigne sous le

« Le cinquième bain appellé des Pauvres et marqué B a vingt un pieds de longueur sur dix sept de largeur, et trois pieds huit pouces de profondeur d'eau venant des fontaines de la Reyne et Descures.

« Tous ces bains et ces fontaines se vuident par le bas et à fleur d'eau, par des canaux de bronze, de plomb et de pierre, dans des aqueducs intermédiaires, et de là dans le grand aqueduc qui sert de récepte général à toutes les eaux. Ce dernier aqueduc a environ un quart de lieue de longueur, sur six à sept pieds de hauteur, et trois de largeur. Il est fait de taille cimentée. On a reconnu qu'il y a cinquante canaux qui s'y déchargent, la plupart desquels y portent des eaux froides. Comme ce nombre de canaux excède celuy des fontaines et des bains, il est aisé de juger qu'il y a encor plusieurs bains et fontaines que les ruines empeschent de découvrir. Voilà l'éclaircissement que vous avez souhaité de vostre... »

On voit par cette lettre si intéressante combien magnifiques étaient les thermes au temps des Gallo-Romains. Aussi, pour les défendre du pillage par ces barbares chevelus qui inondèrent les Gaules à diverses reprises, et aussi pour signaler leur arrivée aux postes militaires des environs, les Romains de la décadence avaient-ils élevé, sur la hauteur dominante,

nom de *Bain des Césars*. Construit en bloc de marbre blanc, il a quatorze mètres de diamètre : c'est là que les Romains prenaient leur bain commun. On aime à se représenter ces monuments lorsqu'ils étaient dans toute leur beauté. Alors ce bassin était divisé en douze grandes niches, *Sygmata*, espacées par égale distance et séparées par des balustrades dorées. Chaque console de séparation supportait une statue en marbre blanc ; deux rangs de gradins servaient de siège aux baigneurs fatigués. Les niches voisines des fontaines avaient à leur partie supérieure des conduits saillants, destinés à l'administration des douches.

« Un autre bain, aussi remarquable que le précédent, était construit en bloc de marbre divisé en sièges séparés et ornés de statues de marbre, et recouvert d'un dôme. L'eau du Lymbe tombait au milieu d'un petit hémisphère ou piédestal, sur lequel était une statue de marbre blanc représentant deux *folastres baigneurs*. On ne trouve aujourd'hui aucun vestige de ce bain si remarquable. Sous la place de Saint-Léger, on a mis à découvert une portion d'un bain d'étuve fort bien conservé et pavé en mosaïques. »

l'un de ces *burgs* (1) que l'on retrouve si nombreux dans l'Autunois, comme dans le Charollais et le Mâconnais. Cette tour, dont il subsiste encore le soubassement servant de cave, ne put empêcher les ravages des envahisseurs, mais autour d'elle, comme on va le voir au chapitre suivant, le moyen âge éleva une forteresse. Nous parlerons de ses premiers seigneurs, de ses vicissitudes et aussi de la ville qui s'éleva à l'entour, laquelle Courtépée affirme avoir eu treize cents pas géométriques de l'est à l'ouest et sept cents pas du nord au sud.

III.

LES PREMIERS SEIGNEURS DE BOURBON-LANCY

Ces seigneurs n'appartenaient point, ainsi qu'on l'a cru jusqu'à présent, à une même souche que ceux de Bourbon-l'Archambaud, comme l'a dit notamment Chasot de Nantigny (2), qui les fait descendre de Gérard, petit-fils d'Aimar Ier, chevalier, fondateur du prieuré de Souvigny : « De l'un des puinés, dit-il, sont descendus, selon M. du Bouchet (3), les seigneurs de Bourbon-Lanci, de Montperroux, de Montmort, de Laboulaye et de Classi. » Les cartulaires monastiques prouvent que la branche de Bourbon-Lancy était issue d'une très vieille famille qui portait le nom d'Anglures, ou mieux des Angles, *de Angleduris.*

Voici, quoique incomplète, la filiation de ces derniers :

Premier degré : AIDOARD

Un nom celtique, celui-là, car on y trouve les radicaud *Ai,* habitant, et *doar,* eau, lieu humide, allusion à leur demeure près de l'Arroux, rivière, qui faisait un lieu humide de la

---

(1) Voyez dans l'*Ancien Forez*, VII, 132, une étude sur les *burgs* et les *burgarii* au temps de la décadence de l'empire romain.

(2) *Généal. hist.*, IV, 152. — Voyez aussi Sainte-Marthe, *Hist. gén. de la Maison de France*, II-749.

(3) *Hist. de la maison de Courtenai*, p. 177 et suivantes.

vallée, où elle reçoit un grand nombre de petits ruisseaux (1).
Il est à remarquer que, dans la charte de Cluny, où nous trouvons
Aidoardus, charte qui sera citée à l'article de son petit-fils, il
est dit *Aidoardis avus*, mais cette désinence en *is*, indiquant
d'ordinaire un nom de femme, est évidemment une erreur
du scribe, puisqu'il est désigné *Aidoardus* dans les deux chartes
que voici :

Premiers mois de 936. Aydoardus donne un curtil (2) seigneu-
rial, *in dominicatu* (3), sis à Tisi, lieu de la Roche, au pays de
Mâconnais (4), plus tout ce qu'il possède à Charency, *in villa
Carenciolas* (5), plus encore un serf nommé Warnaud (6).

936-937. *Adoardus*, pour le salut de l'âme de sa mère *Wal-
trude*, donne, de ses biens au village de Charency, *in villa Caren-
tiolas, in pago Augustodunensi*, la moitié de tout ce qu'il possède,
plus son serf Warnaud (7).

Aidoard, qui vivait assurément avant l'an 900 et fut par
conséquent témoin de la famine qui ravagea si cruellement la
Bourgogne en 925 (8), eut, d'une femme dont nous n'avons
point le nom, au moins deux fils :

1° Bernard, qui suivra.

2° Heldin, qui donna, en octobre 989, au monastère de
Cluny, un pré à Lavault, dans le pays autunois, *in villa que
dicitur vallis, in pago Augustodunensi*, pour le repos de l'âme de
son parrain Heldin, *patrini mei Heldini*, s'en réservant la moitié
durant sa vie (9).

---

(1) L'Arroux y coule parsemée de petites îles et bordée de rochers
énormes taillés à pic et fouillés par les eaux : elle reçoit là les ruisseaux
des prés Chanots, d'Auzon, de l'Etang-Neuf, d'Armecy et des Préaux.

(2) Le courtil, *curtilis*, d'après M. Bruel, *Inv. des ducs de Bourbon*, I-767,
note, est le fonds situé dans l'enceinte du village.

(3) *In dominicatu*, immeuble dépendant du seigneur, par opposition
au bien libre, qui est dit *ex dominicatu* ou *indominicatus*.

(4) Tisy, ancien village aujourd'hui disparu, entre Bourg-Villain et
Saint-Point (Saône-et-Loire).

(5) Charency, paroisse de Saint-Didier-sur-Arroux.

(6) *Cartulaire de Cluny*, Ed. Bruel, ch. n° 443.

(7) *Eodem loco*, ch. 460.

(8) Paradin, *Annales*, p. 148, rapporte qu'on en vint à l'affreuse nécessité de répandre le sang humain et de se manger les uns les autres.

(9) *Cart. Cluny*, ch. 1807.

II. BERNARD

Bernard, premier du nom, est dit marié à Aremburge, *patris mei Bernardi et matris mee Aremburgis*, dans la charte de Cluny citée à l'article de son fils : Aremburge était fille de Dreux, chevalier, *miles,* et de Teutsa, que mentionnent plusieurs chartes de Cluny, notamment celle portant le n° 517. Elle apportait en mariage des biens *in villa que vocatur Volufum,* comme on le verra ci-après :

Ils paraissent avoir eu les trois enfants que voici :

1° Bernard, qui continuera.

2° Rainaud, *Rainaldus,* qui, pour le repos de son âme et pour celle de Frameric (son frère ?), donna à Cluny et à Souvigny un fonds de vigne, *paginam* (1), qui lui appartenait dans la *viguerie de Bourbon,* à Gernente, *in villa Gernente,* au mois d'août 974 (2).

3° Frameric, d'après la charte qui précède.

III. BERNARD, SECOND DU NOM.

Bernard II est qualifié *miles,* en français homme de guerre, c'est-à-dire *chevalier* (3), dans une charte où nous voyons, le 29 octobre 1003, qu'il cède à Dieu, à saint Pierre et au monastère clunisien, en nue-propriété, pour y réunir l'usufruit à son décès, une partie de son alleu, *quamdam partem alodi mei,* située au village de la Vault, *Vallis,* dans le comté d'Autun (4).

Ce terme d'alleu est à remarquer ici, car pour aucun des

(1) *Non tam modus agri quam fundus,* dit du Cange dans son *Glossaire,* III-98.

(2) *Cartul. Cluny,* charte. 1400. — Peut-être le vignoble des Garnaudes, commune de Bressolles (Allier). La viguerie de Bourbon serait celle de Bourbon-l'Archambaud, dont était alors *viguier* Archambaud premier.

(3) Chez les Francs et chez les autres peuples d'origine germanique, le *miles* était l'homme libre, parce que tout homme libre portait les armes (A. de Barthélemy, dans la *Revue nobiliaire* de 1868). On sait d'ailleurs qu'à Rome, le *miles* était le soldat, le fantassin. Au commencement de la féodalité, *miles* était synonyme de *chevalier,* longtemps avant les croisades ou l'établissement même des ordres de chevalerie.

(4) La Vault, hameau de Montmort (Saône-et-Loire).

autres dons qu'il va faire; cette origine de propriété n'est indiquée. « L'alleu ne comprend à cette époque que les biens échus par succession. Les acquêts en étant encore séparés, il désigne exclusivement le patrimoine, ou, si l'on veut, les propres (1). Le terme est donc employé à dessein par le scribe pour indiquer la propriété patrimoniale de Bernard, par suite le lieu d'habitation de lui et de ses aïeux : des chartes subséquentes vont confirmer cette extraction libre. Bernard donne encore au village qui est appelé *Volufum*, dans le comté de Mâcon, un serf avec sa femme et ses enfants, ainsi que le courtil qui lui appartient, *curtile et terram qui ad ipsum pertinere videtur*, c'est-à-dire des bâtiments et des fonds près ce village (2).

Ce village de *Volufum* serait pour nous un lieu inconnu si d'autres chartes, dont nous allons parler, ne nous montraient que *Voluf* n'est que le nom primitif de la localité chrétienne de *Jangulfum*, aujourd'hui Saint-Gengoux-le-National (3).

Les biens viennent de la mère du donateur, Aremburge, fille de Dreux et de Teutsa, comme l'indiquent les chartes 954, 972 et 976 du cartulaire de Saint-Vincent de Mâcon (4). Au village de Marchizeuil (5), Bernard ajoute un courtil et une vigne. Toutes ces donations sont passées à Suin, *Pseudono Castro* : il les fait pour le repos de son âme, et celles de son père Bernard et de sa mère Aremburge, et pour sa femme Gertrude (6).

Le lendemain 30 octobre 1003, le même chevalier *Bernardus miles*, cède encore au monastère de Cluny, sous la pareille réserve de jouissance durant sa vie, et pour un cens de 10 sols à percevoir chaque année des moines, des vignes en Châlonnais, *in pago Cabilonensi vocato Circiacensi, in Monte Musdo* (7).

(1) J. GARNIER, *Chartes bourguignonnes*, p. 14.
(2) CHAVOT, *Préface du Cartul. de Saint-Vincent de Mâcon*, p. LXXIV.
(3) On trouve aussi S. *Jangulfus* et S. *Gengulfus*. — Voir dans la *Bibliotheca Cluniacensis*, col. 1525, une charte de 1281, où il est dit que le roi Philippe renonça à faire plus longtemps fabriquer de la monnaie à Saint-Gengoux, qui faisait concurrence à celle des moines de Cluny.
(4) Voy. Cluny, 1430, et encore Saint-Vincent, 108 et 361.
(5) Auj. commune de Saint-André-le-Désert (Saône-et-Loire).
(6) *Cartul. Cluny*, n° 2573.
(7) Montmusdon, d'après la suscription du titre original : lieu inconnu.

Circiasensi est-il le même que *Circiasensi*, Scissé (aujourd'hui Saint-Gengoux-de-Scissé en Mâconnais), ou est-ce Sercy, canton de Buxy en Chalonnais ? Au Xe siècle, il existait à Saint-Gengoux un doyenné de Cluny (*Ch. de saint-Mayeul, 601*), qui comprit vers 1150 les chapelles du bourg et de Sercy. Au surplus, Saint-Gengoux était du diocèse de Chalon en 987 : c'est ce qui explique que le scribe de Cluny, tout en désignant Scissé, plus tard du comté de Mâconnais, écrit *Circiasensi in vago Cabilonensi.* Il y a peut-être là une de ces enclaves du Mâconnais dans le Châlonnais, ayant eu pour origine une propriété de seigneurs mâconnais, acquise par suite d'alliance ou de succession, comme il y en a d'autres exemples dans le canton de Saint-Gengoux précisément : nous croyons donc qu'il faut lire *Scissé*, qui n'existe plus comme paroisse, mais fait partie de nos jours de Saint-Gengoux-de-Scissé.

Le donateur y rappelle encore son père Bernard, sa mère Aremburge, sa femme Gertrude (1).

Bernard et Gertrude eurent de leur union, savoir :

1° Autre Bernard, dont l'article viendra ci-après.

2° Anseide, dit quelquefois Ansed, auteur d'une branche que nous rapporterons après son aînée.

Faisons ici une remarque : faut-il dire Anseide plutôt qu'*Ansed*, le latin étant *Ansedeus* ? Anseide nous semble préférable parce qu'Ansed se traduirait *Ansedus*. L'*i* existe dès le XIIIe siècle dans la forme alors usitée d'*Anseis* ou *Anseys* (2). Nous croyons donc devoir adopter l'orthographe Anseide.

IV. BERNARD, TROISIÈME DU NOM.

Il vivait en 1050. La charte n° 108 du cartulaire de Paray-le-Monial le qualifie *quidam miles Bernardus nomine*, et la sus-

---

(1) *Cartul. Cluny*, n° 2574.

(2) Citons à l'appui la chanson de geste, *Anseis de Carthage* ou *Histoire des pauvres*, en vers (Bibl. nat. *man. fr..*, 12450, et en prose, l'*Anseis et Charlemagne* (Bibl. de l'Arsenal, BLF 214[6]). — Dans les *Loherains*, cycle héroïque composé d'un certain nombre de chansons des XIIe et XIIIe siècles (Bibl. nat., *fonds fr.*, 4988) ; on trouve aussi le nom Anseys (Léon GAUTHIER, *la Chevalerie*, p. 83 et 592). Notons aussi que le nom d'Anseide

cription du titre porte *Bernardi senis de* ANGLEDURIS, *Angleduris*
que les auteurs traduisent d'ordinaire Anglure, mais qu'un
titre subséquent va nous montrer avoir été primitivement LES
ANGLES. En effet, près du village actuel de la Vault (commune
de Montmort), est encore aujourd'hui le hameau des Angles,
même commune (1). Ce nom DES ANGLES est dorénavant le
nom patronymique de la famille.

Il existe bien en la commune de Bragny-en-Charollais, qui
dépendait jadis du *pagus Augustodunensis*, un autre hameau des
Angles, avec un château plus moderne que féodal, mais il est
à remarquer que la commune de Bragny dépendait alors du
prieuré fondé en 924 par Raoul, duc de Bourgogne (2) ; or, le
nom de Bragny dit, dès cette époque, *Braniacum*, ne se
trouve dans aucune des chartes de Paray, nombreuses au nom
qui nous occupe : l'hésitation n'est donc pas possible. Notre
village des Angles, où était possessionnée la famille de Bernard, dépendait de la paroisse ancienne de Saint-Bonnet (3),
aujourd'hui Montmort, *Mons Mauri* dans les anciens pouillés (4).
Peut-être y a-t-il là une réminiscence du disciple de saint
Benoît, saint Maure, qui fut envoyé par lui à la Charité-sur-
Loire, plutôt qu'une allusion aux hordes sarrasines du
VIIIe siècle (5). Une autre opinion est encore celle qui tirerait
ce nom du qualificatif celtique *Maur* ou *Mor*, élevé, le mont
élevé : Montmaur dans la Drôme, *mons major, castrum de mont*

s'est perpétué en Italie pour la famille *Ansidei de Catrano*, connue depuis
1120 et encore existante. Voy. le *Giornale Araldico*, Pise, 1877, p. 109, qui
donne leur généalogie.

(1) Il était resté des membres de la famille à la Vault, où ils avaient fait
souche. C'est ce que prouverait la charte de 1315 que voici : Alix de
Lavault, *de Valle*, veuve de Jean de Trialeuf ou de Terrabeuf, et Isabelle,
veuve de Guy de Terrabeuf, frère du dit Jean, reconnurent des mouvances
sur plusieurs tènements ès paroisses de Saint-Léger et de Bourbon-
Lancy (*Noms féodaux*). Nous n'avons pas cependant preuve certaine que
Anne et Ysabelle de Lavault soient bien de la famille dont nous donnons
la filiation.

(2) BULLIOT, *Hist. de l'abbaye de Saint-Martin d'Autun. Preuves*, p. 25.

(3) Vocable saint Bonnet, évêque de Clermont.

(4) Voy. Pouilles du diocèse d'Autun, dans le *Cartulaire de l'évêché
d'Autun*, p. 367.

(5) MONNIER, *Notes sur les invasions des Sarrasins*, p. 32.

majori, ne serait devenu *de monte mauri* que parce que le scribe, qui latinisa le nom au moyen âge, lui donna un synonyme correspondant au français Mont-Grand ou Grand-Mont (1).

Nous ne rappelons ici que pour mémoire les formes *Mons Mortis* ou *Mons Mortuorum*, que préfèrent certains écrivains, notamment le colonel Stoffel, qui, après avoir, dans l'automne de 1866, visité cette localité, n'hésita pas à y placer le théâtre de la sanglante bataille de César contre les Helvètes, l'an 58 avant J.-C (2), car voici un titre du prieuré de Champchanoux (3), qui montre que Philiberte de Barnault, pourvue par le pape de l'écharpe de prieure de ce monastère, renonça à ses droits le 1ᵉʳ juillet 1775, *in castro et domo forti Montis Mauri* : le nom a donc été constamment *Mons Mauri* et jamais *Mons Mortuorum*. Mais revenons à notre Bernard des Angles, dit *le Vieux*, *senis de Angleduris*. Il refusait de céder au prieuré de Paray un cens annuel de deux mesures de seigle, trois de vin, plus 5 sols, ainsi qu'un pré dit *Pré Bonant :* il finit par les abandonner au prieur, et celui-ci lui remit alors cent sols et une mule ; après quoi, il conduisit son fils à Cluny, et les religieux l'associèrent aux prières communes pour les bienfaiteurs de leur monastère (4).

E. Révérend du Mesnil.

(*A suivre.*)

---

(1) Baron Raverat, dans *Mém. de la Société littéraire de Lyon*, année 1874.

(2) On a bien trouvé sur la montagne d'Armecy, commune de Montmort, une *dizaine* de sépultures gauloises ou helvétiques (quinze d'après M. Carion), mais pas assez, selon nous, pour autoriser à croire que là fut réellement l'emplacement de ce combat si meurtrier. — Voyez sur cette découverte les *Annales de la Société éduenne*, XVII-490, une *Etude* de M. Monnier dans l'*Annuaire de Saône-et-Loire* de 1859, p. 475, et l'article très étudié de M. Carion, maire de Montmort, dans l'*Annuaire* de 1892, p. 494 : il rappelle que, le premier, M. Garenne proposa cette identification dans son ouvrage intitulé : *Le Beuvray*, imprimé en 1867.

(3) *Annales de la Société éduenne*, X-25.

(4) *Cartul. de Paray*, nᵒˢ 108 et 157.

JOIGNANT, très dévôts, ses petits bras nus,
  Tout veinés de bleu, la mine étonnée,
La fillette auprès de la cheminée
Regarde à pleins yeux les joujoux venus.

Dans le demi-jour, le soleil arrose
De rayons dorés les nœuds de faveurs,
Les petits souliers qui bâillent rêveurs ;
La mignonne rit, suçant son doigt rose.

Elle voulait bien veiller l'autre nuit,
Mais ce vilain jour s'est tant fait attendre !
Quel bonheur de voir l'aurore s'étendre
Et monter au ciel le soleil qui luit !

Et les yeux d'azur aux regards limpides,
Avec alentour les boucles du front,
Comptent les objets et parfois s'en vont
Devers la maman, les beaux yeux rapides.

Ils disent tout bas, tout bas, en cillant,
Tout ce qu'un bébé peut dire à sa mère ;
On sait, disent-ils, et sans te défaire
Ce que tu contiens, joli papier blanc !

Puis c'est tout soudain la joie enfantine
Epandant, nombreux, ses cris de bonheur,
La lèvre s'entr'ouvre au trop plein du cœur,
Ainsi qu'une fleur, douce, incarnadine !

« Comme il est gentil, le Jésus divin !
« La belle poupée et le beau ménage ;
« C'est qu'aussi ces jours combien j'étais sage ! »
Les papiers défaits tombent de sa main.

Elle élève haut, bien au-dessus d'elle,
Chaque objet nouveau, d'un air triomphant.
Et puis tout à coup dans son cœur d'enfant,
Un rien de pensée entre à tire d'aile.

« Mère, il ne va pas, dit-elle, Jésus
« Porter des joujoux au pauvre ; il faut croire
« Que sa cheminée étant par trop noire,
« Le Jésus a peur et passe au-dessus.

« Oh ! mais s'il n'a rien dans sa cheminée,
« Le pauvre mignon qui pleure aujourd'hui,
« Je trouverai bien des jouets pour lui,
« Je les donne tous ceux de l'autre année ! »

PREMIÈRE COMMUNION

Sa tête portait le nimbe d'un voile,
  Blanche était son âme, et de blanches fleurs
Étoilaient son front ainsi que s'étoile
L'azur vespéral de beaux cieux rieurs.

Elle avait en main, dans sa main mignonne,
Un cierge très long, gros comme cela.
Il n'est qu'un seul jour où le ciel se donne,
Son cœur lui disait : ce jour le voilà !

Ses yeux palpitaient tout comme des ailes,
Son âme passait au fond de ses yeux.
Les clartés semaient quelques étincelles
Dans le crépelé de ses blonds cheveux.

L'autel avait pris son chœur de lumières,
Ses chandeliers d'or, des fleurs émergent.
Elle murmurait de longues prières ;
Les cloches priaient de leurs voix d'argent.

« Moi, je veux, Seigneur, pour tous ceux que j'aime,
Un rayon d'en haut, un regard de vous ; »
Elle racontait tout un long poème
Éclos en son cœur d'enfant sage et doux.

Et quand elle eut pris le pain de son âme,
Qu'en Dieu son amour se fut exhalé,
Elle crut sentir une douce flamme
Remplir brusquement son cœur exilé.

Et lorsque revint la nuit monotone,
Son âme à son tour là-haut s'en alla. —
Il n'est qu'un seul jour où le ciel se donne,
Son cœur avait dit : ce jour, le voilà !

Eug. Cavalier.

LECTRES DE BAUDE

Cette pièce très peu connue se rapporte à l'an 1486. C'est celle dont M. Batissier a pris quelques vers pour son appendice à l'*Ancien Bourbonnais* d'Achille Allier.

Le vieux poète moulinois dont la manière littéraire et la destinée, y compris le Chatelet, furent si semblables à celles de son confrère Villon, se recommande au prince. Il fait l'éloge du Bourbonnais et de ses productions et enfin arrive à l'objet de sa supplique, qui est son élargissement de prison.

Baude, très-puissant et très-haut,
  Et mon très-redoubté seigneur,
S'esbaudit, car le faict le vault
Et le repute à grant honneur,
D'estre né, prince de valeur,
De vostre pays tant courtois,
Au fin cueur, qui est le meilleur
Et le chef de tout Bourbonnois (1).

Deux raisons y a principalles
Qui le meuvent ad ce vouloir,
L'une, les grans vertuz réalles
De vous, avec le grant vouloir (2)
Que vous estes descendu hoir
D'une tant excellent maison,
Que l'on ne sçauroit concevoir.
Au contraire aucune raison.
Tant benins voz prédécesseurs

Ont esté (et vous en tenez)
Que chascun de vos serviteurs
A tousjours vous entretenez,
Et quant sont vieilz, vous les tenez,
Après que de servir sont las,
Bien peuz et très-bien assignez.
Près Moulins, à Sainct-Nicolas.

Servy vous eust très-voulentiers

(1) C'est Moulins qu'il entend par cette périphrase.
(2) Ou plutôt valoir.

Piéça de toute sa puissance ;
Mais trouver n'a sceu les sentiers,
Qu'ayez eu de luy congnoissance ;
Doubtant, pour ce qu'il n'a science
Où vous doyez prendre achoison,
Qu'on apperceust son ignorance.
Véez là la première raison.

Le pays, quant au second point,
Est le plus plaisant que je voye :
Villes et chasteaux bien empoinct,
Où l'on demène tousjours joye ;
La belle forest de Tronsoye
Bon aer, peuple doulx et humain.
S'il y a faulte de monnoye,
N'en forge-on pas à Sainct-Pourçain !

Il est garny d'estangs, de bois,
Vins, bleds, chair, poisson à planté,
Une grant pièce de la croix (1),
Plus qu'en toute chrestienté ;
Les beaulx bains chaulx pour la
                   [santé (2),
Saffran et fruict de toutes sortes.
Qui d'espices a voulenté
En voist quérir à Aigues-Mortes.

Des espées de Montluçon,
Armeuriers, nobles de courage.
Ouvriers de chascune façon,
De tous mestiers le personnage.
On y trouve de bon fromage,
Cuyrs de vaches et de cordouen,
Des draps pour le commun usage,
Mais ils sont meilleurs à Rouen.

Plus y a ; quiconque entreprent
Tant de parolle que de faict,

Contre l'ostel, mal luy en prent,
Et à la fin en est deffaict.
On en a bien veu qui l'ont faict,
A qui il n'en eut pas bien pris (3).
L'entreprinse ore leur desplait ;
Plus n'y tourneront pour le pris.

Pas n'a tort s'il se gloriffie
D'estre extraict d'une tel contrée,
Soubz si très-haulte seigneurie
Tant bénigne et tant exaulcée.
En suppliant, s'il vous agrée,
De regarder ce peu de chose,
Et le mestre en vostre pencée,
Qu'il vous envoye cy enclose.

Il est vostre, comme je suis,
Serviteur, sans affinité,
Sinon peult estre entre deux huys
En quelque obscure extrémité.
Là soubz le *Benedicite*
Avez souvent, sans fiction,
En éminent nécessité
Prins repas de conjonction.

D'aller devers vous seroit prest
Pour vous soliciter son faict ;
Mais il a trois mois à l'arrest
Pour bien (4), sans riens avoir mes-
                   [faict
Eslargy sera, s'il vous plaist,
Lorsque vostre voix sonnera,
Et récompensé du forfaict ;
Adonc Baude buyssonnera.

Priant la saincte Trinité
Qu'elle vous doint vostre désir,
Honneur, bonne prospérité ;

(1) Relique conservée à Bourbon-l'Archambault.
(2) Vichy, Bourbon, Néris.
(3) Allusion à la condamnation récente de Jean Doyat, qui avait été érigé
par Louis XI en antagoniste de l'Hôtel ou de la Maison de Bourbon.
(4) Faute de texte.

Santé, toujours avoir plaisir,
Madame à Montluçon gesir
D'un beau filz qui vous est propice,
Et paradis après mourir
En desmariant son office.

Escript le premier des dimanches
Ou moys où vendanges se font (1).

L'an qu'on portoit les larges man-
                              [ches.
A Paris, près du Petit-Pont (2),
Où maintz espèrent (3) qu'ilz auront
Par vostre moyen délivrance
Des griefz qu'à tort enduré ont.
Dieu vous en octroyt la puissance !

(1) Baude et les clercs de la Basoche incarcérés avec lui.
(2) En octobre, dont un dimanche fut le premier jour, en 1486.
(3) Le Petit-Châtelet était au bout du Petit-Pont.

AT HOME

Tableau de Mademoiselle Favier (Salon de 1894).

ELLE rêve à présent, les fenêtres mi-closes
 Mettent dans le boudoir de légères pâleurs,
Et dans une corbeille en cuivre quelques fleurs
Balancent les parfums de leurs encensoirs roses.

C'est le matin venu, c'est le beau ciel rieur,
Avec tous ses rayons de virginale flamme ;
Mais il est d'autre azur et les yeux de son âme
Ont trouvé, ce jour-là, comme un ciel de bonheur.

Ah ! ces tout premiers ciels à la grâce endormante,
Que l'on voit une fois, dans l'extase d'un jour,
Le reste de la vie on guette le retour
De cet unique instant et d'un rêve qui mente.

Dans l'atmosphère tiède et dans l'air embaumé
Qui doucement tournoie à travers un mirage,
Elle voit, elle voit, pour sa mignonne cage,
Des fleurs s'ouvrir encor parmi les fleurs de mai.

Elle voit se mouvoir au gré de blanches ailes,
Vers le lointain discret des vagues horizons,
L'essaim tumultueux des longues visions ;
Au dehors, c'est le vol nouveau des hirondelles.

Et son visage dit les irréalités,
Et son regard est plein de profondes lumières ;
Sa lèvre parle bas quelques douces prières,
Les prés chantent dehors sous les blondes clartés.

Et puis ce sont les nids sous les branches décloses,
Vers lesquelles s'en vont doucement les parfums ;
Dans le salon joli, pour les printemps défunts,
Viendront-elles encore les doucereuses choses.

Lorsque ne seront plus les grands cieux embellis,
Les crépuscules d'or incendiant les plaines,
Lorsque de longs ennuis les heures seront pleines,
Et que viendront gémir les automnes pâlis.

S'ils sont vivants toujours tous ces rêves qu'elle aime,
Combien seront déjà par le temps mutilés,
Et combien se seront pour toujours exilés
Dans l'azur s'éteignant au fond du grand ciel blême.

Elle n'ignore pas qu'elles peuvent s'envoler,
C'est pourquoi ce matin les fenêtres sont closes ;
Combien viennent frapper de leurs élytres roses,
Ils restent longuement, ne pouvant s'en aller.

Nemo.

LE MONASTÈRE
DE CHANTELLE

(Suite)

Au pilier correspondant, qui sépare là ce bas-côté de la grande nef, le chapiteau du couchant nous montre un vieux personnage en bliaut (1) et ceinture. Il tient ses bras écartés ; dans une main, il a un marteau abaissé sur une espèce d'enclume, de l'autre il porte une sorte de bâton très court et, à sa ceinture, sont suspendues deux clefs. Ne serait-ce pas saint Eloi avec son marteau d'orfèvre d'une main, son lingot de métal précieux de l'autre et ses clefs d'argentier du roi à sa ceinture ? En tout cas, ce sont bien ses attributs que nous avons là (2), et il ne faut pas oublier que saint Eloi (Elloy) était en grand honneur dans notre église, et cela en bonne justice, puisqu'elle possédait des os de ce grand saint (3).

Au même pilier, sur la basse nef, un homme, en tunique et chausse, supporte avec peine, sur un coussin carré, le tailloir sur lequel vient reposer l'arceau et avec lui tout l'édifice. C'est le juste qui fait tous ses efforts pour soutenir l'Eglise. Il plie pour nous montrer que, sans le secours de Dieu, il ne

---

(1) Bliaut, sorte de jaquette ; voir pour ce mot le *Glossaire archéologique* de Victor Gay. Le bliaut était porté aux XI° et XII° siècles.

(2) Voir l'*Iconographie chrétienne* de M. l'abbé Crosnier, p. 275.

(3) Voir la nomenclature des reliques possédées par l'église de Saint-Vincent dans l'*Histoire de Chantelle*, par M. l'abbé BOUDANT, p. 36, n° 30.

peut rien. Nous devons l'imiter et ne pas oublier qu'il nous faut l'aide du ciel, car sans lui nous plierons et succomberons à la peine.

Au troisième chapiteau, c'est un personnage étendu et nu, dont on ne voit pas les membres inférieurs, cachés qu'ils sont par des feuillages. Il tire de chaque main une corde cablée allant s'attacher à un levier et met ainsi en mouvement deux cloches suspendues au-dessus de sa tête. Le sonneur est nu, pour nous montrer qu'il se réveille et qu'il ne prend pas le temps de se lever (1). Il a laissé passer l'heure, il est en retard pour sonner Matines et, sans perdre son temps à se vêtir, il se suspend vite aux cloches. Dans son trouble, il les sonne toutes deux, mais deux ne sont pas de trop pour réveiller les bons Pères dans leur premier sommeil. Ces trois derniers chapiteaux semblent être l'œuvre d'un même ciseau, grossier et peu expert dans l'art du dessin.

Enfin, sur la quatrième face de ce même pilier, nous voyons, mais cela bien haut, comme hors de la portée de notre vue, un homme et une femme nus accroupis d'une manière très inconvenante aux deux angles du chapiteau. Ils ont une main appuyée sur le genou et l'autre est levée en l'air, comme dans le geste d'une chanson obscène qu'ils ont l'air de crier. C'est l'indécence dans ce qu'elle a de plus répugnant, c'est le vice dans ce qu'il a de plus immonde. L'ymagier nous le montre ainsi pour nous en détourner, nous en dégoûter. Il est regrettable que la femme ait été mutilée. Les personnages sont un peu grands pour le chapiteau.

Ailleurs, nous trouvons deux têtes, dont l'une joue de l'oli-

---

(1) L'usage ancien de se coucher sans chemise a duré tout le moyen âge jusqu'au XVI⁰ siècle.

Li cuens Amile en sa chambre est venus,	Et la dame d'autre part
En lit Ami s'ala couchéz tout nus.	Est par dedans sa chambre entrée.....
..... Et Lubias a les sienz draz tolus.	Et en son lit nue, s'est couchiée.
Delez le conte s'a couchié nu à nu.	(*Le Châtelain de Toucy*, 1280).
(Ms. *Amis et Amile*, XIIIᵉ s.).	

Et encore : « Comment est-ce qu'on peut souffrir la pensée de coucher contre un homme vraiment nu ? » MOLIÈRE, *Précieuses ridicules*, acte V, fin de la 5ᵉ scène.

fant que lui tend une toute petite main. Elle chante les louanges de l'Eternel. L'autre est difforme et tire la langue ; c'est le méchant se moquant des choses saintes.

Il y aurait bien d'autres chapiteaux intéressants à étudier et pour ceux que je cite, bien sommairement, hélas ! il aurait fallu des dessins circonstanciés ; mais ce n'est pas dans deux visites de quelques instants, faites à la hâte, que j'avais bien le temps de lever des dessins exacts, car il ne faut pas oublier que le couvent de Chantelle est occupé actuellement par des Bénédictines et que, par conséquent, il est cloîtré ; on n'y entre donc qu'avec une permission spéciale de Monseigneur l'évêque de Moulins (1).

Après cette diversion, revenons à notre sujet. Les chapiteaux de notre église paraissent être exécutés au moins par deux mains bien distinctes, mais l'une et l'autre peu habiles en dessin. Les uns sont très plats, sans presque de saillie et sans aucune idée des formes et des proportions ; d'autres, au contraire, ont du relief, sont bien refouillés, mais l'exécution reste toujours grossière et manque de savoir. Enfin, cet aspect pointillé que nous remarquons dans tous et qui est dû à ces nombreux petits creux faits dans tous les reliefs, rappelle absolument ceux de l'école bourguignonne, et de plus cette tête de chat, que nous avons signalée et qui est l'emblême du pillage et de la rapine, est un des motifs que l'on rencontre le plus dans les monuments de cette école (2). Les Génovéfains, admirant les beaux monuments de l'Auvergne, voulurent confier la construction de leur église à des *logeurs du bon*

____

(1) Ma première visite a été faite au milieu de la foule, à la suite de Monseigneur de Dreux-Brézé, lors de la bénédiction de Madame l'Abbesse, le 22 juillet 1890 ; la permission d'y entrer de nouveau m'a été gracieusement offerte et obtenue par M. l'abbé Bennetot, aumônier du monastère, quand il a su que je préparais ce petit travail sur l'abbaye de Chantelle. Je tiens à le remercier ici de son amabilité, ainsi que M. l'abbé Boutry, grand vicaire de Monseigneur et supérieur des Bénédictines de Chantelle, de l'empressement qu'il a mis à m'accorder cette visite si intéressante ; je ne puis pas oublier non plus la grande complaisance que Mᵐᵉ l'Abbesse a mise à me faire tout visiter en détail.

(2) *Iconographie chrétienne,* par M. l'abbé Crosnier, p. 308.

Dieu venant de ce pays, mais cédant à quelque influence inconnue, ils durent imposer à ceux-ci un *ymagier* bourguignon. On se demande s'ils ont eu raison, quand on compare ces sculptures à celles de Notre-Dame-du-Port, d'Issoire, de Saint-Nectaire ou d'Orcival et de tant d'autres monuments de cette contrée. Mais n'oublions pas que Chantelle se trouve situé à la limite géographique de l'école auvergnate (1), alors nous serons moins étonnés de ce mélange.

Avant de sortir de cette église, voyons un peu le symbolisme que nous offrent ses différentes parties et, pour cela, redescendons en bas de sa nef. Je sais (2) bien que le symbolisme n'est pas tout et que dans les monuments chrétiens, outre et avant même les fantaisies symboliques qu'a pu avoir l'architecte constructeur, il faut d'abord voir les règles de l'art et les moyens employés par lui pour les appliquer. Mais ces règles et ces moyens sont loin de tout expliquer, et on est obligé de rechercher ailleurs la raison de bien des détails que l'art ne demanderait nullement. Il y en a même que la bonne architecture, si elle était seule, rejetterait bien loin. Et pour ces détails, si nous consultons le symbolisme, ils nous paraissent tous naturels ; il est même évident que c'est lui qui les a inspirés. Dans bien des parties de l'édifice, où souvent on ne le soupçonne pas, la plupart du temps il a influencé l'architecte et, si nous recherchons le pourquoi de telle ou telle disposition, nous trouvons que rien ne l'ordonnait, mais que le symbolisme l'explique.

Ainsi, on dirigea les chevets vers l'est, parce que nous avons appris, dit saint Charles Borromée, qu'étant sur la croix, Jésus-Christ avait le visage tourné vers l'occident. Regardant l'orient pour prier, nous lui faisons donc face.

____

(1) Voir sur l'étude auvergnate notre *Etude des sculptures de Notre-Dame-du-Port*, p. 86.

(2) Viollet-Leduc nous dit « que nos édifices religieux sont une accumulation de symboles revêtus de la forme chrétienne (*Dict. raison.*, t. VIII, p. 500).

« Et, nous dit Guillaume Durand (1) , Lui-même (Jésus),
dans son ascension, était emporté aux cieux dans la direction de l'orient, et c'est ainsi que les Apôtres l'adorèrent.
C'est ainsi qu'il viendra en suivant la même voie qu'ils
lui virent prendre pour monter aux cieux ; c'est donc
dans l'attente du Christ que nous prions vers l'orient. » Nous
avons une croix latine et elle est légèrement inclinée sur la
droite pour nous rappeler la croix du Sauveur et nous donner,
par cette inclinaison, la position qu'y occupait le divin Cru-
cifié.

Ces trois nefs divisées en trois travées sont absolument
l'image de la divine Trinité, qui est un seul Dieu en trois
personnes, comme notre église est un monument en trois
nefs et comme chacune de ces nefs est en trois travées. De
plus, le nombre trois est le nombre parfait qui a pour principe l'unité, pour moyen l'unité et pour fin l'unité toujours,
et ce tout ne peut être divisé. « Le second principe est engendré par l'unité génératrice ; le premier engendre tous les
autres par le moyen du second et le troisième est l'union des
deux unités, c'est un uni à deux. » Ainsi le Père engendre le
Fils, et le Saint-Esprit est engendré du Père et du Fils.

Nous avons six piliers dans la nef, mais six est le nombre
de la perfection et de la création. C'est en six jours que Dieu
accomplit son œuvre de la Création et à la sixième heure du
jour que le Christ commença l'expiation terrible qui devait
racheter l'humanité déchue.

A l'intertranssept, quatre piliers soutiennent la coupole ;
ce sont les quatre évangélistes soutenant de leur témoignage
les prédications de Jésus ; c'est pour cela que les quatre
colonnes, placées à l'entrée du tabernacle, désignaient aussi
la loi évangélique (2). Quatre est le nombre terrestre, et le
nom d'Adam est formé de quatre lettres, qu'on retrouve aux

---

(1) Tiré du *Rational* ou *Manuel des offices divins*, lib. V, cap. 2, p. LVII,
par Guillaume DURAND, évêque de Mende au XIIIe siècle.
(2) *Iconographie chrétienne*, par M. l'abbé CROSNIER.

quatre points cardinaux ; car, dit saint Cyprien, Adam fut
formé de la terre prise aux quatre extrémités du globe et, en
souvenir de cela, Dieu plaça aux quatre points cardinaux une
étoile dont la réunion des initiales forme le nom d'Adam ; à
l'Orient : Anatolé ; à l'Occident : Dusis ; au Nord : Arctos ;
au Midi : Mezembris.

      Ⱶ Ᵽ Anatole
      ᴅ ▷ ᴅusis
      Ⱶ Ᵽ Arctos
      ɰ Ɯ Mezembris

Sept piliers ou colonnes entourent notre chœur, car alors
notre monument est complet, comme au septième jour la
création était complète. Ce nombre sept nous rappelle les sept
sacrements. Ainsi que nos sept piliers ou colonnes supportent
la voûte de notre sanctuaire, ils soutiennent l'Eglise en nous
donnant la force de la défendre. Ce sont encore les sept dons
du Saint-Esprit qui affermissent notre foi.

Enfin, notre rond-point se termine par une colonne carrée
unique dans notre édifice pour nous rappeler le Dieu, principe
générateur que l'unité a toujours représenté. En effet, « en
« partant de cette unité, nous arrivons à dix pour revenir à
« l'unité et compter jusqu'à cent par dizaine, en suivant les
« mêmes nombres, et à mille par centaines et jusqu'à l'infini
« guidés par les mêmes règles (1). » Cette colonne, c'est
encore la vérité une, qui est toujours invariablement ensei-
gnée dans l'Eglise. C'est le Christ, pierre angulaire de l'édifice
social chrétien (2). C'est Jésus présidant au banquet sacré,
auquel il a convié ses douze apôtres représentés par les dix
piliers et les deux colonnes isolées qui soutiennent nos voûtes.
Ces deux colonnes isolées, placées de chaque côté de l'autel,
si nous les prenons isolément, figurent Marie, la mère du Sauveur, et Jean, le disciple bien-aimé, qui se tenaient près de la
croix, autel du sacrifice sanglant. « Stabant autem juxta cru-

---

(1) *De lib. arb. lib. XI, cap. VIII.*
(2) *Chantelle et son monastère*, par M. l'abbé Bennetot, p. 7.

« cem Jesu mater ejus...., cum vidisset ergo Jesus matrem et
« discipulum stantem, quem diligebat, dicit matri suæ :
« Mulier, ecce filius tuus. Deinde dicit discipulo : Ecce mater
« tua (1). » Jésus, ne voulant pas laisser l'humanité sans protectrice, lui donne, dans la personne de son apôtre, Marie pour
mère ; aussi allons-nous dans un moment trouver la chapelle
dédiée à cette protectrice. Ici, sur l'autel, le trône du divin
Juge, et là, à côté, le siège de la Médiatrice.

Si maintenant, à ces colonnes ou piliers isolés, nous ajou-
tons les deux colonnes appuyées au mur ouest de notre nef
centrale, nous obtenons le nombre quinze, « l'accord des deux
testaments composé de sept, nombre du sabbat, et de huit,
nombre de la résurrection (2). » Aussi l'Ecclésiaste, pour
marquer cette union, nous dit : *Da illis septem, illis octo* (3). »

Ces cinq fenêtres éclairaient le chœur, ce sont les cinq plaies
de Notre-Seigneur, d'où découle sur le monde entier toute
sorte de bénédictions, comme de ces cinq baies la lumière se
déverse en abondance dans tout l'édifice. Ces cinq fenêtres
nous figurent encore les cinq Vierges sages que l'Ecriture
exalte parce qu'elles ont su pratiquer la continence en veillant
sur leurs cinq sens.

Si nous continuons, nous arrivons au déambulatoire. A l'endroit où il commence à tourner, les colonnes appliquées aux
murs nord et sud cessent, ce qui fait que nous en avons juste
six de chaque côté, c'est-à-dire douze en tout. On aurait pu
les continuer et leur faire faire le tour du déambulatoire ; au
lieu de cela, on s'est arrêté là juste au nombre douze pour
nous rappeler les douze prophètes qui ont annoncé la venue
du Messie. Comme nous l'avons dit plus haut, ce déambula-
latoire, avec ces chapelles absidiales, forme une vraie auréole
de gloire autour de l'autel représentant la tête de Jésus cru-
cifié.

(1) Evangile selon saint Jean, chap. XIX, v. 25, 26 et 27.
(2) *Iconographie chrétienne*, par M. l'abbé GROSNIER, p. 56.
(3) *Ab inquisit. Junuarii*, lib. II, ép. LV.

Alors nous retombons dans le nombre trois avec les trois chapelles rayonnantes qui nous rappellent les trois vertus théologales, primant toutes les autres et servant de rayons à l'auréole du Christ. Là encore, dans chacune de ces chapelles, avec leurs trois fenêtres, nous retrouvons l'image de la Trinité, et si nous réunissons les fenêtres de ces trois chapelles, nous avons le nombre neuf qui nous fait ressouvenir des Anges venant adorer Dieu et être continuellement en union avec Lui. Neuf est en plus, nous disent les Pères, le nombre de la prière, voilà pourquoi les logeurs du bon Dieu nous le mettent devant les yeux ; car avant tout, nous ne devons pas oublier ce grand devoir de la prière envers le Créateur tout-puissant et pour le remercier et pour l'adorer, comme les Anges nous en donnent l'exemple, et pour le solliciter et demander son secours.

Remarquons, avant d'aller plus loin, qu'en Auvergne, ce pays de Marie par excellence, la chapelle terminant l'abside, dans les églises non dédiées à la mère du Sauveur, était toujours sous le vocable de cette Vierge bien-aimée ; et même, pour la distinguer des autres chapelles rayonnantes et en faire en quelque sorte un monument à part, elle était généralement carrée ; d'ailleurs le carré n'est-il pas, d'après Pythagore, le symbole de la terre où cette reine toute-puissante doit régner en maîtresse, souveraineté qu'en Auvergne nous lui reconnaissons absolument. Par contre, dans les églises élevées en son honneur, la chapelle du sommet de l'abside manque, et, en effet, à quoi servirait-elle, puisque le monument entier est consacré à Marie ? Voilà pourquoi ici, dans cette église de Saint-Vincent, nous avons une chapelle juste derrière l'autel, la vraie chapelle absidiale (1). Quoique n'étant pas carrée, parce que nous sommes à Chantelle à la limite de l'école auvergnate et que quelques détails en sont laissés de côté, cependant elle a toujours été sous le vocable de Marie ; anciennement, elle

____

(1) *Histoire de Chantelle,* par M. l'abbé BOUDANT. p. 78.

contenait bien les saintes Reliques, mais elles étaient placées là sous la garde de la sainte Vierge, dont la statue les dominait toutes.

Ces quatre fenêtres qui éclairent le déambulatoire sont les quatre vertus cardinales qui doivent illuminer notre vie, comme celles-ci illuminent le déambulatoire (1).

Si nous redescendons vers les transsepts, nous admirons la bonté de l'Eglise qui, comme son divin Epoux, ouvre ses bras bien grands pour embrasser toute l'humanité et la sauver. Aux quatre points cardinaux, elle envoie ses missionnaires annoncer le Dieu rédempteur. Et, en effet, de l'abside de notre chapelle à l'est, comme de son porche à l'ouest et de ses transsepts nord et sud, vous voyez le prédicateur vous montrant le ciel et les voies qui y conduisent.

Au-dessus de tout cela, par la coupole, les trois fenêtres qui l'éclairent nous déversent la lumière en abondance comme les trois vertus théologales, sources divines qui répandent dans le monde les eaux salutaires de la grâce. Ces trois sources sortent du pied de la coupole, surmontée du clocher, montagne sainte qui porte bien haut dans les nues la croix, ce glorieux signe de notre rédemption. Nous voyons encore assis au pied de cette montagne divine, d'où ils reçoivent leur inspiration, les quatre grands Prophètes, figurés par ces trompes, membre essentiel, il est vrai, de notre architecture, mais auxquels on a attaché un sens mystique, tout comme aux quatre piliers qui sont au-dessous et qui, venant après, représentent les quatre évangélistes.

Si les bras de la croix formés par les deux transsepts semblent incliner vers l'Occident, c'est que ce sont les peuples de l'Occident qui, les premiers, ont répondu à l'appel du Christ. C'est à l'Occident que saint Pierre, ce premier prince de l'Eglise, est venu combattre le paganisme et asseoir son trône inviolable sur les idoles renversées.

(1) Une de ces fenêtres au nord a été bouchée.

Enfin, aux murs nord et sud de ces transsepts, nous revenons encore à la divine Trinité avec ces trois arcs que vous ne pouvez séparer sans les détruire. En effet, ils ont des colonnes communes et si vous en supprimez un, l'autre tombera faute d'appui. Ces trois arcs sont surmontés d'une arcade unique pour nous rapporter qu'à elles trois, elles ne forment qu'un, comme les trois personnes de la Trinité ne font qu'un seul Dieu. Ce dernier arc est ouvert, nu et sans ornements, parce que la vérité, qui est et sera toujours une, est éclatante et sans fard d'aucune sorte. Et cet arc en mitre procédant des deux autres plein-cintre, puisqu'il s'élève sur leurs colonnes, n'est-il pas l'image du Fils procédant du Père et du Saint-Esprit ? Mais encore ce triangle, formé par sa mitre, est bien la représentation des trois personnes de la sainte Trinité égales en toutes choses. Enfin, nous trouvons encore l'idée de cette divine Trilogie dans ces trois absides qui terminent à l'est notre monument, l'abside centrale et les deux des transsepts.

Voilà comment, dans ces siècles de foi du moyen âge, ces maîtres d'œuvre, pleins de leur sujet et de leurs croyances, savaient tirer parti de tout pour rappeler aux fidèles et les grandes vérités de la Religion et les moyens qu'elle nous donne pour arriver à notre salut. N'oublions pas que ces maîtres d'œuvre, ces arthitectes étaient la plupart du temps, pour ne pas dire toujours, des prêtres, des religieux, et nous ne serons plus étonnés de retrouver tous ces renseignements dans nos églises ; et ce symbolisme qui règne dans tous nos monuments chrétiens nous paraîtra tout ce qu'il y a de plus naturel.

Je trouve sur quelques notes éparses, que mon père avait prises en 1855 en visitant cette église, qu'on y voyait à cette époque des fresques du XIVe siècle et même plus anciennes. Elles étaient assez bien conservées pour qu'on pût distinguer les scènes qu'elles reproduisaient (1). Il est très regrettable

____

(1) Voir pour les peintures la description qu'en fait M. l'abbé Boudant dans son *Histoire de Chantelle*, p. 29.

qu'on n'ait pas su au moins nous les conserver en l'état où elles étaient alors, puisqu'on ne pouvait les restaurer. Mais loin de là, lors des réparations de 1860, on les a recouvertes d'un affreux badigeon blanc qui nous les cache absolument.

EXTÉRIEUR

Passons maintenant à l'extérieur. Nous remarquons de suite que le pignon ouest a été surélevé, et cela probablement lors de la réfection des voûtes. En tout cas, notre pignon n'est plus dans son état primitif. Le bas est maçonné en blocage fait de toute espèce de pierres brutes, en moellon de toute sorte, caillou et granit, tandis que le haut est construit en moyen appareil de tuf, provenant vraisemblablement des carrières de Naves, pierre très employée dans le pays, comme taille, pendant tout le moyen âge. Ces pierres ont même été posées de manière à bien laisser voir l'ancien pignon en moellon qui pénètre en coin dans le moyen appareil, de façon que la reprise reste absolument évidente. On a vu plus haut que j'attribue cette surélévation à la reconstruction et à l'exhaussement de la voûte centrale. Avant cette surcharge faite à notre pignon, nous n'avions qu'une large toiture unique recouvrant les trois nefs, et même une toiture semblable existait encore quand mon père visita l'église en 1855 ; c'est M. Mallay, architecte de Clermont, qui, faisant la restauration de l'édifice, fit exécuter ces toits différents pour chaque nef ; mais il laissa intact ce pignon qui était déjà dans l'état où nous le voyons. D'ailleurs, la pierre de taille qu'il employa alors était, ou de la pierre de Gannat, ou de la pierre de Volvic. L'une et l'autre étaient un contresens, vu que ni l'une ni l'autre n'étaient employées au XIe siècle (1), et, pour mieux accentuer l'anachronisme, toutes celles dont il s'est servi ont été taillées à la bocharde. Et les pierres de moyen appareil qui sont à la

(1) Voir ce que dit M. Mallay lui-même sur l'emploi de la pierre de Volvic, dans son *Essai sur les églises romanes du département du Puy-de-Dôme*, page 3.

partie supérieure de notre pignon sont en tuf de Naves layées ; d'ailleurs elles sont signalées par mon père en 1855, avant la restauration de M. Mallay, qui a été exécutée en 1860. Sur ce même pignon ouest, nous voyons une porte bouchée du dix-huitième siècle, en ce style bâtard, appelé *style jésuitique*. Elle a été, en effet, ouverte par les Jésuites qui, depuis 1633, touchèrent les revenus de ce prieuré, pour soutenir leurs collèges de Moulins et de Chantelle.

Les murs de notre église sont contreboutés par des contreforts qui ne sont plus du tout ceux de l'époque romane, mais on les dirait bien plutôt de la fin du XIIIe ou du XIVe siècle, et même peut-être d'une époque plus récente. Ils ont dû être faits au moment de la reconstruction des voûtes, et c'est pour résister à la poussée de celles des bas-côtés qu'on les a faits aussi volumineux.

La retombée des toits est reçue sur un entablement droit et toutes les fenêtres sont couronnées par une archivolte formée d'un cordon uni ou à billettes. Au transsept, où l'ancien entablement n'a pas été touché, il repose sur de jolis modillons auvergnats. Quelques-uns cependant, laissant de côté ces gracieux enroulements, nous présentent des sujets variés. Le mur sud du transsept nous offre des espèces de mosaïques, des imbrications et une croix formée de petites pierres en saillie.

Henry DU RANQUET.

Membre de la Société française d'archéologie.

(*A suivre.*)

LES

CRYPTES BOURBONNAISES

CONSIDÉRATIONS GÉNÉRALES

—

LES CRYPTES DES ÉGLISES D'*Iseure*, D'*Avermes*, DE *Billy*, DE *Domérat*, DE *Saint-Désiré*, DE *Vicq*

I

CONSIDÉRATIONS GÉNÉRALES

VANT d'aborder la description des cryptes de nos églises bourbonnaises, il nous semble nécessaire d'appeler l'attention du public sur l'intérêt qu'offrent ces parties des édifices religieux.

Les premières cryptes furent taillées d'abord dans le roc ou maçonnées sous le sol, dans des catacombes qui cachaient aux yeux des profanes les tombeaux des martyrs.

Quand les premiers chrétiens furent libres de manifester ouvertement leur foi, ils élevèrent au-dessus de ces tombeaux vénérés, des chapelles, plus tard, de vastes églises.

On peut dire que les premières cryptes furent comme les

(1) Consulter sur les cryptes, le *Dic. raison. d'architec.* de M. Viollet-le-Duc, T. IV. — *Esquisse de Rome chrétienne.* par M. l'abbé Gerbet. — Quicherat, cours de l'Ecole des Chartes. — Les documents de la commission des monuments historiques.

premiers tombeaux, les premiers *caveaux* où la grande Famille chrétienne enterrait ses morts de choix : les martyrs.

Dans la Gaule devenue chrétienne, après les persécutions, on établit des cryptes sous les édifices destinés au culte, afin de recevoir les corps saints qui y restèrent déposés jusqu'au XIIe siècle.

A cette époque, les reliques quittent le mystère des chapelles souterraines, et désormais à l'abri des insultes, elles sont montées dans l'église supérieure et ont été placées sous l'autel, ou bien elles brillent dans des châsses au-dessus des rétables et restent exposées à la vénération des fidèles.

Les plus anciennes cryptes sont très étroites. Jusqu'au XIIe siècle, elles vont en s'agrandissant, et au moment où elles disparaissent, au commencement de la période ogivale, elles envahissent le dessous du chœur et même le dessous de l'église. On y accédait d'ordinaire par des escaliers qui sont très étroits dans les premiers siècles, et qui débouchent plus largement, vers le Xe siècle, par les deux côtés du sanctuaire.

Les cryptes primitives sont divisées en deux parties. Dans la partie la plus étroite et formant arrière-salle, séparée du reste de l'abside par une claire-voie maçonnée, on place le corps du martyr et c'est pourquoi on la nomme *Martyrium* ou *Confession* pour rappeler qu'elle renferme les reliques d'un confesseur de la foi ; dans l'autre, se dresse d'ordinaire un autel sur lequel on offre, en présence de chrétiens sûrs, de fidèles privilégiés, le Très Saint Sacrifice.

Telle est la disposition de la crypte de Saint-Avit, à Orléans, qui remonte au VIe ou au VIIe siècle. Telle est aussi la disposition que l'on retrouve dans la crypte de l'église d'Iseure.

Ces considérations générales étaient utiles, ce me semble, pour faire apprécier tout d'abord et l'importance des cryptes que nous possédons en Bourbonnais et l'intérêt tout spécial qu'offre celle de l'église d'Iseure.

Bien que notre région puisse montrer avec orgueil de beaux

ou d'antiques édifices religieux, six églises seulement ont des cryptes.

Ce sont les églises d'*Iseure*, que nous plaçons la première, à cause de son importance et de son antiquité, d'*Avermes*, de *Billy*, de *Domérat*, de *Saint-Désiré* et de *Vicq*.

Des églises nouvelles, comme celle de Bressolles, ont vu mettre à profit la déclivité du terrain où elles étaient cons-truites, pour y établir des cryptes qui sont trop modernes pour que nous en donnions ici une description détaillée. Nous ne parlerons pas non plus des caveaux de la Cathédrale et de l'ancienne chapelle de la Visitation à Moulins ni de ceux de quelques églises comme celles de Souvigny, Saint-Menoux, Marigny, Charroux, etc., parce que ce sont seulement des sépultures ordinaires.

Nous nous renfermerons donc dans l'étude des monuments qui méritent seuls d'être rangés parmi les *cryptes* ou *chapelles souterraines*.

II

LA CRYPTE DE L'ÉGLISE SAINT-PIERRE D'ISEURE (1)

Importance. — Parmi les cryptes de nos églises bourbon-naises, celle de Saint-Pierre d'Iseure tient la première place, non seulement parce qu'elle est la plus ancienne mais aussi

---

(1) Nous orthographions ainsi ce nom, d'après le *Dictionnaire des noms de lieux habités* de M. Chazaud, qui nous semble devoir faire la loi en la matière. Nous reconnaissons que l'on a écrit diversement le nom d'Iseure. Aucun autre n'a subi autant de variations orthographiques à travers les âges. Jusqu'au XIe siècle, il semble avoir été *Iciodorum, Isodrum, Isio-trensis pagus* (V au Xe siècle), *Isiotro* (IXe siècle), *Isodro* (Xe siècle), *parrochia de Isorio* (XII et XIIIe siècles), *ecclesiam Isoriæ* (diplôme de 1150). Un pouillé d'Autun du XIe siècle parle de l'archiprêtré d'*Yzoder*. Depuis on a écrit indifféremment *Iseure* (Bariau, Chazaud, de Curzon) ; *Izeure* (Congrès Archéologique, anciens manuscrits). Enfin le calendrier des Postes et télégraphes qui semble être suivi par le monde officiel moderne écrit : *Yzeure*. Nous préférons nous conformer à l'orthographe raisonnée fixée par les lettrés, docteurs de l'histoire et des usages bour-bonnais. Aussi bien, est-ce la seule qui soit conforme avec l'étymo-logie du nom même d'Iseure qui exclue l'Y et le Z modernes. — *Cfr.* au sujet de cette étymologie l'*Anc. Bourb.. Voy. pitt.* ; et surtout le savant article de M. Bariau, dans la *Revue bourb.*, année 1885, p. 271 : *Origine du nom d'Iseure*.

parce qu'elle est la plus complète et la plus intéressante avec son *Martyrium* ou *Confession* et ses *peintures murales*, qui sont moins importantes ou même font défaut dans les autres cryptes des églises de notre pays.

Histoire. — Aucun document n'éclaire l'obscurité mystérieuse de la crypte d'Iseure, et si des textes abondants, surtout depuis le moyen âge, permettent de suivre les événements qui se déroulent dans l'église même, ou qui se rapportent au prieuré, aucun n'est assez explicite ou assez spécial, pour permettre de raconter d'une façon sûre la fondation et les transformations successives de l'intéressant édifice.

Il est cependant utile de résumer ici les principaux renseignements qu'on trouve épars dans les documents, et d'interroger la tradition. On verra qu'ils nous aideront à assigner à notre crypte, une date au moins approximative de fondation (1).

(1) Pour l'histoire d'Iseure, on consultera avec fruit les ouvrages suivants :

— *Description chronologique du prieuré d'Iseure*, par Dom Maurice LAVERLIE, directeur du prieuré d'Iseure, mort en 1670. — Manuscrit original conservé aux archives de la Préfecture. L'histoire de Dom Maurice ne commence qu'en 1150. »

— *Estat ou histoire raisonée de Léglise d'Yseure Eglise et paroisse matrice de la ville de Moulins, capitale du Bourbonnais et de ses environs.* Ce manuscrit de... ? folios et d'un in-4º appartenant aux archives départementales de l'Allier. Il porte au dos de la reliure *Histoire de l'église d'Iseure*. Il a été écrit en 1718, par M. Marc de LA MORÉLIE, curé d'Iseure.

— *Mémoire pour les dames prieure et religieuses du monastère de Saint-Pierre d'Yzeure, contre les sieurs marguilliers et Marc de la Morélie, curé de la paroisse de Saint-Pierre*, etc., in-folio, 1719.

— *Etat ancien et actuel du fief presbytéral et patrimonial de la cure d'Yzeure de Moulins*, in-4º, Moulins, 1786.

— *Ancien Bourbonnais.* — *Voyage pittoresque*, t. II, p. 118 et suiv. et *pièces justificatives.* p. 139.

— *Congrès archéologique* tenu à Moulins en 1854 ; pages : 16, 34, 42, 43, 44, 45, 54, 58, 61, 65, 68, 77, 85, 86, 96, 105, 106, 109, 127, 148, 194, 249, 255, 268.

— Collection du *Bulletin de la Société d'Émulation de l'Allier*, t. II, p. 159 ; VIII, 7, 125, 351 ; XI, 189 ; XII, 228 ; XV, 580 ; XVI, 660 ; XVII, 3, 6, 177, 179, 343, 350, 357.

— *Chronique bourbonnaise* (1869-70), I, p. 10, 119, 138, 199, 203, 218, 250 ; II, 254, 314, 326.

— *Catalogue du Musée départemental de l'Allier*, p. 10, 16, 78, 79, 117.

— *Revue bourbonnaise*; année 1885, septembre et octobre. *Origine du nom d'Iseure*, par M. BARIAU, 293. — *Notice archéologique sur l'Eglise d'Iseure,*

Cette étude est d'autant plus utile, que la vieille église d'Iseure a été le berceau de la vie chrétienne de toute la région moulinoise pendant le haut moyen âge.

La tradition rapporte que le premier édifice chrétien construit à Iseure fut édifié sur les ruines d'un ancien temple dédié à Isis.

A l'époque gallo-romaine, le territoire d'Iseure était couvert de riches villas ; et l'importance des débris de cette époque trouvés sur toute l'étendue de la commune témoigne de l'antiquité et de l'importance d'Iseure (1).

Les documents établissent du moins que sous les Carolingiens, Iseure était déjà chef-lieu d'une viguerie importante et d'un archiprêtré florissant.

C'est ainsi qu'au *point de vue civil*, sous le règne de Charles-le-Chauve, Raimbaud et son fils Liféric, fondèrent avec l'assentiment de l'évêque d'Autun, Altheus (843-850) une chapelle dédiée à Saint-Sébastien, à Montbeugni, au pays d'Autun (2), dans la *Viguerie d'Iseure* qui, d'après M. Chazaud, devait comprendre dans ses limites ce qui devint plus tard l'archiprêtré et la châtellenie de Moulins (3) ; — et qu'au point de *vue religieux*, l'archiprêtré d'Iseure s'étendait, DÉJA au *XIe siècle* (4), sur le territoire qui forme aujourd'hui les cantons de Moulins-est, Chevagnes et Dompierre.

Ainsi, au IXe siècle, l'importance d'Iseure est constatée et

par M. de CURZON, p. 277. (Travail publié en 1884 dans le *Bulletin du comité des travaux historiques*).

Cfr. Dictionnaire des noms de lieux habités, par M. CHAZAUD.

(1) *Cfr.* collection des *Bulletins de la Société d'Émulation de l'Allier*. De nombreux bulletins renferment des rapports sur des objets antiques trouvés à Iseure. Consulter en particulier le rapport sur les fouilles exécutées au domaine de Plaisance (t. II, p. 159 ; t. XVII, p. 177, etc.). L'importance d'Iseure à l'époque gallo-romaine est si solidement établie que des savants y ont placé la fameuse *Gergovia Boiorum... Cfr.* ouvrage cité plus haut.

(2) *Cfr.* Ancien cartulaire d'Autun, texte conservé par Baluze ; pièces justificatives de Chazaud, n° XI... *in pago Augustidunense, in vicaria Isiotrense, in loco qui dicitur Montem-Buzinum...*

(3) *Etude chronologique des Sires de Bourbon*, p. 135.

(4) D'après le cartulaire rouge d'Autun, réédition de M. A. de Charnasse, 1880 (*Soc. Eduenne*), p. 367.

au XIe siècle, son église est le centre d'un archiprêtré
considérable, ce qui assigne à la fondation du premier édifice
religieux d'Iseure dont notre crypte fit partie, comme nous
l'établirons en son lieu, une date fort reculée, et assurément
antérieure au Xe siècle.

Un diplôme du IXe siècle vient d'ailleurs confirmer
l'existence d'une église à Iseure. Si l'on regarde aujourd'hui,
sinon comme fausse, du moins comme suspecte, la prétendue
charte de Childebrand, de 817, tous les érudits sont d'accord
pour proclamer l'authenticité du diplôme de l'an *886,* par
lequel, Charles le Gros, cédant aux sollicitations de Guillaume,
comte de Mâcon et de Nevers, donna l'*église d'Iseure* aux
évêques de Nevers (1).

Deux siècles plus tard (1092-1097), l'église d'Iseure est cédée,
par les évêques de Nevers, aux sires de Bourbon, comme
fiefs (2).

Mais en 1150, Henri, évêque d'Autun, qui conservait sur
Iseure, situé dans les limites de son diocèse, des droits épis-
copaux, donna l'église d'Iseure à « Ermengarde abbesse de
Saint-Menoux » (3).

Les documents dès lors abondent sur l'église, ou mieux
sur le prieuré d'Iseure. Ils nous apprennent notamment (4)
qu'en 1503, une bulle déclara le prieuré conventuel et électif,
l'abbesse de Saint-Menoux ne conservant qu'un droit hono-
rifique et celui de confirmer la prieure élue par les religieuses

---

(1) *Cfr. Anc. Bourb.* ; et la *Monographie de la Cath. de Nevers et l'histoire
de ses évêques,* par M. l'abbé Crosnier, Nevers, MDCCCLIV, p. 276 :
« 32e évêque. Eumène (Emmenus) qui succéda à Guinérius en 884. En
886, Charles le Gros, à la prière de Guillaume, comte de Nevers, mit sous
la dépendance de l'église de Nevers, l'oratoire de Saint-Révérien et
l'église de Saint-Pierre d'Iseure, dans le Bourbonnais. »

(2) C'est ainsi que nous voyons Archambaud III (1092-1105 ?) en jouir.
Cfr. Chazaud, *Etude...* ; p. 165.

(3) Dans ses pièces justificatives, le *Voy. pitt.,* p. 139, publie un extrait
de l'acte de donation : « *Ego, Henricus, dei gratia Eduensis episcopus,
Ermengardy, abbatissæ sancti Menulphi... ecclesiam Isoriæ quam, tem-
pore domini Stephani, bonæ memoriæ nostræ sedis antistite possidebat...
damus et concedimus... ; data Eduæ, ab incarnatione 1150, quarta ide
septembris lunâ decimâ quintâ.* »

(4) *Cfr. Estat ou histoire... de l'église d'Iseure,* par M. de la Morélie.

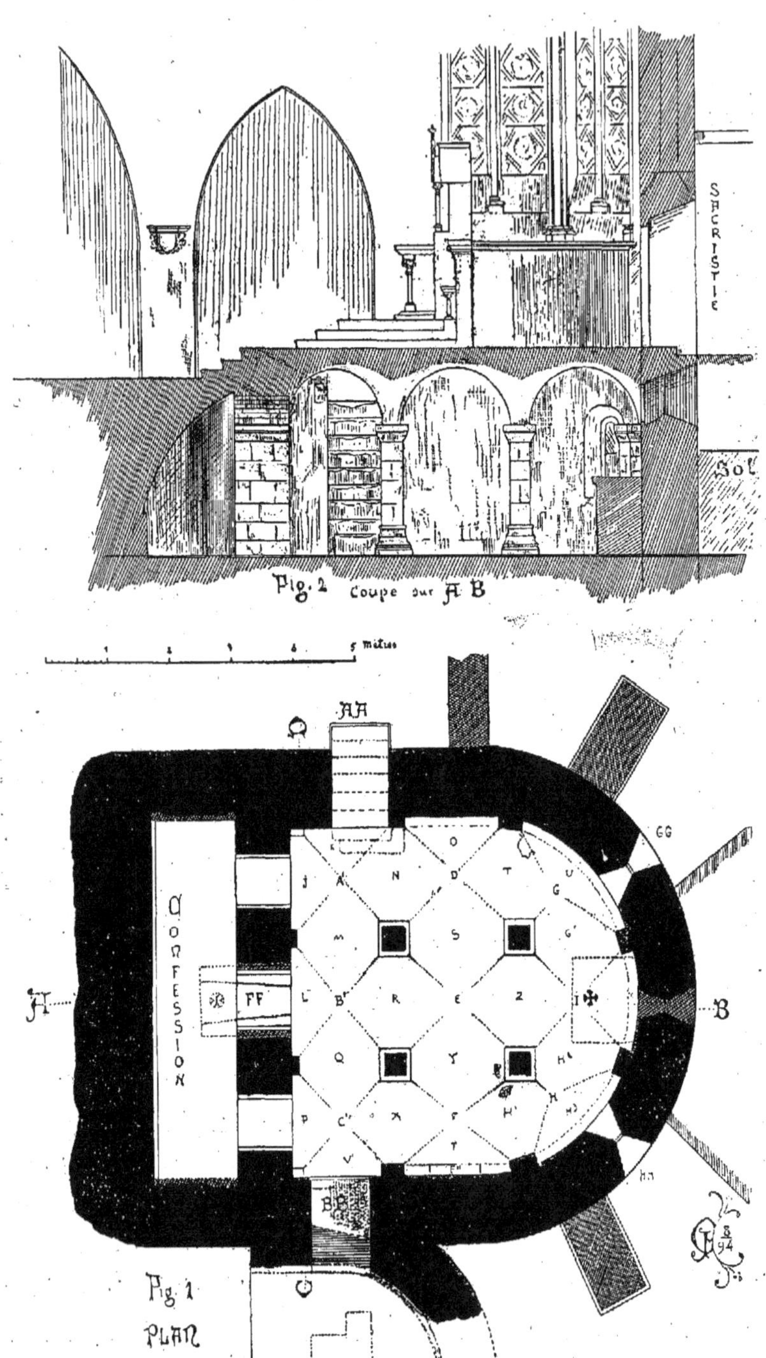
SACRISTIE
Sol
Fig. 2 Coupe sur A B
5 mètres
AA
CONFESSION
GG
FF
H
B
Fig 1
PLAN

d'Iseure ; qu'en 1562, les papiers particuliers de l'église furent brûlés par les Huguenots et qu'à la révolution, les religieuses furent chassées de leurs couvents.

Description. — *Ensemble.* (Voir fig. 1 et 2.) La crypte d'Iseure, construite en grès, occupe la partie absidiale de l'église qui est orientée, et s'étend sous le sanctuaire. Elle se compose d'une *confession* ou *martyrium*, précédant la crypte proprement dite qui comprend trois nefs symboliquement de trois travées et une abside circulaire.

Extérieur. — Elle se révèle, au dehors, par deux fenêtres aux embrasements profonds, à moitié ensablées à l'extérieur, et qui s'ouvrent dans le circulaire de l'abside. La fenêtre du fond a été remaniée depuis et a dû servir de niche à une statue surmontant l'autel ; elle a été complètement bouchée lors de la construction de la sacristie élevée pendant ce siècle contre le chevet de l'église.

On accède à la crypte par un petit escalier fort rapide de huit marches fortement usées (**AA.**) dont l'entrée, fermée par une trappe, se trouve dans la chapelle de la Vierge.

Un couloir qui s'ouvre en face de l'escalier actuel, dans le mur méridional (**BB.**) et qu'on a muré grossièrement, fait supposer que par un second escalier en pente douce, on descendait dans la crypte de l'absidiale sud aujourd'hui occupée par la chapelle dédiée au Sacré-Cœur.

Intérieur. — La crypte qui a perdu son dallage est étroite mais a d'heureuses proportions.

Elle mesure 7 m. 80 de longueur, en comptant la *confession*, sur 5 m. 16 de largeur, et de 2 m. 50 à 2 m. 60 de hauteur sous voûte. Cet intéressant monument est le seul du Bourbonnais qui ait un *martyrium* ou *confession* (1). Cette partie est voûtée en demi-berceau partant non point du sol même, mais d'un soubassement de 0 m. 50 ; elle mesure 1 m. 50 de pro-

____

(1) On en trouve une plus grande et plus ancienne à Saint-Avit, à Orléans et une autre à Notre-Dame-du-Port qui se rapproche de celle d'Iseure. — *Cfr. Les églises romanes d'Auvergne* par M. MALLAY.

fondeur vers le sol, sur plus de 5 mètres de largeur. Elle est séparée de la crypte par trois étroites arcades plein cintre avec claveaux longs et très étroits (1). L'arcade centrale a été fort mutilée. On constate, en effet, à l'intérieur des pieds droits de cette arcade, un arrachement de pierres qui indique qu'un autel ou un tombeau (FF.) était à cette place, muré dans l'édifice. Au-dessus, l'arcade elle-même a été coupée en partie et la voûte d'arête percée, pour pratiquer, à une époque relativement moderne, une sorte de fenêtre qui permettait aux fidèles de l'église de découvrir, du haut du chœur, l'intérieur de la crypte. C'était une imitation des *fenestellæ* des antiques basiliques, et dont la crypte restaurée de l'église de Saint-Désiré nous donne un curieux exemple (2).

La crypte proprement dite comprend trois nefs de trois travées et se termine par une abside circulaire. Quatre piliers carrés au centre et six pilastres engagés sur les côtés, supportent avec les quatre corbeaux ou culs de lampe plus récents, la retombée des voûtes d'arêtes (3).

Au fond de l'abside, un reste de maçonnerie délimite l'emplacement et les formes d'un petit autel qui était adossé au mur.

Les piliers qui supportent les voûtes sont carrés et comprennent une base formée de deux scoties de o m. 11 chacune, posées sur un socle et séparées du fût par un tore grossier (fig. 7 U V H'Y)(4). Ces bases mesurent o m. 44 de hau-

---

(1) Ces claveaux mesurent en effet, de 0, 051 mill. à 0, 06 cent. à l'intrados et 0, 10 cent. à l'extrados, sur 0, 30 cent. de hauteur.

(2) Voir aussi la crypte de l'église du Dorat (Haute-Vienne), qui offre une semblable disposition.

(3) Dans l'*Anc. Bourb., Voy. pitt.*, p. 125. M. L. Batissier dit en parlant de cette crypte : « La voûte d'arête est solidifiée par *des arcs doubleaux* à plein cintre... » ! C'est une erreur manifeste que nous relevons ici dans un double but. Le premier est de mettre en garde les architectes et les archéologues contre les descriptions par trop fantaisistes de l'*Anc. Bourb.*, le second est de signaler précisément l'absence de ces arcs doubleaux; ce qui constitue, d'après le savant M. Quicherat, cité par M. de Curzon, (Quicherat, de l'*Architecture romane*, dans la *Rev. archéol.*, 1854, p. 680), une marque de haute antiquité.

(4) M. Viollet-le-Duc cite à l'article *Base*, une base des pieds droits de la cathédrale du Mans (Xe s.) qui ressemble un peu à celles des **piliers de**

teur sur o m. 55 de largeur ; le fût, 1 m. 11 ; et le tailloir composé simplement d'un large chanfrein, ou mieux d'une pierre simplement épannelée, o m. 18 de hauteur sur o m. 45 de largeur.

Cette crypte était dépourvue de sculpture. Au XVe siècle, on termina les pieds droits de l'escalier par des corbeaux dont l'un a conservé un assez joli tiercefeuille. Cette sculpture jointe aux deux modillons encastrés probablement au XIIe siècle dans les piliers de la confession (J. M. L. — L. Q. P.) et qui offrent une série de boudins et de listels sculptés, sont les seules parties ornementées de ce petit édifice.

Peintures murales. — Les voûtes, les pilastres et les piliers eux-mêmes ont reçu au XVe siècle une décoration murale qu'on nous semble avoir trop méprisée jusqu'ici (1). Il ne sied pas aux amateurs du Bourbonnais de dédaigner ce specimen de l'art du XVe siècle, parce qu'en général, les peintures murales de cette époque sont rares chez nous, ensuite, parce que celles de la crypte d'Iseure ne manquent pas d'un certain cachet et ont quelque mérite.

Nous donnons ci-contre (fig. 3, 4, 5, 7,) une planche qui permettra de se rendre compte du parti de coloration auquel s'est arrêté l'artiste, ou plus exactement, le peintre du XVe siècle.

Pour être traitées un peu sommairement en certains endroits ces peintures révèlent une époque plus savante peut-être que le XIIe siècle où le sentiment et l'expression dominaient à l'exclusion de la « forme ».

Ces fresques peintes sur l'enduit blanc et grossier de la voûte et des murs, se composent uniformément de la tête du Christ nimbée, à l'intersection des arêtes, et dans les voutains, d'anges qui tiennent des phylactètes aux inscriptions latines (2).

notre crypte et qui, dit le savant architecte, « se rapprochent plutôt des profils des bas temps orientaux que de ceux adoptés par les romains d'Occident ».

(1) *Cfr. Anc. Bourbonnais*, pages citées et l'article de M. de Curzon. *id.*
(2) *L'Ancien Bourbonnais, Voy. pitt.*, p. 125, s'exprime ainsi au sujet

Peintures murales
de la crypte d'Iseure 4
Fig. 7
Fig. 4
Fig. 5
Fig. 3
Legende
Brun Rouge
Ocre Jaune
Noir
Vert
de foncelle
U.V.H.Y
(R)
1m
2m
3m

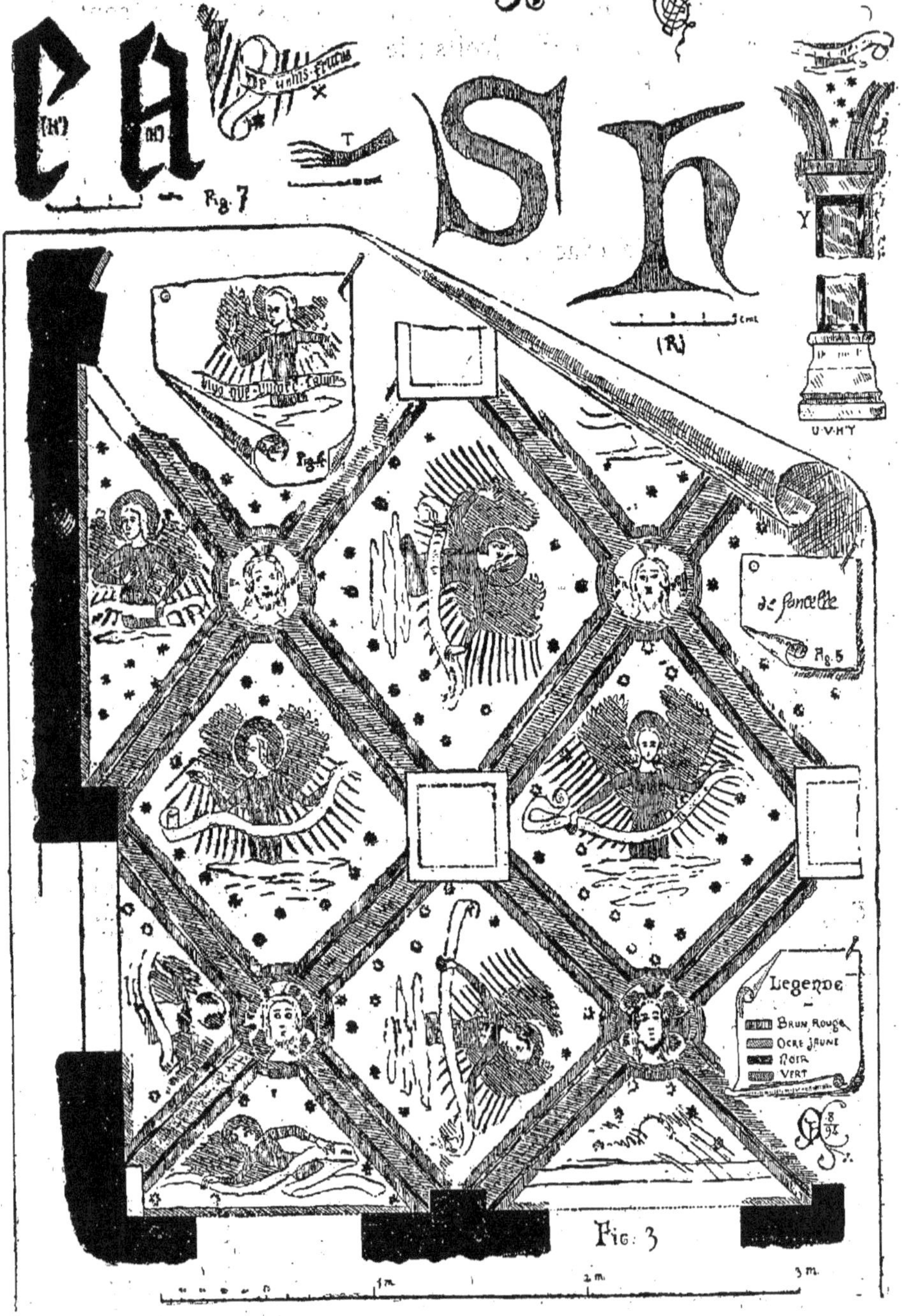

Plusieurs bandes épaisses, composées d'ocre jaune, de noir et de brun-rouge, garnissent chaque arête et entourent chaque tête de Christ d'un double cercle. Mais ces bandes sont effacées en beaucoup d'endroits ; le noir surtout est tombé presque partout. C'est d'ailleurs la couleur qui, on le sait, s'éteint le plus vite dans les fresques (1).

Certaines têtes de Christ sont remarquables d'expression (fig. 3, B'). Notre dessin si réduit ne peut malheureusement en donner une idée exacte. La figure du rédempteur est au centre d'un nimbe crucifère brun-rouge, se détachant sur une auréole verte. Jésus paraît ici avoir de trente-cinq à quarante ans ; il porte des cheveux longs, une barbe fournie et sa figure toujours sérieuse (en A') est empreinte parfois d'un mélange de douceur et de tristesse (en B'). Cette dernière figure est remarquablement belle et fait penser par sa grâce et son « faire » simple, aux œuvres des primitifs et à certaines fresques des catacombes (2).

Deux ou trois têtes de Christ sont seules en bon état de conservation.

Les anges (fig. 3 et 4) ont des formes variées et des attitudes intéressantes. Ils ont la tête auréolée de jaune, le corps

de ces fresques de la crypte d'Iseure : « Ces peintures représentent le Christ tenant à *la main le globe du monde* (? !) il est *placé entre les figures symboliques des évangélistes* (? ? ! !) et en note : l'ange, le lion, l'aigle, le bœuf » — or, on ne voit nulle part de semblables peintures ! Est-ce sur des « on dit » que M. Batissier a encore écrit cette description ?...

(1) *Cfr. La peinture décorative en France*, par M. GÉLIS-DIDOT, XIIe siècle : « cathédrale d'Auxerre ».

(2) *Cfr. Iconographie chrétienne* de Mgr. CROSNIER ; du P. CAHIER et *Histoire de Dieu*, par DIDRON, p. 240 et suivantes. — On pourrait d'ailleurs consulter avec fruit le magistral ouvrage de M. Gélis-Didot : *La peinture décorative en France*. On ferait des rapprochements très suggestifs entre les reproductions de peinture qu'il donne et les nôtres. En particulier, dans la feuille qui a pour signe : le *dragon*, on trouve dans les peintures du XIIe siècle, de l'abside du temple Saint-Jean à Poitiers, de curieuses similitudes avec les anges et les têtes de Christ de la voûte d'Iseure. On sent que la tradition artistique se conservait dans une province et que les artistes s'inspirèrent longtemps des vieux modèles. — Des anges, peints au XIVe siècle, dans l'église des Jacobins de Toulouse et dans la crypte de l'abbaye Saint-Amand de Boixé, comme les anges du XVe siècle, de la crypte de la cathédrale de Bayeux, se rapprochent aussi beaucoup des types que nous décrivons.

peint en ocre rouge, les ailes en ocre jaune aux longues plumes figurées par des traits noirs ; leurs mains, comme leur visage, sont restées en blanc, excepté dans le voutain T, où l'artiste a grossièrement fait la main d'un ange de cinq coups de son pinceau plein de brun rouge (fig. 7).

Les banderolles sur lesquelles ils appuient une main, tandis que, d'ordinaire, de l'autre ils invitent les fidèles à lire ou à être attentifs, portent des textes latins écrits en lettres gothiques. Malheureusement, ces textes sont si frustes, que la lecture en est presque impossible. Nous donnons ici, fig. 7, quelques specimens des caractères employés, avec les lettres initiales peintes en ocre rouge.

Toutes ces figures semblent avoir été dessinées d'abord au brun rouge comme les étoiles et ensuite redessinées avec la couleur qui devait servir à peindre chaque partie.

Les étoiles sont noires d'ordinaire et composées de 6, 7 et 8 branches.

Les piliers eux-mêmes avaient reçu une coloration (fig. 7, U. V. H'. Y.), les tailloirs semblent avoir été peints en ocre jaune, les chanfreins en rouge, et la surface des pilastres en marbrures jaunes et rouges encadrées d'une bande noire.

Les murs étaient encadrés d'un trait d'ocre jaune.

Sur la face du mur méridional (fig. 1, F".) au-dessus du bas-relief représentant M. l'abbé Martin, on trouve écrit le mot *Foncelle*, qui a paru être le nom du peintre du XVe siècle ; la forme des lettres nous semble postérieure à l'ornementation de cette crypte, et ce nom pourrait bien être plutôt celui d'un bienfaiteur, ou d'un défunt (fig. 5).

Au-dessus de l'autel (fig. 1, I.) à l'intersection des arêtes, était peint un Christ dans une gloire elliptique ; autour, des anges sont en adoration. Cette composition qui devait être fort intéressante, à en juger par les détails, est effacée.

Enfin on retrouve des traces d'ornements et de personnages à l'intérieur des pieds droits de l'entrée de l'escalier primitif ; (fig. 1, BB.).

Il serait assez difficile de dire à quelle école appartiennent ces peintures d'Iseure.

On a prononcé le nom d'école italienne (1) ; il y a peut-être quelque chose du « faire » de nos voisins. Les médaillons à tête de Christ de l'intersection des arêtes, sont assez dans le goût de cette école. Dans ce cas, on pourrait admettre que le peintre de la crypte d'Iseure s'est inspiré de l'art que les artistes italiens avaient apporté en France au XIVe siècle, lors de leur séjour à Avignon, pour peindre le palais des Papes et qui avait, en effet, inspiré longtemps les décorateurs français de la province (2).

Sépulture. — Depuis la révolution, la crypte d'Iseure n'a plus servi au culte. L'autel a été ruiné ; on y a entassé depuis longtemps les statues en pierre, du XVe siècle, qui ornaient autrefois l'église et dont quelques-unes sont très remarquables. Cependant, lors de l'installation, dans les bâtiments de l'ancien Séminaire, du personnel de l'Assistance publique, le corps du vénéré M. Martin, ancien supérieur, qui reposait dans la chapelle de l'établissement des Pères Jésuites, a été transporté dans la crypte d'Iseure. Au-dessous de son portrait en bas-relief, de marbre, dû au ciseau de : M. *A. THI-BAUD, (1853),* on lit l'épitaphe suivante :

H. I.

PIORVM. MEMORIAE. COMMENDATVS.

SACERDOS. INTEGERRIMVS. SACERDOTVM. MVLT. PARENS.

IO. BAPT. COELESTINVS. MARTIN.

QVI. MIN. SEMINAR. ISORENSE. CONSTITVIT. AMPLIFICAVIT.

REXIT. ANN. XXXI.

NATVS. VARENNIS. AD. ELAVEREM. OBIIT. IN. VRB. SENON.

CVM SYN. PROV. CANON. A CAPIT. MOLIN. DELEG. INTERESSET.

X. KAL. OCTOB. ANN. M DCCCL. AETAT. LVII.

(1) M. Milanolo, frère de l'artiste distingué de Moulins, et lui-même décorateur de mérite, est de cet avis.

(2) *Cfr. La peinture décorative,* par M. GÉLIS-DIDOT, XIVe siècle. « Décoration de l'église Saint-Julien de Brioude ».

PAVLO. POST. SVIS. REDDITVS. RR. DD. EPPI. CVRA.

CLERI. POPULIQ. MAGNO. CONCVRSV. SVMMO. LVCTV.

APVD. ALVMNOS. SEPELITVR.

EI. OMNES. ORD. COMM. STVD. ET. SVMPT. MONVM. POS.

Date. — Il est assez malaisé d'assigner à la construction de l'intéressante crypte d'Iseure, une date certaine, en l'absence. de documents écrits et dans l'état d'incertitude où nous sommes encore sur les époques architecturales, par rapport à notre ancienne province du Bourbonnais.

Tout le monde est cependant d'accord, pour reconnaître que l'église d'Iseure a subi depuis le XIIe siècle, des remaniements successifs qui ont dénaturé son plan primitif.

On est même généralement d'accord pour attribuer au premier édifice carolingien, la *crypte* et la partie non remaniée du transept. Au XIIe siècle, vraisemblablement lors de la cession de l'église d'Iseure au prieuré de Saint-Menoux, les trois travées des nefs furent refaites. On peut, pour cette partie, partager, sans crainte d'erreur, l'opinion de M. de Curzon et attribuer la reconstruction de l'église d'Iseure à un architecte poitevin qui se serait inspiré des traditions auvergnates courantes dans le pays, pour faire la façade et le pronaos, sans négliger toutefois les traditions de l'ordre de Cluny qui l'employait ; ce qui explique peut-être la copie qu'il fit des bas-côtés de l'église de Saint-Menoux, en construisant les basses nefs de celle d'Iseure, où nous retrouvons les mêmes pilastres cannelés, les mêmes bases et les mêmes chapiteaux bourguignons...

Enfin, chacun voit clairement que vers la fin du XIIe et pendant le XIIIe siècle on a remanié le chevet du sanctuaire, qui prit une forme polygonale, et l'on sait que ce fut de la fin du XIVe au milieu du XVe siècle que les chapelles latérales furent édifiées, celle du milieu par le duc de Bourbon, et la plus grande, par la famille Saulnier, qui s'y construisit un tombeau auprès du sieur de Follet et de sa femme Agnès de Bressolles.

La seule difficulté est d'assigner à la crypte une date approximative de fondation.

Au Congrès archéologique où cette question fut pour la première fois sérieusement discutée par des hommes compétents,
M. de Soultrait, qui n'osait s'affranchir des idées de son
époque, assignait, en compagnie du R. P. Desrosiers, à cette
crypte la date du XIe siècle, tout en reconnaissant que des auteurs la classaient parmi les monuments du IXe siècle (1).

M. de Soultrait n'a pas dit pour quelle raison il plaçait au
XIe siècle une fondation qui nous semble antérieure de plusieurs siècles.

Et voici les raisons qui nous autorisent, semble-t-il, à for-
muler cette dernière opinion.

Les archéologues de 1850 qui placent au XIe siècle la construction de la crypte ne donnent aucune raison de leur affirmation. Ils semblent agir sous l'impression de la crainte d'être
taxés de témérité. Les excès d'audace de certains « préhisto-
riens » et « antiquaires » faisaient alors tomber dans des excès
contraires. A notre humble avis on a eu grand tort au milieu
de notre siècle, de tenir un compte trop rigoureux des
premières classifications faites à la hâte, alors que la science
archéologique venait de naître. A défaut de documents écrits
qui constituent de véritables actes de naissances des monuments, on ne peut établir la date approximative de leur construction qu'en les étudiant minutieusement et en les comparant
aux édifices similaires des différentes époques architecturales.

Donc, si on compare la crypte d'Iseure avec les plus
anciennes cryptes de France, on trouve des points de ressemblance qu'on ne retrouve pas à un même degré, avec celles
qui sont postérieures au Xe siècle.

C'est ainsi qu'il y a une analogie frappante entre la crypte
d'Iseure et celle de Saint-Avit, que tous les historiens et tous
les archéologues classent parmi les édifices du VIIe siècle (2) ;

____

(1) *Congrès archéol.*, tenu à Moulins, p. 58.
(2) *Cfr*. VIOLLET-LE-DUC, *Dict. d'Arch.* : Crypte.

martyrium commun ; voûte d'arêtes reposant sur des piliers carrés... tandis que les cryptes ont, à partir du Xᵉ siècle, des colonnes rondes comme appui de voûtes en berceau qui sont elles-mêmes renforcées par des arcs doubleaux.

On sait en outre que le *martyrium* ou *confession* disparaît vers le Xᵉ siècle, parce que, à cette époque, l'Eglise, jouissant du triomphe, montre dans ses églises supérieures et place parfois sur l'autel le corps de ses martyrs, que l'on confiait auparavant à des chapelles souterraines, pour les mieux protéger contre les profanations et le brigandage des barbares et des païens (1).

Il faut remarquer de plus que l'église d'Iseure, comme la première église de Souvigny qui existait déjà quand a été établi le prieuré, en 916 (2), était dédiée à l'apôtre St-Pierre, ce qui est, de l'avis de tous les archéologues, une présomption de très haute antiquité.

Enfin, nous avons vu par l'étude des documents historiques que l'église d'Iseure, chef-lieu au XIᵉ siècle d'un des plus importants archiprêtrés du pays, figure dans une charte de 886, parmi les biens concédés par Guillaume, comte de Macon et de Nevers, aux évêques de cette dernière cité.

Cette antique église de Saint-Pierre d'Iseure n'était-elle pas construite *sur* notre crypte ?

Ne pouvons-nous pas croire que cette si vieille chapelle souterraine faisait partie de l'église dont parlent les documents du IXᵉ siècle ?

____

(1) Voir entre autres cryptes celles d'Orléans du VIIᵉ siècle dont nous venons de parler, et de *Notre Dame du Port* qui rappelle celle d'Iseure et que M. Mallay et les historiens d'Auvergne font remonter au IXᵉ siècle. *Cfr. essai sur les églises romanes,* etc. *du département du Puy-de-Dôme* par M. Mallay, architecte. Moulins. Desrosiers, MDCCCXXXVIII, p. 2. — L'église de N.-D. du Port, incendiée en 840 par les normands, fut rebâtie par Saint Sigon, 40ᵉ évêque d'Auvergne de 863 à 868 (*Gallia Christiania*) II. p. 243 à 251. Mais rien ne prouve que la crypte elle-même n'est pas antérieure à cette reconstruction, car rien n'établit qu'elle fut détruite lors de l'incendie de 840 et qu'elle n'appartient pas du moins en certaine partie (le martyrium par exemple), au premier édifice dont parle M. Mallay, et qui aurait été édifié d'après le *Gallia*, de 571 à 594.

(2) *Cfr. CHAZAUD, chronologie des sires de Bourbon,* p. 140.

Nous pensons que ce n'est pas être téméraire que de l'affirmer, car tout dans la crypte d'Iseure révèle une origine carolingienne.

Archéologiquement parlant, ce petit édifice appartient plus au style *latin* qu'au *roman*.

Quoi qu'il en soit, la crypte de l'église d'Iseure n'en reste pas moins fort intéressante et fort précieuse.

Elle mérite à tous égards d'être placée parmi les monuments historiques qui sont la gloire artistique de notre département. En tous cas, elle mérite du moins une intelligente et complète restauration, qui la débarrasserait d'abord des débris de statues, de planches et des décombres qui en obstruent l'entrée et en rendent l'accès assez difficile, pour ne pas dire périlleux ; relèverait l'autel, dégagerait ses fenêtres ; referait les enduits, rafraîchirait en les complétant les peintures murales qui constituent une jolie décoration et un véritable document historique ; provoquerait enfin du côté du chœur une ouverture en plein cintre qui donnerait aux fidèles la facilité d'apercevoir de l'église haute cette chapelle souterraine — antique et vénérée « châsse » des confesseurs et des Pères de la foi dans notre pays — et permettrait aux visiteurs et aux artistes de se rendre compte au premier coup d'œil de l'existence, sous le sanctuaire, de l'antique martyrium et de la crypte d'Iseure.

Abbé Joseph CLÉMENT.

La Madeleine. — Septembre 1894.

EXPLICATION

DU MAUSOLÉE

ÉRIGÉ à la mémoire du Maréchal de Montmorency, dans la ci-devant Église de la Visitation de Moulins (1).

Prix 3o centimes, (6 sous).

CE guerrier, d'une phisionomie si noble et si agréable, que l'on voit sur le sarcophage revêtu d'une cotte-d'armes romaine, est le Maréchal Henri II duc de Montmorenci, fils du Connétable, né à Chantilly le 3o avril 1595.

La tyrannie du cardinal de Richelieu le jeta dans le parti des mécontens. A la bataille de Castelnaudari, se voyant abandonné par Gaston d'Orléans, frère du roi, emporté par sa valeur et son désespoir, il se précipita au milieu des bataillons ennemis póur y trouver une mort glorieuse ; mais, déjà couvert de blessures, il fut renversé sous son cheval, fait prisonnier et conduit à Toulouse. Là, poursuivi par la haine implacable du cardinal, il eut la tête tranchée à l'Hôtel-de-ville, le 3o octobre 1632 ; son corps fut transporté à Moulins le 16 mars 1645 et déposé sous une voûte au-dessous du Mausolée, le 19 novembre 1655.

(1) Cette pièce fait partie d'un ouvrage en préparation qui aura pour titre : *Preuves pour servir à l'histoire du Bourbonnais* où nous donnerons, étudiés et classés, des documents inédits ou rares sur chaque ville ou monument du Bourbonnais.   E. C.

L'on voit auprès de lui son épouse Marie-Félice, princesse Des-Vrsins, les mains jointes, les yeux élevés vers le Ciel, dont elle implore le secours dans sa vive douleur.

Les quatre statues placées soit de chaque côté du tombeau sur des piédestaux isolés, soit dans les deux niches au-dessus, sont des vertus du Héros que l'Artiste a personnifiées ; ainsi sa force y est représentée par Hercule, son intrépidité par le Dieu Mars, sa libéralité par une femme offrant généreusement son argent et ses bijoux, et sa piété par une vierge ayant les yeux fixés sur une croix.

L'art aurait eu besoin de beaucoup d'autres statues pour exprimer toutes les qualités de Montmorenci... On disait de lui qu'il était l'homme de France le mieux fait, le plus aimable, le plus brave, le plus magnifique, etc. C'est sans doute pour conserver le souvenir de tant de qualités aimables que l'Artiste a représenté au-dessus du Sarcophage deux Amours couronnant de guirlandes son urne cinéraire.

Le monument est couronné par les armoiries du Duc, supportées par deux Génies.

Voici comment on peut traduire l'Inscription suivante, placée au bas du Mausolée :

> Henrico II Montmorenciaci ducum optimo et maximo,
> Franciæ pari, Thalasiarcho, Polemarcho, terrori hostium amori suorum,
> Maria Felix Vrsina, ex Romanâ stirpe, conjux unica
> Cui ex immensis viri divitiis, uni amor viventis et funetti cineres,
> Post exactos in conjugio felicissimo annos XVIII,
> Marito incomparabili de quo dolore nihil umquam potuit nisi mortem.
> Bene merenti F. an. S. CIꟼIꟼCLII, sui luctus XX.

« L'an 1652 et la 20ᵉ de son deuil, Marie-Félice Des-Vrsins,
« princesse romaine, éleva ce mausolée à la mémoire de son
« digne époux, Henri second de Montmorenci, le dernier et
« le plus illustre des ducs de ce nom, Pair, Amiral et Maré-

« chal de France, la terreur des ennemis, les délices des Fran-
« çais, mari incomparable dont elle n'eût jamais à déplorer
« que la mort. »

« Après 18 ans de mariage le plus heureux ; après avoir
« joui de richesses immenses et possédé sans partage le cœur
« de son époux, il ne lui reste aujourd'hui que sa cendre. »

En 1717, un étranger étant venu visiter le Mausolée, sa
magnificence lui inspira les quatre distiques suivans, qu'il
écrivit à l'heure même sur un des pilastres de l'église. Je n'ai
pas cru devoir passer ici sous silence ce tribut d'enthousiasme
et de douleur qu'il offrit à la mémoire de M. et Mde. de Montmorenci, ainsi qu'au talent de l'artiste qui nous a conservé
leur image.

Siccine respirant humanes marmora mentes !
    Artificis faciles hoc potuere manus.
Quam similis sibi ! quam vivens in imagine verâ :
    Quam movet et sensus sponsa verenda meos.
Virtutes, crimenque viri causaque doloris
    Æterni, sœvam Rege jubente necem !
Dicta viro mulier, luctus solamina magna,
    Scilicet auxilium religionis habet.

VOICI UNE IMITATION LIBRE DE CES VERS.

Sous un ciseau savant le marbre ici respire,
Je crois voir Des-Vrsins déplorant son malheur ;
Qui pourrait résister aux regrets qu'elle inspire !
L'homme sensible et juste est navré de douleur
Au triste souvenir de ce héros aimable,
De ses hautes vertus, de sa mort déplorable,
Aux Français attendris elle arracha des pleurs,
Et creusa dans le cœur d'une épouse fidèle
De chagrins dévorans une source éternelle,
Dont la piété seule allégea les rigueurs.

On nous reprochera peut-être d'avoir oublié ces deux passages, — *crimenque viri* —

sœvam Rege jubente necem?

Nous répondrons : 1°., que nous n'offrons ici qu'une imitation libre ; 2° que l'expression de *crime* nous paraît peu
d'accord avec l'opinion générale que l'on avait dans les tems
sur la conduite de Montmorenci ; elle ne fut considérée que
comme un moment d'erreur que le Monarque aurait dû par-
donner. Si le faible Louis XIII demeura inflexible, c'est parce
qu'il n'avait d'autre volonté que celle de Richelieu, tout le monde
savait cela ; on savait bien aussi que ce n'était que contre la
tyrannie de ce ministre que s'était armé le frère du roi, et par
suite le duc de Montmorenci.

En effet, comment supposer au maréchal l'intention de se
révolter contre le roi ?... Aux îles de Ré et d'Oléron, en Languedoc, en Piémont, à Cascal, par-tout enfin où il avait com-
battu pour lui il avait fait triompher ses armes. Il n'avait
pour but, ainsi que les chefs des mécontens, que de soustraire
le roi lui-même au despotisme d'un ministre ambitieux, généralement détesté, en le forçant de s'éloigner de sa personne.

Dans ces circonstances où l'on ne voulait que résister au
joug d'un prêtre jaloux et vindicatif, circonstantes où nous
prions de vouloir bien se reporter, comment le public aurait-il
regardé comme crime chez un jeune guerrier séduit par le
frère du roi, ce qui fut si facilement oublié chez Gaston lui-
même, chef des mécontens ?

Ce fut donc moins sous la volonté du roi que sous la haine
implacable du cardinal que succomba le malheureux Montmorenci au commencement d'une carrière qui promettait à la
France les services les plus importants. Aussi dit-on que
Mde. la princesse de Longueville, très-proche parente du duc,
en voyant à la Sorbonne le tombeau de Richelieu, lui adressa
ce passage de l'écriture où Marthe dit à Jésus-Christ :

Domine, si fuisses hic, frater meus non esset mortuus.

Plusieurs artistes ont contribué à la perfection de ce beau monument exécuté en Italie. Il est principalement l'ouvrage de François Aguier, natif de la ville d'Eu. C'est lui qui, après en avoir composé l'ensemble, en sculpta les figures principales, celle du duc et de son épouse, d'Hercule et de la Libéralité. Les deux Amours, les Génies qui supportent les Armoiries et le Sarcophage, sont encore du ciseau de cet habile Sculpteur.

Les Statues du Dieu Mars et de la Piété ont été faites par Thomas Regnaudin de Moulins. Cet artiste encore jeune alors, s'est distingué depuis par plusieurs chef-d'œuvres. C'est de lui qu'est le groupe de l'enlèvement d'Orithie par Borée, que l'on voit à Paris au jardin des Tuileries.

Tous les autres accessoires ont été travaillés, à ce qui paraît, par Thibaut-Poissant de Lyon, auteur des Statues et du bas relief placé en face du tombeau, de chaque côté et au-dessus de la grille du chœur des religieuses. Ces Figures représentent la foi, l'espérance et la charité.

Parmi les beautés nombreuses que renferme ce Mausolée, les connaisseurs ont remarqué sur-tout la Statue de l'Hercule. Pourra-t-on ne pas prodiguer les éloges aux auteurs de ce monument, si l'on se rappelle qu'au moment où il fut achevé, la sculpture ne commençait, pour ainsi dire, qu'à renaître en France.

Les tableaux et plâtres rassemblés dans cet édifice font partie du mobilier de l'école du Dessin du département de l'Allier.

Les Statues les plus remarquables sont la Venus de Médicis 1 , l'Hermaphrodite 2 ; l'Apolline ou le petit Apollon 3 ; le Mercure volant 4, le Germanicus 5, l'Apollon du Belvedere 6, le Gladiateur 7, l'Atlas 8, le Méréagre 9, l'Hercule

Farnèse 10, le groupe des Lutteurs 11, celui connu sous le nom d'Arrie et Pœtus 12, le Milon fendant l'arbre 13, le Milon renversé 14, Pluton tenant le chien Cerbère enchaîné 15, Mirmile ou le Gladiateur expirant 16, le petit Esclave qui se tire une épine du pied 17, etc., etc. Les Marbres antiques de plusieurs de ces Statues ont été conquis en Italie et déposés au Muséum de peinture et sculpture de Paris.

Dès que l'on aura fait à cet édifice les réparations nécessaires pour y placer convenablement chaque objet et y recevoir le public, le conservateur s'empressera de lui offrir des notes historiques plus détaillées sur les Tableaux, Statues et autres objets qui y seront renfermés et qui sont destinés à réveiller le goût des beaux-arts dans l'âme de la jeunesse.

C. H. D.

DEUX FERMIERS

PROCUREURS ET NOTAIRES ROYAUX

AU SIÈCLE DERNIER

M. Fernand Champenier, propriétaire de l'ancien prieuré de Valigny-le-Monial, nous a communiqué très gracieusement un livre-journal de l'année 1739, contenant une centaine de pages et intitulé : *Livre-Journal des prêts, avances, faits avec mes chepteliers et des bénéfices réalisés.*

Ce manuscrit signé Libault, fermier du prieuré de Valigny, procureur et notaire royal, fournit des détails très intéressants sur l'agriculture au XVIII⁰ siècle, dans ce petit coin du nord du Bourbonnais. Nous avons joint aux renseignements qu'il donne aussi sur le signataire et sur son fils quelques documents spéciaux qui servent à compléter cette étude.

Nous y lisons : « Total des bleds qui se sont cueillis cette année 1742 dans le domaine de Montmarché — cent quatre vingts douzaines de seigle, cinquante deux douzaines de froment, soixante dix douzaines de petits grains. » Comme on le voit, dans ce seul domaine, les laboureurs ont récolté 302 douzaines de différents grains. Libault ajoute : « Nous les partageons en deux et le métayer Aufrère prend préalablement les semences. » Il reste donc pour le colon 151 douzaines et, à supposer que chaque douzaine rende au maximum trois doubles décalitres, la part d'Aufrère s'élevait donc à 453 mesures.

La récolte de 1744 est meilleure encore, le domaine de Montmarché produit deux cent deux douzaines de seigle, partagés encore entre le fermier et le métayer.

Les autres métayers d'Alexis Libault vivaient également dans l'abondance et recevaient souvent des gratifications.

« J'ai donné, écrit Libault, à titre de bail, à Charles Saulnier, ma locature des Ecoussats, située paroisse de Bardais, pour le temps de six années, moyennant le prix et somme de quatorze livres par an et une pièce de vin, et je paye bénévolement les frais du bail au notaire. »

En 1739, la paille manque dans cette locature, le fermier ajoute une nouvelle faveur à la précédente : « J'ai acheté à M. le curé de Saint-Benin (1) un charroi de paille de froment, à raison de deux sols un liard la botte, se montant à cent douze sols six deniers. »

Toutes les foires de la contrée réclament la présence de Libault. Il achète à la saint Barthélemy (1741), jour de foire à Ainay, plusieurs animaux, et, dans cette même foire, fait des ventes considérables à Pierre Ducrot, président de la confrérie des bouchers d'Ainay-le-Chastel.

Tous les ans, sous son habile direction, les progrès de l'agriculture marchent rapidement. Le domaine de Montmarché, en 1747, donne 75 douzaines de froment, au lieu de 52 en 1742. Les grands propriétaires voisins recherchent l'amitié, la compagnie de Libault et, en 1762, nous le trouvons non seulement fermier du prieuré, mais encore de nombreux domaines sur les paroisses de Lurcy-Lévy, Couleuvre, Bessais-le-Fromental, Ainay et Saint-Agnant. Le 17 octobre 1763, il inscrit sur son livre-journal la note suivante : « J'ai réglé avec Magnon, mon métayer, et il fut trouvé que j'étais redevable à Magnon de la somme de dix livres, laquelle somme je lui ai donnée. »

Ces quelques citations nous montrent l'état de prospérité dans lequel vivaient les petits cultivateurs de ce temps-là. Les paysans de nos jours peuvent certes les envier, ils sont moins favorisés qu'eux et de beaucoup.

Comme notaire royal et procureur en la châtellenie d'Ainay, Alexis Libault rendait de grands services à ses concitoyens. — Homme d'ordre, de bonnes vie et mœurs, catholique fervent, il mérita, d'après une note de son fils Philippe, d'être enterré dans l'église de Valigny : « Mon père est décédé le 2 may 1767 et a été enterré le trois dans l'église de Valligny, proche la chaire. »

Le fils hérita des traditions du père, et le même manuscrit nous révèle sa tendre sollicitude pour les campagnes. Son père mort, sa première pensée fut de le remplacer non seulement comme agriculteur, mais surtout comme procureur et notaire royal. Pour ce, il fallait obtenir l'approbation du marquis de Sinéty, précepteur des enfants de France, châtelain du marquisat de Lévy (2). Philippe Libault lui écrivit la lettre suivante portant le timbre de la généralité de Moulins :

(1) Ancienne paroisse formant actuellement la campagne d'Ainay-le-Château.

(2) Les terres de l'ancien marquisat de Lévy appartiennent aujourd'hui, une partie à M. Daniel Thuret et à M. le comte de Waldner, l'autre partie à Mme la comtesse Lafond, bienfaitrice de toute cette contrée et veuve du comte Edmond Lafond, qui fut l'ami de Pie IX et qui est resté l'écrivain célèbre de Lorette et Castelfidardo, de Rome et de la voie douloureuse des papes.

> *Monsieur le châtelain du marquisat de Lévy, ou Monsieur*
> *votre lieutenant.*

MONSIEUR,

Supplie humblement Philippe Libault, fils de défunt maître Alexis Libault, vivant notaire royal et procureur en la châtellenie d'Ainay-le-Chastel, et vous remontre que depuis son bas-âge, il ne s'est occupé qu'à suivre, fréquenter les collèges, et depuis la cessation de ses études, à suivre les sièges voisins de celui-cy, le tout à l'effet de se rendre capable de remplacer son père, ce que désirant faire aujourd'huy, il a pour ce l'honneur recourir à vous. A ce qu'il vous plaise, Monsieur, et sous le bon plaisir de Monsieur votre lieutenant, vu l'extrait baptistaire du suppliant en attendant qu'il aye pu obtenir de Monseigneur le marquis de Sinéty, maréchal de camp, des provisions de procureur ou une commission, le recevoir au serment de procureur en ce siège, luy permettre d'en faire les fonctions, aux honneurs, pouvoir, prérogatives et émoluments y attribués, et cela pour dix-huit mois aux offres qu'il fait de rapporter ses provisions ou commission dès qu'il aura obtenu l'une ou l'autre et ferez justice. — LIBAULT. »

Avant de parvenir au seigneur de Lévy, la lettre de Libault est remise au procureur du roy, Thévenard, qui la transmet en ces termes au procureur fiscal, c'est-à-dire à l'officier ayant soin des intérêts du marquis et des vassaux de sa terre : « Soit la présente communiquée au procureur fiscal de céant et à nous apportée ainsi qu'il appartiendra. Faict le 1er février 1768. — THÉVENARD. »

Le procureur fiscal favorise la demande : « Le procureur fiscal, après communication à luy présentée, n'empêche point que le suppliant ne soit reçu aux fonctions ainsy que autres, à sa charge d'obtenir du seigneur de céans des pouvoirs en provisions dans le temps qui luy sera prescrit.

Faict ce trois février 1768.

Ces deux formalités remplies, il restait au conseiller du roy et son procureur en la juridiction de police de Cérilly de transmettre la requête de Philippe Libault au marquis de Sinéty, ce qu'il fait de suite : « Vu par nous, Jean Thévenard, conseiller du roy et son procureur en la juridiction de police de Cérilly, châtelain, juge civil et criminel au marquisat de Lévy, la présente requête, notre ordonnance de communication du 1er de ce mois, conclusion du procureur fiscal, ayant égard à ce que le père du suppliant a fait fonction de procureur en ce siège et étant informé des bonnes vie et mœurs, religion catholique et apostolique et romaine du suppliant, nous l'avons reçu et installé sous le bon plaisir de Monsieur le marquis de Sinéty aux fonctions de procureur en ce siège après avoir pris de luy le serment en ce cas requis et accoutumé, à la charge par luy de se pourvoir en provisions de mon dit seigneur marquis de Sinéty, et ce dans six mois à compter de ce jour. Faict le 8 février 1768. — THÉVENARD.

Philippe Libault reçut quelques mois plus tard sa nomination de procureur royal. Voici cette pièce signée : Sinéty :

Nous, hault et puissant seigneur, messire André de Sinéty, maréchal des camps et armées du roy, sous-gouverneur de Monseigneur· le Dauphin, seigneur du marquisat de Lévy et autres lieux, sur le bon et louable rapport qui m'en a été fait, de la personne du sieur Philippe Libault, de ses sens, suffizance, prudhommie, expérience, au fait de la pratique, religion *catholique et apostolique et romaine,* pour ces causes nous lui avons donné, octroyé, donnons et octroyons l'état et office de procureur en notre justice, haute, moyenne et basse, du dit marquisat de Lévy, pour en jouir aux honneurs, fruits, profits, revenus et émolumens, tout ainsy et de même qu'autres pourvus de pareils offices, en jouissent maintenant, et ce pour le temps qu'il nous plaira, mandons à notre châtelain du dit marquisat de Lévy et autres officiers que leur étant apparu de bonnes vie et mœurs, religion catholique, apostolique et romaine, ils reçoivent et installent le dit sieur Libault aux fonctions du dit office, l'en faisant jouir paisiblement et à lui d'obéir ès choses concernant le dit office. Donné à Paris, ce quinze août mil sept cent soixante huit et avons signé et fait contresigner par notre secrétaire, par lequel nous avons fait apposer le sceau de nos armes. — SINÉTY. — Par Monseigneur, — BARON, secrétaire.

Abbé P. DESNOIX.

CHRONIQUE

BIBLIOGRAPHIE

L'ancien canton d'Hérisson (Hérisson, Cosnes, Louroux-Hodement, Maillet, Saint-Caprais et Venas), par C. Grégoire. — Durond, éditeur Moulins.

Cette brochure est la suite des « monographies révolutionnaires » que nous avions déjà signalées dans le numéro d'avril du *Bulletin-Revue*.

C'est le troisième canton dont M. C. Grégoire nous donne l'intéressante étude. Le public érudit qui avait fait bon accueil aux monographies des cantons d'Ygrande et de Lurcy-Lévy, mettra, nous en sommes sûrs, le même empressement à se procurer ce dernier ouvrage qui paraît agrémenté de plusieurs gravures et d'un beau portrait sur cuivre, œuvre d'un de nos jeunes artistes bourbonnais. L'auteur a bien voulu nous permettre de reproduire ici une vue de Hérisson qui se trouve dans le volume et qui présente au point de vue artistique un réel intérêt. — Nous la donnons à la page suivante.

Marcelle ; Le clan des Quittards. Deux « nouvelles » par notre compatriote, Oscar Méténier. Dentu, Paris.

Dans la Revue de Saintonge et d'Aunis, qu'il dirige, livraison du 1er septembre, M. Louis Audiat, notre compatriote et collaborateur, donne une très originale notice sur le cardinal Thomas. A noter également dans ce numéro, *l'histoire de la Saintonge pendant la guerre de cent ans*, par M. Denys d'Aussy.

Archives historiques du Bourbonnais. Recueil mensuel publié par M. R. de Quirielle et Vayssière (3e année). — Sommaire des numéros parus depuis juillet 1894.

N° 6. — Une famille de sculpteurs provinciaux : les Mercier, par M. le docteur Vannaire (fin). — 2. Le Siège des Huguenots devant la ville de Molins, en 1562, relation du temps (fin). — 3. Armorial de la généralité de Moulins (bureau de Montluçon) (suite), par M. des Gozis. — 4. Notes et documents. Document relatif aux rapports de Mme de La Fayette avec le Bourbonnais, visite de Simon de Beaulieu.

N° 7. — 1. La tombe d'Alix du Breuil par M. R. de Quirielle. — 2. La sorcellerie dans le Bourbonnais par M. de Gaulmyn (fin). — 8. Document relatif aux rapports de Mme de La Fayette avec le Bourbonnais (suite). — 4. L'atelier monétaire de Moulins, etc.

N°ˢ 8 et 9. — 1. La chevauchée du duc de Lancastre en Bourbonnais, par Max Bruchet. — 2. Les parcs de Baumanoir et de Chevagnes, par A. V. — 3. Notes sur l'ancienne paroisse de Longepré, par A. V. 4. Armorial de la généralité de Moulins (suite), par M. des Gozis. — 5. La seigneurie de Montgilbert au milieu du XVᵉ siècle. — Une montée d'armes inédite du duc Louis II de Bourbon (1386), par E. Chambon.

La Quinzaine bourbonnaise (3ᵉ année), imprimerie Crépin-Leblond, Moulins. — Dans les numéros parus depuis juillet, nous relevons : Pèlerinage à Notre-Dame d'Auray, par Géo Bonneron. — Des sonnets par MM. L.-A. Max Audier et Ch. Guinot. — Les Miettes de la Table, par Arsène Houssaye. — Quelques études : Marcellin Desboutin par Armand Silvestre, Kamiesh par M. le docteur Vannaire. — Des documents : Moulins en 1698. Le Bourbonnais en 1356. Lettre sur le serment civique. Comment la duchesse de Bourbon payait ses créanciers, par Félix Chambon. Adresse au directoire de l'Allier, etc. — Enfin des « nouvelles » des poésies et bleuettes en vers par MM. Guy de Téramond, Géo Bonneron, Marcellin Crépin-Leblond, Th. de Banville et Eug. Cavalier.

Revue scientifique du Bourbonnais et du centre de la France, 7ᵉ année. — Sommaire des principaux articles des numéros de juillet, août, septembre 1894 : Promenades géologiques en Bourbonnais, par M. A. Mallet. — Origine des bassins houillers du centre, par M. Fayol. — L'âge des dépôts houillers de Commentry, par M. Zeiller. — Le braque du Bourbonnais (avec planche), par M. Ernest Olivier. — La Société botanique de France, en Suisse, par Ernest Olivier.

L'Église du Sacré-Cœur de Moulins, précis historique, architectural et religieux, orné de plusieurs gravures, par M. l'abbé G.-V. Berthoumieu. — In-18 de 115 pages. — Auclaire, Moulins.

L'idée première et le plan général de ce travail ont été inspirés par M. l'abbé Champomier, et l'on peut dire que le but que se proposait le zélé directeur de l'Archiconfrérie du Sacré-Cœur a été pleinement atteint par celui à qui il en avait confié la réalisation. Cet ouvrage, nous en sommes convaincu, intéressera en les édifiant les membres de l'Archiconfrérie, auquel il doit servir de manuel.

Nous donnerons dans la prochaine livraison du *Bulletin-Revue* une réduction de la vue extérieure de l'église par Lassus, qui se trouve en tête du volume.

Notice sur MM. Paul et Franz de Vaulx (deux Agriculteurs). — Crépin-Leblond, Moulins. — In-18 de 138 pages.

Association amicale des anciens Élèves et Noces de diamant du Petit

VUE DE LA VILLE D'HÉRISSON

Séminaire d'Ajain ; discours prononcé à cette occasion, par M. l'abbé Cialis. — 1894. — Herbin, Montluçon.

Les Aveux complets de l'assassin de M. Carnot. — Bougarel, Vichy.

L'amour de Jeanne, par M. Léon Vedel. — Herbin, Montluçon. — In-16 de 49 p.

Le grand Coup avec sa date probable, c'est-à-dire le grand Châtiment du monde, etc. — Vexenat, Vichy. — In-8° de 112 p.

Les Époques de la Nature et de l'Ethnographie, par H. D. — Herbin, Montluçon. — In-8° de 216 p.

Trois sous par jour ou 50 francs de rente pour le pain quotidien, à tous les Français, par M. de Montaignac. — Herbin, Montluçon. — In-32 de 16 p.

Guide médical des tournées Léon-Vichy, Saint-Yorre, par M. le Dr Collargues. — Arloing et Bouchet, Cusset. — In-16 de 125 p.

Petit Catéchisme historique, à l'usage de la jeunesse, par M. l'abbé Guéret. — Herbin, Montluçon. — In-16 de 205 p.

Trois bègues, saynète, paroles de Marc, musique de Fautrier. — Herbin, Montluçon. — In-8° de 4 p.

Les sous-off..., saynète, paroles de Berthier et Lecheud. — Herbin, Montluçon. — In-8° de 4 p.

Les Mercier (une famille d'artistes provinciaux), par M. le Dr Vannaire. — Extrait des *Archives historiques du Bourbonnais*. — Crépin-Leblond, Moulins. — In-8° de 69 p.

Une Hypothèse, par M. le colonel de Polignac. — Herbin, Montluçon. — In-8° de 4 p.

Considérations nouvelles sur la Vie animale et la Glycogénie, par M. le Dr Vandenabeele. — Barthelat et Demonnet, Cusset. — In-8° de 50 p.

L'armée sous la Révolution, par M. Ernest d'Hauterive, lieutenant au 10° chasseurs. — Ollendorff, éditeur, Paris.

BEAUX-ARTS

Monument Banville. — Aux lots déjà offerts pour la tombola artistique du monument Banville que nous avions signalés dans le précédent numéro du Bulletin, sont venus s'ajouter les suivants :

Sèvres, deux paires vases persans, une paire vases indiens, un vase Saïgon, un vase antique chinois (ministère des Beaux-arts), — *Près Vichy,*

Monte-Carlo, aquarelles (V. Cornil) ; — *Saint Joseph*, bas-relief plâtre durci métallisé (Dr Mony) ; — *Destruction des sauterelles* (Marius Perret) ; — *Clisson*, aquarelle (Deschamps) ; — *Lac de Genève*, peinture (Bellynck) ; *Conférences sur la photographie, Allocution au dîner bourbonnais, Histoire de la cartographie*, brochures (Laussedat) ; — *Les Fileuses*, de Velasquez, Erato (Dr Charvot) ; — *Près Néris* (Leprat) ; — tableau offert par Mlle Favier ; — brochure (M. Seulliet) ; — *Flore de l'Allier* (M. Migout); — *Panneau de lilas*, (Mlles Desliens) ; — aquarelle, (M. Outin); — aquarelle (M. Pépin) ; — peinture (M. Pépin) ; — dessin à la plume (M. Pépin); — médaille de bronze, M. Laussedat.

Legs Robichon. — Sur l'avis favorable du Conseil municipal, le legs Robichon a été attribué par le Conseil général à M. Coulon, statuaire du monument Banville.

L'école municipale de dessin, de modelage, de moulures a tenu, au mois d'août dernier, sa cinquième exposition dans le grand salon de l'Hôtel de Ville.

Le dessin linéaire et d'ornement et le dessin d'imitation y ont été représentés par un certain nombre d'œuvres de réelle valeur et qui dénotent chez leurs auteurs un grand sentiment artistique.

Nous avons remarqué surtout un charmant médaillon de l'élève Dubessai. Il y a là le faire et le tour de main d'un jeune homme d'avenir.

Les œuvres de modelage présentaient également un réel intérêt. M. Léon Lacrenier a exposé deux statues parfaites comme harmonies de lignes : la Vénus de Milo et l'Amour grec. Ces heureux essais de statuaire lui ont valu d'être mis hors concours.

A signaler aussi les œuvres de M. Dussour, très habilement traitées.

C'est une très heureuse innovation d'avoir pensé à joindre aux modelages quelques moulages. Aujourd'hui, le moulage a pris une certaine place parmi les arts, auxquels il peut rendre de nombreux services.

En résumé, on peut constater un progrès croissant dans ces expositions de l'Hôtel de Ville. Les œuvres exposées rachètent leur petit nombre par le soin et la précision avec lesquels ils sont exécutés et justifient les sacrifices que s'impose la municipalité.

Les élèves de l'école, du reste, lui font honneur ; l'un d'eux, M. G. Gilbert, vient d'être nommé directeur de l'Ecole des Beaux-Arts de Poitiers et conservateur du Musée.

L'Etat vient d'acheter un tableau de Mme Gabrielle Morin, femme de l'ancien président du conseil de préfecture de Moulins, de 1881 à 1885.

Ce tableau, intitulé « le Soir » (n° 1,340 du catalogue officiel), a figuré cette année au salon des Champs-Elysées.

« **Petits édifices historiques recueillis par Raguenet, architecte.** » Sous ce titre, les librairies-imprimeries réunies, 2, rue Mignon, Paris, publient chaque mois un fascicule contenant un certain nombre de planches et des notices descriptives facilitant l'étude des différents styles.

La 31ᵉ livraison de cette intéressante publication est consacrée tout entière à l'église de Saint-Menoux. Les douze planches reproduisent les façades principale, postérieure, latérale ; le plan de l'église, la vue intérieure de l'abside et du narthex ; la vue du clocher, des colonnes, chapiteaux, fenêtres ; la porte de la sacristie ; des fragments de sculptures en pierre ornant autrefois la châsse qui contenait les reliques de saint Menoux. La notice suivante accompagne la livraison :

Eglise de Saint-Menoux (Allier). — « Cette église dépendait autrefois d'une abbaye de bénédictins ; elle est composée d'une première nef à trois travées (avec bas-côtés), datant du IXᵉ ou du Xᵉ siècle, qui sert maintenant de narthex. Dans l'église proprement dite on trouve une autre grande nef escortée aussi de deux bas-côtés, formée de six travées dont les trois premières furent reconstruites au XVᵉ siècle et les trois autres au XIIᵉ. Le chœur, l'abside et les absidioles remontent également au XIIᵉ siècle. Le clocher central, soutenu par les piles d'un transept peu accusé, datant du XIIIᵉ siècle ; mais, ainsi que le fait remarquer Violet-le-Duc, le caractère seul de sa décoration est gothique, le système de l'appareillage est resté absolument roman. Ce clocher était surmonté d'une flèche octogonale en pierre ; les trompes qu'on aperçoit à l'intérieur du beffroi indiquent d'une façon certaine que la tour passait autrefois de la forme carrée à la forme octogonale. Une tourelle, placée contre le clocher et contenant l'escalier, est encore terminée par une flèche en pierre octogonale, rappelant sans doute la forme de celle qui couronnait la tour.

« Le narthex ou avant-nef est soutenu par de grosses colonnes surmontées de chapiteaux sculptés avec une naïveté qui ne manque pas d'élégance. Les astragales sont adhérents aux fûts, car c'est seulement au XIIᵉ siècle que les chapiteaux commencent à porter eux-mêmes leur astragale ; l'ancienneté de leur origine se trahit aussi par la disposition du sommier des arcs qui repose sur le tailloir, à la manière antique, sans dépasser le niveau du fût des colonnes. A l'époque où ces travaux furent exécutés, les constructeurs n'avaient pas encore eu l'idée, si rationnelle et qui caractérise l'époque romane, d'utiliser les saillies du chapiteau en le faisant travailler comme un véritable encorbellement.

« Nous ne parlerons pas de la partie reconstruite au XVᵉ siècle ; quant au chœur et aux absides, ils fournissent l'occasion de faire d'intéressantes comparaisons sur les styles du XII⁰ siècle dans les contrées centrales de la France, car ils tiennent à la fois du roman auvergnat et du roman bourguignon. Le chœur avec ses cinq absidioles, dont l'une est terminée en carré, a bien le caractère de l'architecture auvergnate, tandis que les décorations intérieures et extérieures sont parfaitement bourguignonnes. On y retrouve, en effet, les pilastres cannelés et les bandeaux ornés de grecques et d'oves qu'on remarque si souvent dans les édifices échelonnés sur les bords de la Saône.

« Un cercueil en pierre, déposé derrière le maître-autel, contient les reliques de saint Menoux, évêque de Quimper, né en Irlande et mort en ce lieu au XI⁰ siècle. Nous ne pouvons raconter ici la légende de ce saint, mais nous conseillons aux personnes visitant l'église, de lire un intéres-sant petit ouvrage intitulé : *Saint-Menoux, sa vie et son culte*, par J.-J. Moret, curé-doyen de Saint-Menoux, avec dessins de P. Guillaumier. Le cercueil de saint-Menoux était autrefois enfermé dans une splendide châsse en pierre, datant du XII⁰ siècle, dont il ne reste plus que des débris. On aperçoit aussi, près de ces débris, quelques fragments de pierres gravées qui passent pour être les restes du plus ancien dallage incrusté connu jusqu'à ce jour. »

MÉLANGES

Document. — Nous transcrivons ici une lettre adressée par le duc Pierre de Bourbon aux conseillers du roi, en l'absence de ce dernier qui guerroyait en Italie. Ce document administratif assez peu connu est tiré du volume 122 des titres scellés de Clairambault au cabinet des titres de la Bibliothèque nationale.

« Pierre, duc de Bourbonnoys et d'Auvergne, comte de Clermont, de Fo[rez de] la Marche et de Gyen, vicomte de Carlat et de Murat, seigneur de Beaujeulloys et de Bourbon lanceys, per et chamberier de France, et lieutenant general de Mgr le Roy, à nos très chiers et grans amys, les generaulx conseillers de mondit seigneur le Roy, par lui ordonnez sur le fait et gouvernement de ses finances, Salut et dilection. Nous, en usant du pouvoir à nous donné par mondit sgr, vous mandons que par maistre Pierre Legendre, aussi conseiller et trésorier des guerres de mond. sgr. et par nous commis à tenir le compte et faire la distribucion des deniers nécessaires à convertir par nostre ordonnance en payemens de gens et fraiz extraordinaires de la guerre pour la conduicte des affaires dud. sgr., la garde et seureté de ce royaume, en attendant son retour de sa conqueste de Napples, vous, des deniers de sadite commission, faictes paier, bailler et délivrer à Pierre Fedeau la somme de troys cens cinquante livres tournois que nous luy avons ordonnée et ordonnons par ces présentes pour ung voyaige qu'il a faict en Espaigne par nostre ordonnance et commandement, où il s'est tenu en habit dissimullé en la cour du roi d'icellui pays par l'espace de demi-an et plus pour nous advertir et faire savoir des entreprises qui se faisoient audict pays contre mond. sgr le Roy et son royaume, sans en avoir eu de nous aucune récompense; et en rapportant cesd. présentes signées de notre main et quictance dud. Pierre Fedeau, sur ce suffisamment seullement ladibte somme de III c. l. t. sera allouée en comptes et rabatue de la recepte dud. maistre Pierre Legendre, commis dessus dit, par nos très chiers et grans amys les gens des comptes de mond. sgr auxquelz nous mandons aussy le faire sans aucune difficulté, nonobstant quelzconque ordonnance, restrictions, mandement ou deffences à ce contraires. Donné à Molins le XXIe jour d'octobre, l'an mil quatre cens quatre vingtz quinze.

Signé : Pierre.

« Par monsgr. le duc, lieutenant general,
monsgr. l'arcevesque duc de Reims, chan-   [*Fragment d'un sceau équestre*]
celier de France, présent.

« Robineau ».

Dans une collection de documents relatifs à l'*Histoire de Paris pendant la Révolution française,* publiée d'après les originaux des Archives nationales par M. Etienne Charavay, nous relevons la note biographique suivante, sur l'un de nos compatriotes bourbonnais : « Pierre-Gilbert d'Allarde, né à Montluçon le 9 août 1752. Député de la noblesse du bailliage de Saint-Pierre-le-Moûtier, à l'Assemblée constituante. Mort à Besançon le 9 septembre 1809. — Son nom est orthographié Dallarmes. — Obtint des voix pour les fonctions d'administrateur du département de Paris. »

Hôpital général de Moulins. — La municipalité vient de désaffecter, le vieux cimetière de l'hôpital, dans lequel ont 'été inhumés un grand nombre de membres de la noblesse moulinoise, administrateurs de l'hôpital ou bienfaiteurs des pauvres. Certaines de ces inhumations remontent au XVIIe et au XVIIIe siècle. Nous avons tenu à en signaler quelques-unes comme souvenir documentaire de vieilles familles dont la plupart n'existent plus aujourd'hui :

Le 11 mars 1677, au semetière (*sic*) de l'hospital, messire François Semyn, prestre, seigneur de Lye et directeur du dict hopital.

Dame Thérèse de la Beaume, veuve de messire Nicolas Semin, seigneur de Branssat, décédée de la veille, 9 février 1768.

Dans la chapelle de l'hopital général, demoiselle Rosalie Palierne de l'Ecluse, fille de messire Palierne, seigneur de l'Ecluse, écuyer, décédée de la veille, 20 septembre 1777.

Simon Parchot de Villemouse, conseiller du roi en la sénéchaussée et siège présidial de cette ville, le 10 février 1782.

Marie Magdeleine de Brinon, veuve de messire Valette du Bardon de Rocheverd, écuyer, morte la veille, 24 avril 1783.

Louise des Batailloux, 12 avril 1692.

Pierre de l'Estaut, seigneur de Saint-Hippolyte, bienfaiteur et directeur de l'hôpital, 15 juillet 1705.

Claude Durye, 23 juillet 1721.

Jacques Michel, seigneur du Loyer, conseiller au présidial de Moulins, et dame Catherine Beraud, sa femme, 28 juillet 1731.

Messire François Houlhard, prestre, bachelier en Sorbonne, archidiacre de Sancerre, etc., 20 novembre 1732.

Pierre Imbert, conseiller au grenier à sel de cette ville, seigneur de la cour, 7 juin 1730.

Marie Houlhard, bienfaitrice de l'hôpital, 29 janvier 1737.

Marie Robert des Jardiers, veuve de M. Terrier, greffier du grenier à sel de Moulins, 25 juin 1752.

Suzanne de Gaulmyn, veuve de messire Jules-Henry de Montbelle, chevalier, seigneur de Champérou-Laugère, chevalier du Saint-Esprit, 14 décembre 1759.

Demoiselle Hélène de Breuilly, fille de Mre Joseph de la Roche de Breuilly, écuyer, officier au régiment de Picardie, et de dame Marie de Lachapelle, du 10 mars 1779.

Messire François de Culan, écuyer, Sr de Chavigny, chevalier de Saint-Louis, 27 avril 1784.

Louis-Pierre-François-Philippe de la Motte, écuyer, Sr de la Mathérée, chevalier de Saint-Louis, ancien gendarme de la Garde, 26 mai 1785.

Jeanne-Thérèse Vernoy de Montjournal, veuve de messire Pierre de Champfeu, écuyer, capitaine au régiment royal, lieutenant des maréchaux de France, 6 décembre 1789.

Antoine Vic de Pontgibaud, chevalier de l'ordre royal de Saint-Louis, lieutenant de vaisseau, administrateur de l'hôpital général, 17 novembre 1791.

Georges Andresson, gentilhomme écossois, décédé à l'hôtel de la Belle-Image, rue de Paris, a été inhumé dans le *cimetière de l'hôpital général, sépulture ordinaire des notables habitans de cette ville*, en présence de

Srs John Lister, Edward Wilson, gens de sa suite, et de Me Jean-Jacques Cartier, maître en pharmacie, 19 décembre 1791.

Archéologie. — Dans la 61e session qu'elle vient de tenir à Saintes et à la Rochelle, la Société française d'Archéologie, fondée en 1834 par Arcisse de Caumont et dont M. le comte de Mardy est directeur, a décerné sa plus haute récompense, une grande médaille de vermeil, à notre compatriote, M. Louis Audiat, pour ses travaux archéologiques : *Epigraphie saintone, Catalogue du Musée des Antiquités de Saintes.*

Memorandum de la Société. — M. G. Treyve, qui avait obtenu le prix d'honneur de l'horticulture au Concours régional de Moulins en 1885 et plusieurs médailles d'or dans d'autres concours et expositions, a été créé chevalier du Mérite agricole, en date du 5 août dernier.

La Revue des autographes que publie à Paris M. Eug. Charavay fils signale une lettre du maréchal de Villars aux syndics de la noblesse de Provence. Cette lettre datée de Galleville, 18 juillet 1722, a été écrite pendant son exil de la cour.

TABLE ALPHABÉTIQUE

DES MATIÈRES

GRAVURES

TABLE ALPHABÉTIQUE

PAR NOMS D'AUTEURS

TIRAGES A PART

Les-auteurs des travaux insérés dans le *Bulletin* pourront se procurer des tirages à part aux prix suivants :

	25 EX.		50 EX.		100 EX.		200 EX.	
16 pages	5 fr.	»	6 fr.	50	9 fr.	»	14 fr.	»
8 pages	3	»	4	50	6	»	9	»
Couverture blanche	»	50	»	70	1	»	2	»
Couverture imprimée	3	»	4	50	4	»	6	»

Les auteurs sont priés de vouloir bien faire connaître leurs intentions à cet égard en envoyant leurs manuscrits et ils auront à traiter directement avec l'imprimeur.

M. le Secrétaire-Archiviste prévient les membres de la Société qu'il tient à leur disposition, au prix de 3 fr. le volume, les dix-huit premiers tomes des bulletins de la Société, à l'exception du tome IV ; il prie les personnes qui voudraient céder ce volume, de bien vouloir lui en donner connaissance. Il peut également céder des exemplaires du *Cartulaire de la Chapelle-Aude* et de l'*Etude sur la chronologie des sires de Bourbon*.

Catalogue du Musée départemental de Moulins.

Édition accompagnée de 39 planches au prix de **6** francs.
Édition sans planches au prix de **2** fr. **50** centimes.

MM. les Membres de la Société et en particulier MM. les Membres correspondants sont priés de vouloir bien communiquer à M. le Président, tout ouvrage, même un article de journal dont ils auraient connaissance, touchant de près ou de loin à l'histoire du Bourbonnais, pour qu'il en soit fait mention aux procès-verbaux des séances de la Société.

Chemins de fer de Paris à Lyon et à la Méditerranée

88, RUE SAINT-LAZARE, PARIS

VOYAGES A PRIX RÉDUITS

1º *Billets d'aller et retour avec réduction de 25 pour cent admis dans les express* (sauf les trains de luxe et certains rapides).

Valables deux à huit jours suivant la distance. Cette durée peut être à deux reprises prolongée de moitié moyennant chaque fois un supplément de dix pour cent.

2º *Cartes d'abonnement* pour trois, six et douze mois avec réduction croissant avec le parcours.

3º *Billets circulaires individuels, à itinéraire au gré du voyageur, délivrés toute l'année, avec réduction de vingt à cinquante pour cent* suivant les parcours, valables pour tous les trains.— Validité : trente à soixante jours, suivant les parcours.

4º *Billets circulaires collectifs*, pour familles, pareils aux précédents, mais comportant en plus une réduction de cinquante pour cent pour chaque membre de la famille en sus des trois premiers.

5º En commun avec les autres compagnies françaises, billets circulaires, individuels ou collectifs, à itinéraire au gré du voyageur, délivrés toute l'année avec réduction de vingt à soixante pour cent, suivant les parcours et le nombre des voyageurs.

Depuis le mois de juin 1889, les Compagnies de chemins de fer délivrent, à des prix déterminés, des *Cartes de circulation* valables pendant trois mois, six mois ou un an et donnant le droit de voyager à demi-place sur toutes les lignes de leurs réseaux.

A la suite de nouveaux accords, les prix de ces cartes ont subi, depuis le 1er janvier 1891, une réduction d'un tiers. La carte donnant droit à des billets à demi-tarif de toute classe pendant un an, qui coûtait autrefois 600 fr., est aujourd'hui délivrée au prix de 400 fr.

REVUE DES AUTOGRAPHES

DES CURIOSITÉS DE L'HISTOIRE ET DE LA BIOGRAPHIE

Fondée en 1866 par Gabriel CHARAVAY

PARAISSANT CHAQUE MOIS SOUS LA DIRECTION DE

EUGÈNE CHARAVAY fils

PRIX DE L'ABONNEMENT : Pour un an (12 numéros), 3 fr. — On s'abonne à Paris chez Mme veuve CHARAVAY, 34, rue du Faubourg-Poissonnière.

Moulins. — Imprimerie Et. AUCLAIRE.

Société
d'Emulation & des Beaux-Arts
Du Bourbonnais

Bulletin Revue

PUBLICATION TRIMESTRIELLE

Suite au « Bulletin de la Société d'Émulation de l'Allier »
et aux « Annales bourbonnaises »

2ᵉ LIVRAISON — JUILLET 1894

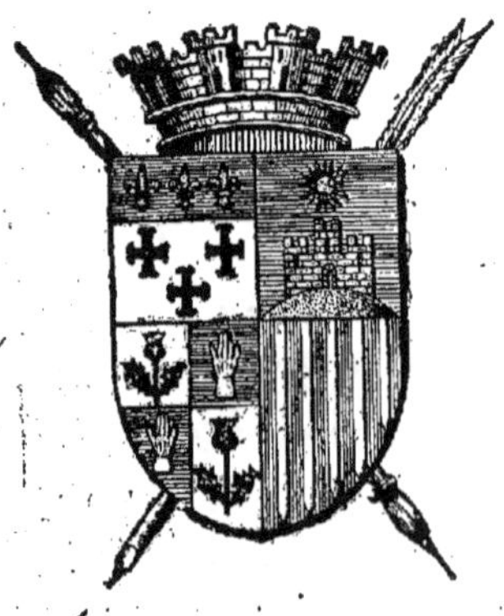

MOULINS

IMPRIMERIE ÉTIENNE AUCLAIRE

SUCCESSEUR DE C. DESROSIERS

SOCIÉTÉ D'ÉMULATION ET DES BEAUX-ARTS

DU BOURBONNAIS

Composition du bureau pour l'année 1894.

Président général : M. le baron Le Febvre.

Vice-président général : M. G. Seulliet.

Secrétaire-archiviste : M. G. Bernard.

Secrétaire-adjoint : M. F. Pérot.

Trésorier : M. Frobert.

Bibliothécaire : M. l'abbé E. Cavalier. (La bibliothèque est ouverte tous les jeudis de 10 heures à 11 heures.)

Conservateur du Musée : M. Bertrand

Membres de la commission du Bulletin : MM. l'abbé J.-H. Clément, de Brinon, Delaigue, Trimoulier, C. Grégoire, Capelin, l'abbé Cavalier.

Délégué de la commission du Bulletin : M. l'abbé E. Cavalier, avenue d'Orvilliers, 34, Moulins.

Membres de la commission des comptes : MM. A. Girard, Seulliet, C. Grégoire, Delaigue et Marcellin Crépin-Leblond.

Membres de la commission du Musée : MM. l'abbé J.-H. Clément, Vié et F. Pérot.

Membres de la commission d'Histoire naturelle : MM. Migout, E. Olivier, F. Méplain et E. Lassimonne.

SOMMAIRE

GRAVURE

TIRAGES A PART

Les-auteurs des travaux insérés dans le *Bulletin* pourront se procurer des tirages à part aux prix suivants :

	25 EX:	50 EX.	100 EX.	200 EX.
16 pages	5 fr. »	6 fr. 50	9 fr. »	14 fr. »
8 pages	3 »	4 50	6 »	9 »
Couverture blanche	» 50	» 70	1 »	2 »
Couverture imprimée	3 »	4 50	4 »	6 »

Les auteurs sont priés de vouloir bien faire connaître leurs intentions à cet égard en envoyant leurs manuscrits et ils auront à traiter directement avec l'imprimeur.

M. le Secrétaire-Archiviste prévient les membres de la Société qu'il tient à leur disposition, au prix de 3 fr. le volume, les dix-huit premiers tomes des bulletins de la Société, à l'exception du tome IV ; il prie les personnes qui voudraient céder ce volume, de bien vouloir lui en donner connaissance. Il peut également céder des exemplaires du *Cartulaire de la Chapelle-Aude* et de l'*Etude sur la chronologie des sires de Bourbon*.

Catalogue du Musée départemental de Moulins.

Édition accompagnée de 39 planches au prix de **6** francs.
Édition sans planches au prix de **2** fr. **50** centimes.

MM. les Membres de la Société et en particulier MM. les Membres correspondants sont priés de vouloir bien communiquer à M. le Président, tout ouvrage, même un article de journal dont ils auraient connaissance, touchant de près ou de loin à l'histoire du Bourbonnais, pour qu'il en soit fait mention aux procès-verbaux des séances de la Société.

Chemins de fer de Paris à Lyon et à la Méditerranée

88, RUE SAINT-LAZARE, PARIS

VOYAGES A PRIX RÉDUITS

1° *Billets d'aller et retour avec réduction de 25 pour cent* admis dans les *express* (sauf les trains de luxe et certains rapides).

Valables deux à huit jours suivant la distance. Cette durée peut être à deux reprises prolongée de moitié moyennant chaque fois un supplément de dix pour cent.

2° *Cartes d'abonnement* pour trois, six et douze mois avec réduction croissant avec le parcours.

3° *Billets circulaires individuels, à itinéraire au gré du voyageur, délivrés toute l'année, avec réduction de vingt à cinquante pour cent* suivant les parcours, valables pour tous les trains.— Validité : trente à soixante jours, suivant les parcours.

4° *Billets circulaires collectifs*, pour familles, pareils aux précédents, mais comportant en plus une réduction de cinquante pour cent pour chaque membre de la famille en sus des trois premiers.

5° En commun avec les autres compagnies françaises, billets circulaires, individuels ou collectifs, à itinéraire au gré du voyageur, délivrés toute l'année avec réduction de vingt à soixante pour cent, suivant les parcours et le nombre des voyageurs.

Depuis le mois de juin 1889, les Compagnies de chemins de fer délivrent, à des prix déterminés, des *Cartes de circulation* valables pendant trois mois, six mois ou un an et donnant le droit de voyager à demi-place sur toutes les lignes de leurs réseaux.

A la suite de nouveaux accords, les prix de ces cartes ont subi, depuis le 1er janvier 1891, une réduction d'un tiers. La carte donnant droit à des billets à demi-tarif de toute classe pendant un an, qui coûtait autrefois 600 fr., est aujourd'hui délivrée au prix de 400 fr.

REVUE DES AUTOGRAPHES

DES CURIOSITÉS DE L'HISTOIRE ET DE LA BIOGRAPHIE

Fondée en 1866 par Gabriel CHARAVAY

PARAISSANT CHAQUE MOIS SOUS LA DIRECTION DE

EUGÈNE CHARAVAY fils

PRIX DE L'ABONNEMENT : Pour un an (12 numéros), 3 fr. — On s'abonne à Paris chez Mme veuve CHARAVAY, 34, rue du Faubourg-Poissonnière.

Moulins. — Imprimerie Et. AUCLAIRE.

Société
d'Émulation & des Beaux-Arts
Du Bourbonnais

Bulletin Revue

PUBLICATION TRIMESTRIELLE

Suite au « Bulletin de la Société d'Émulation de l'Allier »
et aux « Annales bourbonnaises »

3e LIVRAISON — OCTOBRE 1894

MOULINS

IMPRIMERIE ETIENNE AUCLAIRE

SUCCESSEUR DE C. DESROSIERS

SOCIÉTÉ D'ÉMULATION ET DES BEAUX-ARTS
DU BOURBONNAIS

Composition du bureau pour l'année 1894.

Président général : M. G. SEULLIET.
Vice-président général : M. le baron LE FEBVRE.
Secrétaire-archiviste : M. G. BERNARD.
Secrétaire-adjoint : M. F. PÉROT.
Trésorier : M. FROBERT.
Bibliothécaire : M. l'abbé E. CAVALIER. (La bibliothèque est ouverte tous les jeudis de 10 heures à 11 heures.)
Conservateur du Musée : M. BERTRAND

Membres de la commission du Bulletin : MM. l'abbé J.-H. CLÉMENT, DE BRINON, DELAIGUE, TRIMOULIER, C. GRÉGOIRE, CAPELIN, l'abbé CAVALIER.

Délégué de la commission du Bulletin : M. l'abbé E. CAVALIER, avenue d'Orvilliers, 34, Moulins.

Membres de la commission des comptes : MM. A. GIRARD, SEULLIET, C. GRÉGOIRE, DELAIGUE et Marcellin CRÉPIN-LEBLOND.

Membres de la commission du Musée : MM. l'abbé J.-H. CLÉMENT, VIÉ et F. PÉROT.

Membres de la commission d'Histoire naturelle : MM. MIGOUT, E. OLIVIER, F. MÉPLAIN et E. LASSIMONNE.

SOMMAIRE

TIRAGES A PART

Les-auteurs des travaux insérés dans le *Bulletin* pourront se procurer des tirages à part aux prix suivants :

	25 EX.		50 EX.		100 EX.		200 EX.	
16 pages	5 fr.	»	6 fr.	50	9 fr.	»	14 fr.	»
8 pages	3	»	4	50	6	»	9	»
Couverture blanche	»	50	»	70	1	»	2	»
Couverture imprimée	3	»	4	50	4	»	6	»

Les auteurs sont priés de vouloir bien faire connaître leurs intentions à cet égard en envoyant leurs manuscrits et ils auront à traiter directement avec l'imprimeur.

M. le Secrétaire-Archiviste prévient les membres de la Société qu'il tient à leur disposition, au prix de 3 fr. le volume, les dix-huit premiers tomes des bulletins de la Société, à l'exception du tome IV ; il prie les personnes qui voudraient céder ce volume, ainsi que le cartulaire de la Chapelle-Aude et une étude sur la chronologie des sires de Bourbon, de bien vouloir lui en donner connaissance.

Catalogue du Musée départemental de Moulins.

Édition accompagnée de 39 planches au prix de **6** francs.
Édition sans planches au prix de **2** fr. **50** centimes.

MM. les Membres de la Société et en particulier MM. les Membres correspondants sont priés de vouloir bien communiquer à M. le Président, tout ouvrage, même un article de journal dont ils auraient connaissance, touchant de près ou de loin à l'histoire du Bourbonnais, pour qu'il en soit fait mention aux procès-verbaux des séances de la Société.

Chemins de fer de Paris à Lyon et à la Méditerranée

88, RUE SAINT-LAZARE, PARIS

VOYAGES A PRIX RÉDUITS

1° *Billets d'aller et retour avec réduction de 25 pour cent admis dans les express* (sauf les trains de luxe et certains rapides).

Valables deux à huit jours suivant la distance. Cette durée peut être à deux reprises prolongée de moitié moyennant chaque fois un supplément de dix pour cent.

2° *Cartes d'abonnement* pour trois, six et douze mois avec réduction croissant avec le parcours.

3° *Billets circulaires individuels, à itinéraire au gré du voyageur, délivrés toute l'année, avec réduction de vingt à cinquante pour cent* suivant les parcours, valables pour tous les trains. — Validité : trente à soixante jours, suivant les parcours.

4° *Billets circulaires collectifs*, pour familles, pareils aux précédents, mais comportant en plus une réduction de cinquante pour cent pour chaque membre de la famille en sus des trois premiers.

5° En commun avec les autres compagnies françaises, billets circulaires, individuels ou collectifs, à itinéraire au gré du voyageur, délivrés toute l'année avec réduction de vingt à soixante pour cent, suivant les parcours et le nombre des voyageurs.

Depuis le mois de juin 1889, les Compagnies de chemins de fer délivrent, à des prix déterminés, des *Cartes de circulation* valables pendant trois mois, six mois ou un an et donnant le droit de voyager à demi-place sur toutes les lignes de leurs réseaux.

A la suite de nouveaux accords, les prix de ces cartes ont subi, depuis le 1er janvier 1891, une réduction d'un tiers. La carte donnant droit à des billets à demi-tarif de toute classe pendant un an, qui coûtait autrefois 600 fr., est aujourd'hui délivrée au prix de 400 fr.

REVUE DES AUTOGRAPHES

DES CURIOSITÉS DE L'HISTOIRE ET DE LA BIOGRAPHIE

Fondée en 1866 par Gabriel CHARAVAY

PARAISSANT CHAQUE MOIS SOUS LA DIRECTION DE

EUGÈNE CHARAVAY fils

PRIX DE L'ABONNEMENT : Pour un an (12 numéros), 3 fr. — On s'abonne à Paris chez Mme veuve CHARAVAY, 34, rue du Faubourg-Poissonnière.

Moulins. — Imprimerie Et. AUCLAIRE.